33 ELTERN, MIT DENEN LEHRER UND SCHÜLER RECHNEN MÜSSEN

STEPHAN BORCHERS

33 ELTERN, MIT DENEN LEHRER UND SCHÜLER RECHNEN MÜSSEN

UND WER SIND SIE?

MIT ILLUSTRATIONEN VON JANA MOSKITO

SCHWARZKOPF & SCHWARZKOPF

ELTERN. EIN SCHWIERIG ZU DEFINIERENDER BEGRIFF, DER AUS UNERFINDLICHEN GRÜNDEN AUSSCHLIESSLICH IM PLURAL AUFTAUCHT. WAS AUCH DARAN LIEGEN KÖNNTE, DASS DIE SINGULARFORM EINEN BESCHEUERTEN KLANG AUFWEIST.
IX. B

INHALT

ÄHNLICHKEITEN MIT LEBENDEN PERSONEN UND SITUATIONEN SIND REINER ZUFALL UND NICHT BEABSICHTIGT ...

VORWORT

Kennen Sie, liebe Leser, mit Ausnahme ihrer eigenen Eltern auch noch andere Eltern? Aus der Nachbarschaft, dem Freundeskreis, dem Sportverein, der sympathisch versifften Trinkhalle um die Ecke? Mit Sicherheit. Dann haben Sie bestimmt auch das Glück, solche Eltern zu kennen, die Sie irgendwie für sonderbar und komisch oder gänzlich beschränkt halten, richtig? Selbstverständlich!

Ob Sie nun wollen oder nicht, man kommt um so manche Begegnung nicht herum. Waren Sie, ob nun als Elternteil oder Lehrer, nicht auch schon mal auf irgendeiner beliebigen (und wahrscheinlich sinnentleerten) Schulveranstaltung? Und mussten sich mit Blick auf den einen oder anderen Vater, die eine oder andere Mutter unwillkürlich fragen, ob diese Leute wirklich so sagenhaft bekloppt sind oder ob es nur so scheint? Oder natürlich – alles ist noch viel schlimmer, als es den Anschein hat, und erst bei näherer Betrachtung offenbart sich der wahre rekordverdächtige Grad der Beknacktheit.

Eltern. Ein schwierig zu definierender Begriff, der aus unerfindlichen Gründen ausschließlich im Plural auftaucht. Was auch daran liegen könnten, dass die Singularform einen bescheuerten Klang aufweist. Eltern also. Parents. Padres. Pais. Parentalgeneration, die für ihre Kinder haftet und Ausgangspunkt einer Abstammungslinie ist mit sogenannten »Kindern« (eine etwas verzwickt-verkorkste Variation des typischen Homo sapiens) als Filialgeneration. Was viele Eltern selten bedenken: Die Gründung von Filialen ist ein teurer Spaß! Und Erziehung ist eine Veranstaltung, die sich nicht mal so nebenbei bewerkstelligen lässt.

Eltern, das ist eine Selbstverständlichkeit und bedarf keiner Erwähnung, also tun wir es hier trotzdem, haben es schwer. Sehr schwer sogar. Schließlich haben sie Kinder. Bedauerlich eigentlich, sind die meisten Eltern doch auf den ersten Blick unglaublich nette Menschen, fast schon niedlich, irgendwie sogar liebenswert – zumindest soll es Kinder geben, die derartige Gerüchte in die Welt setzen. Eltern sind, im religiösen und philanthropischen Sinne, ganz offensichtlich »Geber-Typen«: Geplant oder ungeplant haben sie qualitativ mehr oder minder hochwertigen Nachwuchs in die Welt gesetzt in der felsenfesten Annahme, mit dem Resultat des dreiminütigen Freudenaktes besagter Welt etwas Gutes zu tun. Und – auch wenn wir uns an dieser Stelle nicht allzu weit aus dem Fenster lehnen wollen – dies hat in den meisten Fällen exzellent funktioniert. Der Nachwuchs also ist nicht das Problem, zumindest nicht immer. Eltern sind das Problem. Häufiger als immer sogar.

Falls Sie dieses Buch gerade angefangen haben – bitte noch nicht wegwerfen! Auch nicht wutentbrannt gegen die Wand pfeffern und den Autor verfluchen. Dafür ist später noch Zeit genug! Wir meinen, um die Sache klarzustellen, mit »Problem« natürlich nicht Sie persönlich. Nicht Sie selbst sind das Ärgernis. Wir fokussieren uns hier einzig und allein auf *andere Eltern*! Sie wissen schon – diese bizarr-kuriosen Leute, die Sie vielleicht schon mal im Kindergarten oder in der Schule getroffen haben und die Sie entweder belächeln oder bemitleiden oder denen Sie sicherheitshalber aus dem Weg gehen, aus purem Selbstschutz. Diese Wichtigtuer und pädagogischen Nullnummern, diese Chaoten, diese über ein beliebiges Kind fliegenden Hubschrauber mit »Mein Kind ist das total beste Kind auf der ganzen weiten Welt«-Syndrom.

Wenn Sie selbst über ein Kind verfügen, sind Sie, daran besteht kaum ein Zweifel, als Elternteil (als Mama oder Papa) zu bezeichnen. *Sie*, davon kann man ausgehen, machen mit ziemlicher Sicherheit bei der Erziehung des dauernervenden Kostenfressers alles richtig.

Hierzu sei gesagt: Herzlichen Glückwunsch! Nicht alle Eltern sind so drauf wie Sie.

Empirisch haltbare wissenschaftliche Umfragen unter Schülern und Lehrern haben felsenfest und zweifelsfrei bewiesen, dass es exakt 33 verschiedene Typen von Eltern gibt. Nicht mehr, nicht weniger. Dieses Ergebnis ist insofern hochinteressant, als dass es – wiederum valide belegt – ebenfalls exakt 33 verschiedene Lehrertypen gibt. Und, man mag es kaum glauben, nochmals ganz exakt 33 Schülertypen. Ein verblüffender Zufall! Die genauen kausalen Zusammenhänge sind zwar bislang noch unerforscht, bieten aber auf jeden Fall Stoff für weitere Untersuchungen.

Dieses Büchlein hat es sich zur Aufgabe gemacht, Ihnen die in der westlichen Welt bekannten 33 Typen näherzubringen. Und ja, es kann einem bei genauerer Betrachtung derselben angst und bange werden. Aber die Dinge relativieren sich, wenn Sie bedenken, wie es erst den Kindern dieser Leute geht. Treffen Sie z.B. auf eine »Hipster-Mom«, ist die Begegnung meist nur von kurzer Dauer. Dass die arme Lisa aber mit dieser Mutter zusammenleben muss, also quasi dauerhaft, kommt Ihnen erst später in den Sinn. Und Thorben, seines Zeichens Sohn eines sogenannten »Turbo-Vaters«? Sie selbst können dem Papa aus dem Weg gehen, Thorben nicht. Gut für Sie! Schade für Thorben!

Um es kurz zu machen: Eltern, zumindest die meisten und diejenigen, die man nicht sofort wegsperren müsste, lieben ihre Kinder. Was noch nicht heißt, dass sie bei ihrer Erziehung konstant richtig vorgehen, was wiederum damit zu tun haben könnte, dass es eine »richtige Erziehung« eigentlich nicht gibt, unabhängig davon, was pädagogische Ratgeberbücher heutzutage alles so versprechen. Glaubt man diesen irrlichternden Standardwerken moderner Elternpädagogik, kann Erziehung nur gelingen, wenn man sich an genau diejenigen Tipps und Tricks hält, die der Autor besagten Schundes irgendwie als »zwingend notwendig« und »elementar erforderlich« ansieht.

Wie wäre es zum Beispiel mit *Die Eltern-Trickkiste* von Ute Glaser? Dort lernen Sie laut Titel, wie man Zahnputzverächter, Gemüseverächter und andere Widerständler spielend in den Griff bekommt. Tolle Sache! Jedoch – vergessen Sie's. Bekanntlich ist jedes Kind anders, und eine Trickkiste braucht es genauso wenig wie Fußpilz. Beides ist nutzlos.

Eigentlich brauchen Eltern überhaupt keine Bücher zum Thema »Wie erziehe ich mein Kind«, von diesem hier natürlich abgesehen – aber wir maßen uns auch nicht an, Erziehung »vorschreiben« zu wollen, am besten nach einem pseudowissenschaftlich erprobten 10-Punkte-Plan, nach dessen Abarbeitung wir dann ein glückliches Kind erschaffen haben. Was Eltern eher brauchen ist der sprichwörtliche gesunde Menschenverstand. Dumm nur, dass dieser nicht bei jeder Mutter und jedem Vater gleichermaßen gut ausgeprägt ist – wie die folgenden Kapitel beweisen werden.

Im Folgenden nun erfahren Sie, sicherlich sind Sie schon total aus dem Häuschen, was es mit den verschiedenen Typen so auf sich hat. Machen Sie sich bereit für eine schonungslos offene Reise durch die Abgründe der Erziehung, durch Schluchten der Fremdscham, endlose Weiten des kabarettartigen Klugschisses. Sie werden sich gruseln und fürchten angesichts des garantierten Grauens, das vor Ihnen liegt, sich angsterfüllt tiefer in Ihr Sofa verkriechen – und zwar mit Recht. Sie denken sich: Solche Leute gibt's nicht. Wir sagen Ihnen: Gibt's doch! Und zwar ganz schön häufig.

Selbstverständlich ist jedes Kapitel von besonders engagierten Sozialpädagogikstudenten im 28. Semester mit Schwerpunkt Erziehungslehre/Gender-Studies und Orientalistik auf wissenschaftliche Korrektheit geprüft und inhaltlich für fehlerfrei befunden worden. Zu keiner Zeit macht der Autor den Eindruck, er hätte einen an der Waffel. Alle Daten – wobei, eigentlich gibt es gar keine – sind valide und damit hieb- und stichfest.

Viele der 33 Personenkreise haben Sie vielleicht schon kennenlernen dürfen (oder müssen). Auf dem Elternabend, auf einer Geburtstagsfeier, beim Bäcker, beim Müllrausbringen, sogar auf Beerdigungen krebsen Sie herum. Andere Typen werden Ihnen noch neu sein. Aber nicht mehr lange!

Das Gute ist: Von all diesen Menschen (die normalerweise bei der Erziehung ihrer Sprösslinge keinerlei schlechte Absichten verfolgen) können Sie etwas lernen. Manchmal, wie man es eben definitiv nicht machen sollte. Manchmal, wie man einen eigentlich guten Erziehungsansatz zu Tode reiten kann, wie man also hehre Ziele hat, dabei aber konsequent gegen die Wand läuft, und zwar gegen jede.

Stephan Borchers

PS: Ähnlichkeiten mit lebenden Personen und Situationen sind reiner Zufall und nicht beabsichtigt.

MEIN KIND IST DAS TOTAL BESTE KIND AUF DER GANZEN WEITEN WELT!

001

HELIKOPTER

WEIL SIE EINFACH ZU DEN GROSSEN KLASSIKERN GEHÖREN!

Die Schillerschule Bad-Canstatt – in keiner Weise in Verbindung stehend mit dem Lessinggymnasium Neu-Ulm –, Grundschule mit angeschlossener Werksrealschule, was auch immer Letzteres sein mag, ist alles in allem wahrlich nicht die schlimmste Bildungsanstalt der Republik, ganz im Gegenteil. Ein sympathischer Laden mit sympathischen Menschen in sympathischer Umgebung, vom schwäbischen Dialekt einmal abgesehen. Noch nicht einmal die Lehrkräfte sind eine Katastrophe. Und doch sah sich vor einiger Zeit der dortige Schulleiter genötigt, einen Brandbrief zu verfassen. Brandbriefe, per definitionem als Dokumente für ein Hilfeersuchen, als Drohung oder Appell zu verstehen, haben heutzutage Seltenheitswert und kommen nur noch zum Tragen, wenn eine Situation wirklich und wahrhaftig zum Kotzen ist. Und genau das scheint im schwäbischen Bad-Canstatt der Fall gewesen zu sein. Rektor Ralf Herrmann, da er Menschen nicht einfach anschreien und / oder erschießen darf, entschied sich, seinem Frust mithilfe eines Briefes Luft zu machen – selbstverständlich angemessen pressewirksam.

Was also war Krasses passiert an dieser offenbar als Gettoschule mit besonderem Gefahrenpotenzial einzustufenden Aufbewahrungsanstalt für Niedrigmenschen? Hatten etwa die ortsansässigen pickeligen Drogendealer sich auf ihr im Grundgesetz festgeschriebenes Recht auf Freizügigkeit besonnen und ihre Verkaufsetablissements für Koks und Dope und Haschkekse vom Zoologisch-Botanischen Garten nunmehr auf den Schulhof der Schillerschule verlegt? Hatten die Finanzpolitiker der Stadt Stuttgart, zu dem Bad-Canstatt gehört, wieder einmal den Rotstift angesetzt und der Schule die Haushaltsmittel für ebenjene Rotstifte gestrichen und damit sämtliche Lehrkräfte in den kollektiven Freitod getrieben? Oder sollte die Schule, mehr als wahrscheinlich eigentlich, tatsächlich dem Bahnprojekt Stuttgart 21 weichen, respektive ebenfalls unter die Erde gelegt werden?

Nichts davon natürlich. Noch nicht einmal die Schüler waren das Problem – auch dies ein Novum. Vielmehr deren Eltern! Inzwischen leider kein Novum mehr. Das Motto der Schillerschule (weil heutzutage offenbar alles ein Motto braucht), »Persönlichkeit stärken – Gemeinschaft entwickeln«, wurde von Elternseite offenbar als Mumpitz entlarvt und ad acta gelegt. Wie sonst ist zu erklären, dass angsterfüllte Kinder noch bis zur dritten Klasse jeden Morgen direkt zum Klassenraum geleitet werden? Dass man besagten Kinderchen – man soll sich schließlich wohlfühlen, wenn man schon lernen muss – sogar noch die Hausschühchen anzieht? Dass die Kinder offenbar dermaßen verweichlicht sind, dass ihre Eltern die Ranzen tragen müssen? Erneut bis direkt in den Klassenraum? Dass diese Kinder natürlich stets mit dem Auto (SUV!) zur Schule gebracht werden, bedarf keiner weiteren Erwähnung, da es in Stuttgart, wie überhaupt in allen europäischen Großstädten, a) keine öffentlichen Verkehrsmittel gibt und b) Fahrräder aufgrund ihrer erhöhten Emissionswerte verboten sind.

Fachleute sprechen in diesem Zusammenhang von Helikopter-Eltern, einem inzwischen fast 50 Jahre alten Terminus, erfunden vom Psychologen Haim G. Ginott, der sich erzürnt darüber zeigte, dass seine Mutter konstant über ihm zu kreisen pflegte – wie ein Helikopter eben. Offenbar handelte es sich in Ginotts Fall um einen Militärhubschrauber, einzig und allein dazu geschaffen, um zu überwachen. Überwachen im Sinne von Beschützen, und Beschützen gehört, da sind sich Bildungsforscher weitgehend einig, zum Standardrepertoire von Eltern. Beschützen ist gut. Kinder sollen und müssen beschützt werden. Beschützen ist wichtig. Blöd nur, wenn Beschützen in Überfürsorglichkeit mündet. Wie jedes Wort, das mit dem Präfix »Über« beginnt, (Überfall, Übergewicht, Überraschung), ist auch Überfürsorglichkeit für Lehrer ein Ärgernis und für Kinder ein Desaster – für ein funktionierendes Schulwesen ebenso. Fliegende und um Kinder herumkreisende Mamas und Papas sind für die eigentlich gewünschte Erziehung zur Selbstständigkeit nicht zweckdienlich. Wie bitte soll Maja jemals lernen, ihre Schultasche effizient zu packen, wenn nicht Maja, sondern eben Mama das Ding trägt, und zwar mit dem Unterrichtsbedarf für die gesamte Woche? Wie soll Thorben-Milow jemals im Straßenverkehr zurechtkommen, wenn er auch mit zehn Jahren noch nie alleine über einen Zebrastreifen gegangen ist und mit den diffizilen Vorgehensweisen von Ampeln aufgrund vollkommener Unkenntnis vollkommen überfordert ist?

Der Autor dieses Buches, Lehrer an einem Gymnasium und damit Bestandteil eines antiquierten Folterschulwesens, wurde einmal gebeten, doch bitteschön für mehr Pausen während des Unterrichts zu sorgen, da »die Susanne« (Name geändert, aber dennoch stets mit Artikel) es nicht gewohnt sei, so lange ein Thema zu verfolgen, allein schon, weil es Lehrern, inklusive mir selbst, oftmals nicht gelänge, einen Gegenstand für »die Susanne« so darzustellen, dass sie ihn auch »emotional verarbeiten« könne. Aus diesem Grunde wäre es wünschenswert, wenn man (also ich und meine diktatorischen Kollegen) »der Susanne« doch die Möglichkeit geben könnte, zwischendurch über den Schulhof zu schlendern, damit sie eben »den Unterrichtsgegenstand in Ruhe und Muße rekapitulieren« könne. Susanne, ein sympathisches

Kind mit warmem Lächeln und eine durchschnittliche Schülerin, war damals in der 7. Klasse und 13 Jahre alt und fand »über den Schulhof schlendern« eigentlich ziemlich öde. Ob irgendwer irgendwann »der Susanne« besagte Muße im Verlaufe ihrer Schulkarriere zugestanden hat, kann ich nicht sagen, da sie, offenbar aufgrund chronischer Überforderung, zurückzuführen auf fehlende Pausen und nichtvorhandener Empathiefähigkeit der Lehrkräfte, das Gymnasium in Richtung einer Schule mit antiautoritärem Bildungsanspruch verlassen hat. Ich tippe auf Werksrealschule mit angeschlossenem Waldorfinternat.

Die männliche Form von Susanne ist bekanntlich Johannes: netter Junge, ein wenig schüchtern, aber gut in die Klassengemeinschaft der 9a integriert. Der Klassenlehrer dieser 9a, wiederum ich, bekam vor einer anstehenden Klassenfahrt zu hören, dass Johannes auf keinen Fall nach 20.00 Uhr noch »unterwegs« sein dürfe. Eine nachvollziehbare Forderung, denn nach 20.00 Uhr herrscht in der von Staatsversagen und von sowohl links- wie auch rechtsgerichtet politisch motivierter Gewalt geprägten Hansestadt Hamburg bekanntlich Anarchie; problematisch nur, dass sich Theateraufführungen darauf nicht eingestellt haben und trotz aller Gefahren für Besucher erst um 20.00 Uhr beginnen. Schade für Johannes. Schade auch, dass man (die Eltern) auf keinen Fall die Verbindung von 6-Bett-Zimmer und Johannes akzeptieren konnte. Man forderte »höchstens ein 2-Bett-Zimmer«, um Johannes die Chance einzuräumen, nach einem anstrengenden Tag (»zwei Museen scheinen uns ein wenig viel zu sein, Herr Borchers«) angemessene Ruhe finden zu können. Blöd, dass die Jugendherberge keine 2-Bett-Zimmer anbot und man (die Eltern) mit einem gemischtgeschlechtlichen 12-Bett-Zimmer ebenfalls Schwierigkeiten hatte. Ärgerlich ebenfalls, dass die Eltern guten Argumenten, bzw. Argumenten generell, nicht sonderlich zugewandt waren und Johannes folglich zu Hause bleiben durfte, was seinem Stand in der Klassengemeinschaft nur bedingt gutgetan hat.

Es würde kaum verwundern, wenn Johannes auch an Schultagen nachmittags niemals alleine nach draußen darf – schließlich ist die norddeutsche Provinz (Ostfriesland – der Moloch Europas) bevölkert von Vergewaltigern und sonstigen Perversen, die nichts lieber tun, als mit 15-jährigen Jünglingen in ihr Kellerverlies zu verschwinden. In diesem Kontext sollte selbstverständlich noch erwähnt werden, dass Johannes, obwohl er keine fünf Kilometer entfernt wohnt, morgens mit dem Auto gebracht wird – genau wie Hunderte andere Kinder auch und was jeden Morgen gerade für Schulen in Sackgassenlagen zu abenteuerlichen Verkehrseskapaden führt. Aber kann man es Johannes wirklich zumuten, mit dem Bus zu fahren? Nein, zu gefährlich. Demnach brauchen wir über die Fahrradbenutzung gar nicht erst zu reden.

Nun sind Eltern wie im Fall von Johannes oder Susanne sicherlich Extremfälle. Noch extremer ging nur noch die Mutter eines Viertklässlers vor, die sich, während die Klasse im Harz weilte, in der Nähe ein Hotelzimmer genommen hatte und bei Aktionen wie Wandern oder Klettern stets in 100 Meter Abstand folgte und folglich von der Klasse schon bald als »die Stalkerin« bekichert wurde. Wie der eigene Sohn reagierte, weiß man nicht, doch lässt sich davon ausgehen, dass sich seine Begeisterung in Grenzen hielt.

Was solche Menschen gemeinsam haben, ist einerseits eine nicht zu verleugnende chronische Beklopptheit, vielmehr jedoch eine fehlende Wertschätzung bezüglich dessen, was ein Kind kann oder eben nicht kann – und auch nie können darf oder wird, wenn es nach den Eltern geht, weil es schlichtweg noch nicht reif oder erwachsen genug dafür ist.

Helikopter gibt es in wenigstens drei verschiedenen Formen. Transport- Rettungs- und Kampfhubschrauber. Moderne Helikoptereltern vereinigen problemlos alle drei Charakteristika, sie transportieren, retten und kämpfen – und tun all dies zum Wohle des Kindes. Dass sie mit ihren Übertreibungen freilich ihrem Kind eher schaden statt nützen, begreifen sie entweder spät oder nie.

Man könnte solche Eltern auch als Smartphone-Eltern bezeichnen; nicht, weil sie ein solches Gerät besitzen, sondern weil sie kontinuierlich mit Wischen beschäftigt sind. Alles, was theoretisch einer glücklichen (und erfolgreichen) Kindheit im Wege steht, wird weggewischt.

»Sehr geehrter Herr Borchers – leider konnte Lara-Sophie ihre Hausaufgaben aufgrund von akuter Überforderung nicht erledigen.«

Vielleicht hatte Lara-Sophie einfach keinen Bock, oder die Aufgaben waren für Mama und Papa zu anstrengend – folglich schrieb man eine Entschuldigung. Problem weggewischt. Natürlich wurde die fehlende Hausarbeit in der Schule sanktioniert, was den Eltern nur bedingt gefiel, wie sie folgendermaßen zum Ausdruck brachten:

»Sehr geehrter Herr Borchers. Wir können Ihr Verhalten gegenüber Lara-Sophie nicht nachvollziehen. Ganz offenbar sind Strafmaßnahmen an Ihrer Schule an der Tagesordnung. Aus diesem Grunde hätten wir gerne ein gemeinsames Gespräch mit Ihnen und dem Schulleiter, um gemeinsam Lara-Sophies Belastungsgrenzen zu definieren.« Was die genannte »Strafmaßnahme« anging, so sollte Lara-Sophie auf einer DIN-A4-Seite das Für und Wider von Hausaufgaben darstellen. Logisch also, dass diese drakonische Maßnahme als demütigend und dem Kindeswohl nicht zuträglich empfunden wurde.

Das Leben von Kindern wird in Watte verpackt. Jeder Windhauch wird als Gefahr gesehen. Das Kind darf sich nicht überanstrengen, darf auf keinen Fall zu sehr gefordert werden. Solche Kinder sind manchmal noch mit 15 unfähig, sich die Schuhe zuzubinden, weil dies eindeutig Aufgabenbereich der Mutter ist. Brote schmieren? Macht Mama. Betten machen? Macht Mama. Hintern-Abwischen? Da kein Kind jemals seinen Hintern wirklich sauber bekommen hat, übernimmt natürlich Mama den Job. Emanzipation ist Mama wichtig, aber wohl kaum bei ihrem eigenen Kind; dieses soll möglichst lange an ihrem Rockzipfel hängen, ist es doch auch mit 18 eigentlich noch viel zu dumm, um in dieser modernen Welt ohne mütterliche oder väterliche Fürsorge zu überleben. Fürsorge ist, darauf können sich Pädagogen weitgehend einigen, und bekanntlich einigen die sich eigentlich auf gar nichts, absolut elementar, aber ein »too much« an Fürsorge ist genauso schlimm wie ein »too much« an billigem Rotwein aus Pappkartons beim Candlelight-Dinner. Es bleibt stets Schaden zurück: Wenn nämlich Kinder Eigenverantwortung und Selbstständigkeit nie erlernen, werden sie kaum jemals zielorientiert arbeiten können.

Helikoptereltern, immer die Arme ausbreitend, um Trost und Schutz zu geben, nehmen ihren Kindern jegliche Chance, sich zu entwickeln, weil das an sich seit der pädagogischen Steinzeit bewährte Prinzip »Gib dir Mühe« für sie als obsolet gesehen wird. Kinder solcher Eltern brauchen sich nicht anzustrengen, noch nicht einmal beim Anziehen der Socken, da alle Mühe bei den Eltern liegt und diese sich nur allzu gern aufopferungsvoll der Erziehung hingeben. Kurzum: Manche Helikopter, gerade diejenigen, die komplett durchdrehen, gehören abgeschossen!

SIE ALS ELTERN GEHÖREN DIESEM TYPUS AN, WENN ...

... Sie auf jeden Fall darauf bestehen, aktiv an Klassenfahrten zu partizipieren und sich ein 2er-Zimmer mit ihrem Sohn oder ihrer Tochter teilen, selbstverständlich auch bei der Abitur-Abschlussfahrt nach Mallorca.

... Sie Ihr Handy mit dem Handy ihres Kindes verbunden haben und via Kontrollsoftware stets genau wissen, wo sich der Nachwuchs gerade befindet, und sich notfalls, auch ohne über Los zu gehen, sofort zum Zielort begeben, um im Notfall Hilfestellung zu leisten.

... Sie der festen Überzeugung sind, dass, wenn Ihr Kind nicht ans Handy geht, es natürlich tot ist oder wenigstens im Sterben liegt.

WAS SIE SO VON SICH GEBEN:

»Das ist noch viel zu schwer für den Geronimo.«

»Die Luisa braucht sich mit ihren 17 Jahren nun wirklich noch keine Gedanken um einen festen Freund zu machen.«

»Ich habe eine hübsche Tochter. Gleichzeitig habe ich einen Waffenschein und immer ein Alibi parat.«

ALS LEHRER KÖNNEN SIE AM EHESTEN:

→ getrost auf wohlmeinende Formulierungen im Sinne von »Sie müssen loslassen« und »Ihr Kind muss Selbstständigkeit erlernen« verzichten. Bringt ohnehin alles nichts.

→ allerhöchstens darauf verweisen, dass es geringfügig fragwürdig ist, ob man seinen zehnjährigen Sohn tatsächlich noch mit Muttermilch verköstigen muss oder ob er nicht lieber 'ne Pommes möchte.

002

DEMOKRATEN

WEIL DIE STIMME DES VOLKES IMMER AM LAUTESTEN IST!

Fakt ist: Demokratie ist gar nicht mal so übel. Besser jedenfalls als Diktatur. Oder Anarchie. Oder Schweinshaxe mit Kirschmarmelade. Demokratie, um es mit Winston Churchill zu sagen, »ist die schlechteste aller Regierungsformen – abgesehen von all den anderen Formen, die von Zeit zu Zeit ausprobiert worden sind.« So gesehen ist Demokratie durchaus eine positive Veranstaltung, wenngleich ihre Vertreter manchmal nerven, chronisch unfähig, in Teilen korrupt und / oder in großen Teilen einfach nur faul sind. Dennoch – unsere demokratisch gewählten Regierungen schaffen es, uns irgendwie ohne allzu große Blessuren durch die Geschichte zu führen: Grund genug also, auch im Familienkreis demokratisch vorzugehen. Selbiges sieht dann folgendermaßen aus: Mama und Papa, Sohn Sven-Tobias (11) und Tochter Shiva-Leonora (14) platzieren sich allabendlich nach dem Essen am Küchentisch, an dem es – ganz wichtig übrigens – keine feste Sitzordnung gibt. Eine feste Sitzordnung, z.B. mit dem Vater am Kopf des Tisches, würde eine Hierarchie implizieren. Hierarchien wiederum sind totalitär und folglich ekelig und unpädagogisch. Der Tisch ist rund, was für ein demokratisches Familienleben unabdingbar ist – nur so sind

DEMOKRATIE IST GAR NICHT MAL SO ÜBEL.
BESSER JEDENFALLS ALS DIKTATUR. ODER ANARCHIE.
ODER SCHWEINSHAXE MIT KIRSCHMARMELADE.

alle Familienmitglieder auf Augenhöhe. Womit wir auch schon beim besten Argument *gegen* jegliche Form von Demokratie sind, Demokraten-Eltern nämlich. Solche politisch hochgradig liberale Laberlutscher tun nämlich den ganzen Tag nichts anderes, als mit ihren Kindern zu diskutieren. Einfach mal ordnungsgemäß anschreien gehört nicht einmal ansatzweise ins Verbalvokabular von Volkes Stimme, vielmehr geht es stets darum, sich gegenseitig – im freundlichen Tone, der verdächtig an eine linguistische Bachblütentherapie erinnert – mit Argumenten totzuschlagen. Dies geht über absoluten Kleinkram (*»Wir möchten gerne mit euch darüber sprechen, ob wir zukünftig auf glutenfreie Produkte umsteigen wollen, und beginnen wie immer mit einer Gegenüberstellung der Pros und Kontras«)* bis hin zu wirklich relevanten Aspekten des Familienlebens (*»Also, Sven-Tobias und Shiva-Leonora, nachdem wir nun letzte Woche die Sache mit den Blümchen und den Bienchen geklärt haben, möchten wir gerne von euch wissen, ob die Mama und der Papa für euch ein neues Brüderchen oder Schwesterchen zeugen sollen oder ob ihr lieber im Rumänienurlaub ein Straßenkind mitnehmen wollt?«)*

Was auch immer diese Eltern so treiben – Entscheidungen treffen geht immer nur gemeinsam. Zum Zwecke der ewigen Deliberation haben solch dermaßen politisch interessierte Erzeugerkreise sogar ein eigenes Verfassungsorgan geschaffen, den Familienrat. Dieses Gremium des Grauens ist quasi der Lebensmittelpunkt aller Entscheidungsprozesse. Teilnahme ist selbstverständlich verpflichtend. Ebenso verpflichtend ist es, eine Meinung zu haben, und zwar zu allem, sowohl zur Frage, wo die nächste Urlaubsreise hingehen soll (Gazastreifen oder Gütersloh), oder ob man die ausgebeutete polnische Putzfrau nun doch mal beim Finanzamt melden oder sich bezüglich des illegalen Aufenthaltes derselben doch lieber an die Einwanderungsbehörde wenden sollte.

Wird Sven Tobias im Politikunterricht nach seinem Demokratieempfinden gefragt, wird er entweder mit »Völliger Mist!« antworten oder einfach nur schreiend wegrennen. Wahlweise auch beides. Tatsache ist nämlich, und genau dies verstehen Demokraten-Eltern nicht: Kinder wollen geführt werden. Sie wollen, dass wenigstens hin und wieder mal die Eltern sagen, wo es langgeht, so wie in normalen Elternhäusern eben üblich. Sie haben schlichtweg keinen Bock auf endlose Quasselstunden und -runden und verlangen allen Ernstes nach einer klaren Richtung ohne dauerndes abwägendes Geschnatter.

Ja, natürlich darf und sollte man Kinder in familiäre Entscheidungsprozesse einbinden. Gerade mit zunehmender Reife sollten Eltern ihren Kindern vor allem im Teenageralter das Gefühl vermitteln, dass man sie ernst nimmt. Übertreibt man es aber mit dem Gleichbehandlungsgefasel, fühlen sich vor allem besagte Teenies sagenhaft genervt – Lehrer ebenfalls.

Auf Elternsprechtagen dürfen diese sich dann pluralschwangere Satzgeschwurbeleien anhören wie: »*Wir hatten uns geeinigt, dass wir uns viel mehr mit dem Vokabellernen beschäftigen, das hat der Sven-Tobias auch schon im Familienrat klar zum Ausdruck gebracht*« oder »*Wir sind der Meinung, dass eine befriedigende Zensur nicht Shivas eigentliches Können reflektiert*«.

Beachtenswert ist hier das »Wir« – im Wortschatz der Demokratie kommt offenbar das »Ich« nicht mehr vor, ebenso wenig dasjenige »Wir«, das lediglich die Elternteile umfasst. »Wir« bedeutet ausschließlich den Zusammenschluss von Eltern und Kind, wobei dem Kind wahrscheinlich sogar zuweilen noch mehr Rechte eingeräumt werden als den Eltern. Ohne dass es diese Eltern merken, bestimmen nämlich im Endeffekt die Kinder die politische Agenda des Hauses. Kein Wunder – bei all dem demokratischen Firlefanz, den man ihnen an die Hand gibt. So können Sie ihr Veto einlegen, ihr aufschiebendes Veto, ihr wegwerfendes Veto ebenfalls, können Gesetze mit einfacher Mehrheit (Kind hebt drei Finger) durch das Elternparlament boxen und im Endeffekt sogar noch mit höheren Steuereinnahmen (Taschengeld) rechnen. – Selbstredend wird auch die Höhe des Taschengeldes niemals von Papa oder Mama festgelegt, sondern ordnungsgemäß durchdekliniert und ausdebattiert.

Wenn die Eltern von Shiva-Leonora also der Meinung sind, dass Shiva-Irgendwas mit 30 Euro pro Woche prima durchs Leben gehen müsste, Shiva-Irgendwas wiederum eine Summe im Bereich von 50 Euro präferiert, wird man sich nach langwierigen Diskussionen auf genau diese 50 Euro einigen mit dem Resultat, dass die Eltern zufrieden sind aufgrund Shivas herausragender Rhetorikraffinessen. Keineswegs werden sie sich als Verlierer der Diskussion sehen, denn hat selbige nicht gezeigt, dass demokratische Prozesse gerade bei Kindern und Jugendlichen durchaus erfolgreich sein können? Hat nicht die Shiva auf mehreren rhetorischen Ebenen gleichzeitig argumentiert? Jedes Argument im Sinne der platonischen, sokratischen und sogar aristotelischen Dialektik glorios gekontert? Obwohl eigentlich unmöglich? Hat sie nicht immer und immer wieder darauf verwiesen, dass vernünftige Klamotten Geld Kosten und dass ökologisch korrektes Fair-Trade-Make-up in Zeiten der Globalisierung nun einmal teurer ist als die billige Discounterpampe? Großartig, wie Shiva sogar auf der Metaebene noch austeilen konnte – die 50 Euro sind also mehr als angemessen.

Selbige Summe gibt es dann freilich auch für Sven-Tobias, denn es ist wohl kaum hinnehmbar, dass beide Kinder über divergierende Einnahmen verfügen, allein schon aus geschlechtspolitischer Sicht. Verlierer in einem Demokratenhaushalt gibt es jedenfalls keine! Jeder gewinnt, nur grundlegende Erziehungsmaximen bleiben auf der Strecke.

Wenn Demokraten-Eltern auf Lehrer treffen, vor allem auf solche, die sich nicht als »Lernbegleiter« sehen, sondern tatsächlich noch als richtige Lehrkräfte (mit Wissen, Autorität und trotzdem Herzlichkeit), könnte es zu Spannungen kommen: »*Also, Herr Borchers, die Kursfahrt nach London ist natürlich wirklich eine großartige Idee – allein, was man dort alles sehen kann ...*« – Herr

Borchers lächelt. Lächeln wird nicht von Dauer sein. »*Aber haben Sie überhaupt mit den Schülern die Vor- und Nachteile einer Großstadt wie London abgewogen? Wollen die Schüler überhaupt nach London fahren? Sicherlich bieten Kleinstädte wie Oxford auch tolle Sehenswürdigkeiten.* – Hat ja auch keiner bezweifelt. Wir fahren trotzdem nach London. »*Wir würden es gut finden, wenn Sie den Schülern bei solch wichtigen Sachen mehr Entscheidungsspielraum geben würden und sie und ihre Vorlieben verstärkt integrieren.*« – Wurden sie doch … Wir fahren nach London. Die Schüler dürfen im Rahmen ihrer Rechte darüber entscheiden, ob sie mitfahren wollen oder nicht. Demokratie live und vom Feinsten! Mehr Einbeziehen geht nicht.

Es mag einige Eltern erstaunen, aber Lehrer haben noch andere Dinge zu tun, als jedes x-beliebige Thema mit Schülern auszudiskutieren. Ziele von Klassenfahrten werden vorgegeben, über das Programm vor Ort lässt sich reden, wobei auch hier der Lehrer selbstverständlich bereits einen klaren Plan hat. Im Unterricht zu lesende Lektüren werden ebenfalls vorgeben, egal, wie sehr die Schüler Lessing, Schiller oder Kleist verabscheuen. Der Lehrer mag vielleicht zwei oder drei Werke zur Auswahl stellen, aber das war's dann auch mit der Schwurbeligkeit. Und wenn die Tafel geputzt werden soll, wird ganz bestimmt nicht nach Verhältniswahlrecht geregelt, wer verdammt den Job machen soll. Wenn der Lehrer sagt, Shiva soll es machen, dann macht es Shiva, und wenn Shiva diskutieren will, dann bieten ihr moderne, liberale und demokratische Bildungsinstitutionen die erquickende Wahl zwischen Blätterfegen auf dem Schulhof im Hochsommer oder Nachsitzen in der Rumpelkammer neben den Reinigungsutensilien der Putzdamen. Auch das ist Demokratie! Und zwar solche, die von höherer Instanz verordnet wurde.

Kein vernünftiger Pädagoge (wozu wir in gewisser Weise auch Eltern zählen) kann ernsthaft zurückwollen zum patriarchalischen Familienbild vergangener Jahrhunderte mit Papa als einzig wahrer

Autoritätsperson, deren Macht sich aus klugen Worten und den Geheimnissen des Rohrstocks speist. Auch ein Familienrat ist prinzipiell keine wirklich schlechte Idee, sofern Eltern nicht vergessen, dass sie immer noch Eltern sind.

Demokratische Eltern meinen es nicht böse: Sie glauben wirklich, dass es notwendig ist, ihre Zöglinge überall miteinzubeziehen, und sei es bei der Frage, ob das Klopapier zwei- oder dreilagig sein soll. Auf diese Weise denken sie, sie würden ihren Nachwuchs zu vollwertigen Mitgliedern der Gesellschaft erziehen. Falsch gedacht – zumindest, wenn man die Sache exzessiv angeht. Wie soll jemand jemals eigene klare Entscheidungen treffen können, wenn er als Kind immer erst durch ein Meinungsaustauschprogramm gedreht wurde? Häufig sind Eltern, die auf besonders demokratisch-faire Weise erziehen, selbst Opfer eines autoritären Erziehungsstils gewesen; folglich versuchen sie nun, ihren Kindern genau das zu geben, was sie selbst niemals hatten. Schöner Gedanke und in Maßen absolut funktional. In Unmaßen aber erschaffen diese Eltern nichts anderes als eine Diktatur der familiären Kakofonie, einen Wettbewerb konsensgesteuerter Sprechaffen. Als Willy Brandt vor vielen Hundert Jahren einmal sagte, man müsse mehr »Demokratie wagen«, dann, ganz sicher, hundertprozentig, ohne Wenn und Aber, hat er diesen Spruch niemals auf familiäre Bereiche bezogen.

SIE ALS ELTERN GEHÖREN DIESEM TYP AN, WENN …

… Sie sich basierend auf demokratischen Entscheidungsprozessen tatsächlich von Ihren Kindern haben überzeugen lassen, dass das Ausräumen der Spülmaschine für Heranwachsende viel zu gefährlich sei und folglich und sicherheitshalber von Ihnen selbst übernommen werden sollte.

WAS SIE SO VON SICH GEBEN:

»Mein Mann und ich wollten ja total gerne noch ein Kind, aber die Nicole und der Waldemar haben uns überzeugt, dass wir das finanziell gar nicht schultern können. Jetzt kriegt jeder von beiden ein Pony.«

»Unglaublich, dass einige Eltern ihre Kinder wirklich zwingen, Hausaufgaben zu machen. An einer solchen Entscheidung sollte nun doch wirklich jeder im Haushalt involviert sein.«

ALS LEHRER KÖNNEN SIE AM EHESTEN:

→ freundlich anfragen, ob Sie vielleicht auch mal am Familienrat partizipieren dürfen – schließlich sind Sie in gewisser Weise durchaus Teil der Familie.

→ immer und immer wieder darauf hinweisen, dass Sie Demokratie insgesamt lediglich für eine Modeerscheinung halten, die wohl kaum das Zeug hat, sich auszubreiten. (Gesichtsausdruck der angesprochenen Person sofort fotografieren – unbezahlbar!)

003

EXPERTEN

WEIL SIE WISSEN, WAS KEINER WISSEN WILL!

Der Experte ist per definitionem ein Fachmann. Oder eine Frau. Ein Spezialist. Eine Spezialistin. Ein Fachkundiger. Eine Fachkundige. Eine unerträgliche Nervensäge. Femininum unnötig.

Wenn normale Menschen z.B. handwerklich nicht weiterwissen, wenn also der Wasserhahn tropfend auch tagsüber den Klang von Mozarts *Nachtmusik* in verzerrtem D-Dur zaubert und zusätzlich eine bratwurstartige braune Brühe aus dem Ausguss klettert, sind wir als technisch minderbemittelte Personenkreise klug genug, jemanden anzurufen, der sich mit dem Problem a) auskennt und es b) abstellt. Dafür bezahlen wir entweder mit Geld oder, zumindest in der Provinz, wie gehabt in Naturalien: halbes Schwein, Dose Grünkohl, Planwagenfahrt mit dem Traktor am Wochenende etc.

Wir wissen: Der Experte ist zwar scheißeteuer, trotzdem aber eine sinnvolle und notwendige Investition, auch wenn wir ihn aufgrund seiner Kosten mit Fug und Recht verfluchen! Handwerker oder Ärzte oder Juristen oder partiell sogar Lehrer sind Profis, von den üblichen Kurpfuschern, Nullnummern und manisch debilen Vollpfosten abgesehen, und kennen sich in ihrem Sachgebiet aus. Sie haben eine Ausbildung durchlaufen oder verfügen über ein

SEHEN SIE, HERR BORCHERS, BEI ALLEM RESPEKT, ABER DAS IST EBEN DER UNTERSCHIED. WIR ALS ELTERN ERZIEHEN UNSERE KINDER, SIE JEDOCH UNTERRICHTEN SIE NUR.

abgeschlossenes Studium bzw. sind schon einmal an einer Universität vorbeigefahren, profitieren im Idealfall von langjähriger Berufserfahrung und sind, wie gesagt und hinlänglich bekannt, scheißeteuer. Wenigstens aber wissen sie, was sie tun, zumindest, wenn man als Kunde ein wenig Glück auf seiner Seite hat.

Pech hat man, und zwar ziemlich viel davon, wenn man auf Eltern trifft, die ebenfalls Experten sind, bzw. sich für solche halten. Spezialisten, Fachkundige. Nicht nur auf dem Gebiet von Jonas-Pascal, dem zehnjährigen Gnomversuch, den sie andauernd als »unser Sohn« vorstellen und dabei selbstverliebt in die Sonne blinzeln, sondern in der Pädagogik schlechthin. Beachtliche Teile dieser manchmal auch als Wissenschaft bezeichneten Teildisziplin einer Mischung aus Irgendwas und Nichts scheint sogar von diesen Eltern erfunden worden zu sein.

Das wahrhaft Tolle nun ist: Experteneltern haben keinerlei Probleme damit, ihr enormes Wissen bezüglich der Erziehung von Jonas-Pascal und von Pädagogik generell mit anderen, eindeutig ahnungslosen Eltern zu teilen, denen nämlich, denen man schon aus weiter Entfernung das traurige Prädikat »unkundig« anheften kann. Es versteht sich: Andere Eltern sind noch blinder als Blindschnecken, können in jeder Hinsicht gar nichts, machen und tun bei der Erziehung ihrer Kinder zu wenig, und was sie machen und tun, machen und tun sie auch noch falsch. Noch schlimmer, diese Leute scheinen auch nicht interessiert zu sein an Expertenwissen, womit sie nicht nur ihre Ignoranz, sondern schlichtweg auch ihre Dämlichkeit unter Beweis stellen. Was jedoch Experten-Eltern keineswegs hindert, trotzdem nachzufragen, nachzuhaken, nachzubohren: »Ach so, euer Sohn interessiert sich also bereits für Mädchen, ja? – Viel zu früh! Das sagen alle Ratgeber! Viel zu früh. Jonas-Pascal ist erst in einigen Monaten so weit!« Fragt sich bloß, was Jonas-Pascal davon hält …

Experten-Eltern speisen ihre formidabel-fundierten Kenntnisse insbesondere aus der Lektüre von Büchern: De facto hatten sie bereits vor der Geburt ihres Kindes alles gelesen, was auch nur ansatzweise »Erziehung« im Titel trug. Aber sie geben nicht auf: Auch nach Jahren der – selbstverständlich absolut professionellen – Hinführung des Kindes zum Erwachsenen wird am Elternsein noch gefeilt. Was nicht schlimm ist, man kann sich schließlich immer weiterentwickeln und neue Wege und Möglichkeiten suchen, um mit seiner Brut umzugehen, bzw. ihr aus dem Weg zu gehen. Ärgerlich wird es, wenn sich angelesenes oder sonst wo erworbenes (Pseudo-)Wissen zu einem Kuddelmuddel von Erziehungstechniken verquillt, aus dem kein Kind heil herauskommt.

Auch gegenüber Lehrern kennen Experten kein Pardon. Lehrer sind nämlich aus ihrer Sicht genauso übel wie all jene Eltern – damit sind Sie gemeint, liebe Leserinnen und Leser –, die offenbar von Tuten und Blasen keinen Schimmer haben.

Viele Lehrer, wahrlich erschreckend, unterrichten zwar Kinder, haben sich selbst aber dem Zeugungsprozess gar nicht ausgesetzt und sind pädagogisch ohnehin nicht die Bohne geschult. Zugegeben, bei einem wie auch immer gearteten Lehramtsstudium nimmt, da der wissenschaftliche Fokus auf den zu studierenden Schulfächern liegt, Pädagogik tatsächlich nur wenig Raum ein. Expertoneltern erkennen so was natürlich sofort:

»Sehen Sie, Herr Borchers, bei allem Respekt, aber das ist eben der Unterschied. Wir als Eltern erziehen unsere Kinder, Sie jedoch unterrichten sie nur.«

Das übrigens ist stets der Moment, wo ein guter Lehrer sagen würde: »Stimmt natürlich.« Allein schon, um dem Konflikt aus dem Wege zu gehen. Ein sehr guter Lehrer hingegen würde sagen: »Eltern erziehen Kinder, korrekt! Und wann bitte fangen Sie damit an?«

Gerade kinderlose Lehrkräfte sind durchaus benachteiligt, da sie niemals am eigenen Leib erfahren haben, wie sich das Elternsein eigentlich anfühlt. Kein Grund jedoch, sie als »Experten« zweiter Klasse abzustempeln. Sie verfügen zwar selbst nicht über Kinder, haben aber bereits eine dermaßen bemerkenswerte Bandbreite an Schülern kennengelernt, dass Eltern allein beim Gedanken daran eitrigen Ausschlag bekommen. Und außerdem gehen sie nicht ihren Mitmenschen auf die Nerven bezüglich der Richtigkeit oder Falschheit oder Absonderlichkeit einer bestimmten Art von Erziehung. Ganz anders als Experten-Eltern, die sich stundenlang über komplett irrelevanten Mumpitz echauffieren können. Allein das allgegenwärtig langweilige Thema »Ernährung« bietet Besserwisser-Eltern immer und immer wieder die perfekte Gelegenheit, in den Klugscheißerolymp aufzusteigen und gegenüber anderen Eltern mit »Bildung« zu protzen: »*Gemüse? Aber selbstverständlich muss Lisa-Yvonne Gemüse zu sich nehmen. Und Kalzium. Wussten Sie, dass Ernährungsexperten von der Uni Stanford erst kürzlich herausgefunden haben, dass die Versorgung mit Kalzium immer problematischer wird? Aber mit Kalzium ist es natürlich nicht getan, nein, nein, nein – man muss auch viel Vitamin D hinzufügen! Die Versorgung mit Vitamin D liegt nämlich – bedauerlich, wie schändlich viele Eltern ihre Kinder vernachlässigen – ganz häufig unterhalb der vorgegebenen Werte. Ach, wussten Sie nicht?*«

Natürlich wusste man das nicht. Und man hatte sein Unwissen bislang noch nicht einmal vermisst, hatte man sein Kind doch einfach nur ganz normal ernährt, wie es der gesunde Menschenverstand vorschreibt. Und, heißer Scheiß, das Kind ist trotzdem gewachsen, hat stabile Knochen und einen angemessen hohen Intellekt. Aber wenn Wissenschaftler der Uni Stanford ... und dann auch noch erst kürzlich ... – Und schon ist er da, der nagende Zweifel ...

Sollte man nicht doch mal genauer recherchieren, was sich in der Forschung so tut? Nein, sollte man nicht. Ist unnötig. Sofern nicht gerade von Wissenschaftlern der Universität Castrop-Rauxel herausgefunden wurde, dass regelmäßiges Zähneputzen bei Kindern und Jugendlichen zu Karies, Parodontose, Ohrenweh und/ oder Tod führt, ist es niemals, absolut niemals, notwendig, sich mit solchem Stuss zu beschäftigen. Dies ist im Übrigen auch gar nicht das Ziel von

Experten-Eltern: Sie wollen gar nicht ernsthaft, dass *Sie* etwas verändern oder verbessern, was ja noch als hehres Motiv gelten könnte; sie wollen sich einfach nur von normalen Eltern abheben. Gründe dafür mag es viele geben, z.B. eine überproportionale und dysfunktionale Prädominanz des wuchernden Wichtigtuer-Gens. Diese DNA-Mutation der zur Schau gestellten Oberschlauheit gedeiht nicht nur ganz vorzüglich im Umgang mit anderen Eltern, sondern insbesondere in der Schule: So erklärte mir einst eine besorgte Mutter, nicht weit entfernt davon, wie ein Helikopter über mir zu kreisen, dass es »*einem zwölf*jährigen Jungen *in keiner Weise zuzumuten wäre, innerhalb einer Woche 20 englische Vokabeln zu lernen!*« Mein Stirnrunzeln interpretierte sie fälschlicherweise als Interesse. »*Das wären*«, fuhr sie fort, »*ungefähr drei Vokabeln am Tag.*« Indem ich 20 Wörter durch sieben Tage dividierte, kam ich blitzschnell, und ganz ohne Hilfe eines Taschenrechners auf eine ähnliche Lösung. »*Und da haben gerade erst Wissenschaftler der Uni Tübingen herausgefunden …*« – Womit der Moment erreicht ist. Jener Moment, in dem man als Zuhörer weiß, dass alles, was noch kommt und kommen wird, mit Sicherheit ins gedanklich-intellektuelle Nirwana führt. Womit man leider recht hat. Trotzdem ist es die Aufgabe eines Lehrers, mit Eltern so respektvoll umzugehen wie möglich. Besagte Mutter verwies im weiteren Verlauf des Gespräches – im Wesentlichen handelte es sich um einen Monolog – noch auf nagelneue Erkenntnisse der Hirnforschung bezüglich des »Paukens« von Vokabeln, Daten und Fakten und überhaupt auf die in der Schule offenbar nicht angewendeten Forschungsergebnisse bezüglich der Diskrepanz zwischen jugendlichem Schlafrhythmus und Schulbeginn.

Ja, danke, Info ist bekannt. Derartige Kritik, auch wenn sie wohlgemeint ist, verbunden mit Vorschlägen zur Verbesserung, sind eine feine Sache, bei Lehrern (in diesem Fall) aber fehl am Platze. Bei Schulleitern auch. Man wende sich an die zuständige Schulbehörde oder überlege sich bei der nächsten Landtagswahl genauer, wen man aus schulpolitischen Gründen wählt oder lieber zum Teufel schickt. Neuere Forschungen haben nämlich ergeben, dass Lehrer nicht für alles verantwortlich …

Das Einzige, was ganz eindeutig für Experten-Eltern spricht, ist ihr ehrlicher Wunsch, Wissen zu sammeln und dieses Wissen zu nutzen, und zwar bezüglich des einzig relevanten Forschungsgegenstandes, über den sie verfügen: ihr Kind nämlich. Dabei vergessen sie – was auch für andere Elterntypen gilt – natürlich häufig ihren gesunden Menschenverstand. Wenn also Nina den ganzen Tag weint, dann kann in der Tat eine psychosoziale Belastungsstörung Grund dafür sein. Natürlich kann sie auch ernsthaft depressiv sein und sich mit morbiden Gedanken plagen. Eltern können nun im Internet nach ähnlichen Fällen suchen (Als Schlagwörter bei Google bieten sich an: Kind + Jammern + Selbstmord), respektive sich ganz schnell stapelweise Ratgeberwerke bestellen (*99 Wege, Kindern das Flennen abzugewöhnen* oder das dreibändige Standardwerk *Taschentücher aus Naturfasern: Wie Jugendliche endlich aufhören zu weinen!*). Sie können es aber auch lassen. Nina, 13 Jahre alt, hat vielleicht schlicht und einfach nur Stress mit ihrer BFF. Oder Menstruationsbeschwerden. Oder findet Schule genauso scheiße wie Pickel. – Nicht für alles braucht man Expertenwissen. Hin und wieder einfach mal die Ruhe bewahren könnte das fachkundigste sein, was man tun kann.

SIE ALS ELTERN GEHÖREN DIESEM TYP AN, WENN …

… in Ihrem Bücherregal keine Romane stehen, stattdessen einzig und allein Ratgeber zu allen Fragen der Erziehung, selbst zu denen, die eigentlich keiner Antwort bedürfen. Weitere Bände befinden sich im Keller.

… Sie alles, was Rousseau jemals über Erziehung geschrieben hat, problemlos rezitieren können und bereitwillig bereit sind, damit auf Elternabenden im Stile von Stehauf-Komödianten eine irrwitzig behämmerte Show aufs Parket zu legen.

WAS SIE SO VON SICH GEBEN:

(zu anderen Eltern) »Natürlich kann man das so machen. Aber wenn Sie es richtig machen wollten, sollten Sie auf jeden Fall das neue Buch von …«

(zu Lehrern) »Natürlich kann man das so machen. Aber sagen Sie mal, Sie müssen doch auch Pädagogik studiert haben, richtig? Dann müssten Sie ja eigentlich viel besser Bescheid wissen bezüglich …«

ALS LEHRER KÖNNEN SIE AM EHESTEN:

→ die Ohren auf Durchzug stellen, respektvoll lächeln und hin und wieder »sehr spannend« murmeln, immer abwechselnd mit – hier interessiert wirkendes Fragezeichen aufsetzen – »Im Ernst?« … Was freilich nicht heißen soll, dass Sie als Lehrer nicht auch konstruktive Aspekte (sofern versehentlich vorhanden) berücksichtigen sollten.

→ mit, wenn Ihnen sonst nichts einfällt, erfundenem Expertenwissen kontern und Ihr Gegenüber schlicht und einfach bloßstellen. Erinnern Sie Ihr jeweiliges Gegenüber daran, dass erst kürzlich Wissenschaftler der Bud-Spencer-Gesamtschule für bildende Künste in Bottrop herausgefunden haben, dass …

004

LITERARISCHE ZENSOREN

WEIL EINIGE BÜCHER NUN WIRKLICH SCHÄDLICH SIND!

Es begab sich also zu der Zeit, als der Lehrer Lämpel sich frohen Mutes und behände aufmachte, seine Kinder mit einem belletristisch anmutenden Büchlein zu erfreuen, um den Fremdsprachenunterricht auf ein neues Level zu hieven.

Hierzu, weise wie er war, schrieb er in einem Schrieb an die Eltern der ihm anvertrauten Schutzbefohlenen, dass Letztere doch bitte dafür Sorge tragen sollten, die entsprechende Summe dem entsprechenden Kind zur entsprechenden Stunde für das entsprechende Buch mitzugeben. Der Lehrer Lämpel, ganz geschwind, würde dann das Büchlein für die kollektiven Kinderlein bestellen, sodass die stressgeplagten Elterchen selbst keinerlei Arbeit würden haben sollen. Doch der Lehrer war, nun ja, bei aller Weisheit, auch ein dumm-naiver Narr, einfältig und töricht, der doch allen Ernstes angenommen hatte, er könnte »einfach so« diese Lektüre mit seinen Schülern durcharbeiten respektive überhaupt bestellen.

Eine absolute Fehleinschätzung, denn nicht gerechnet hatte unser pädagogischer Trottel mit den Eltern von Nadja, nennen wir sie einfach mal Helmut und Helga; diese – Helmut Versicherungsonkel und Helga irgendwas mit Medien – konnten sich so

WIR ERZIEHEN UNSER KIND NACH DEN DEMOKRATISCHEN UND ETHISCH-MORALISCHEN GESICHTSPUNKTEN EINER PLURALISTISCHEN GESELLSCHAFT UND MÜSSEN DAMIT DAS AUSBÜGELN, WAS IN DER SCHULE NICHT MEHR GELEISTET WIRD.

gar nicht identifizieren mit des Meisters Buchauswahl, was sie sogleich auch kundtaten, freilich nicht ihm, dem Lehrer selbst, sondern vorab dem Meister des armen Lämpel, seines Zeichens Oberstudiendirektor. Besagter Chef der oberen Studien berief nun den Lämpel in sein Gefilde, auch als Büro bekannt, wo der arme Knilch angsterfüllt stand und annahm, sich verteidigen zu müssen. Ob nun Glück oder Schicksal, aber beide wollten es, dass auch der oberste König, glücklicherweise selbst Fremdsprachenlehrer, Grundsätze von Ahnung hatte (ein selten gesehenes Charakteristikum bei Schulleitern!) und Lehrer Lämpel mit kraftvollen Worten auftrug, er möge doch bitteschön »selbstverständlich das Buch mit den Schülern behandeln«. Von Idioten, fügte er hinzu, müsse man sich gar nichts sagen lassen.

So schritt also Kollege Lampe in einen Buchladen (hierbei, dies aber nur für die weniger technikaffinen Leser, handelt es sich um eine Art optisch-haptisches Amazon mit komplett fehlender »Andere Kunden kauften auch…«-Rubrik) und orderte das im Unterricht zu behandelnde Werk in 33-facher Ausführung, sodass auch ein jeder Wicht im Klassenraum alsdann sein eigenes Werk in Händen halten dürfte.

Das Buch, von dem nun so viel bereits geredet, sollte im Englischunterricht des 10. Jahrgangs gelesen, interpretiert, analysiert und durchexerziert werden. Es handelte sich dabei um eine voll crazy Geschichte eines offenbar geistesgestörten Autors namens George Orwell mit dem unverständlichen und drogengeleiteten Titel *Animal Farm*.

Nun soll es, so wurde dereinst berichtet, irgendwo in Turkmenistan Menschen geben, hierbei handelt es sich um die Turkmenisten, die allen Ernstes, sehr mutig, *Farm der Tiere* (überaus freie Übersetzung; keine Gewähr für Korrektheit) als Klassiker, gar als Meisterwerk der Literaturgeschichte betrachten, als allegorische Fabel gegen die Diktatur, als elementaren Meilenstein der politischen Novelle.

Was natürlich Quatsch ist. Sagen Horst und Helga. Für Horst und Helga ist das Buch, Vorsicht jetzt! *»linkslastiger Unsinn, welcher den Marxismus zur Staatsreligion erklärt«*. Folglich ist *Animal Farm* eine, noch mehr Vorsicht bitte, *»für Schülerinnen und Schüler unangemessene Lektüre, die gegen die demokratischen Grundwerte unserer freiheitsliebenden Gesellschaft verstößt.«*

Und nein, werter Leser, dies ist kein Gedächtnisprotokoll, sondern steht original so in einem Schreiben an … nein, natürlich nicht an Lehrer Lämpel (Synonym für: Stephan Borchers), auch nicht an seinen Vorgesetzten, der ja mit Lämpel im geheimen Bunde zu stehen scheint, sondern an die großartigen Kollegen der Landesschulbehörde, welche sich gar sehr freuten ob des Gefasels aus der Elternschaft eines Provinzgymnasiums.

Wir fragen uns: Was treibt Menschen wie Horst und Helga, Eltern von Nadja, eigentlich an? Brennen bei denen (Wortspiel beachten!) alle Lampen korrekt?

Das Schlimme ist: Horst und Helga sind keine Einzelfälle! Tatsächlich gibt es immer wieder Eltern, die sich bezüglich der Lektüre im Deutsch- oder Englisch- oder Französischunterricht beschweren. Eindeutig gilt dies nicht für Latein: *Der Gallische Krieg* scheint über jeden Zweifel erhaben zu sein.

Vielleicht haben Sie als Eltern das große Glück und erleben irgendwann einen dieser spektakulären Elternabende, an dem der Klassenlehrer, gleichzeitig für das Fach Deutsch zuständig, die Eltern auf die anstehende Lektüre hinweist – und dann geht's ab:

Wie bitte? Darf man das wirklich an Schulen lesen? Eine Frechheit! Es gibt so viele schöne Bücher, aber dieses geht gar nicht. Inakzeptabel. Allein, was da alles an Sex und Gewalt drinsteht. Ganz explizite Darstellungen, ja! Wie wäre es denn mal mit einem Buch, das auch christliche Werte thematisiert? Statt immer diese progressive Sülze? Nein, tut uns leid, so ein Buch ist für unsere Kinder völlig ungeeignet!

Man beachte die Formulierung »für unsere Kinder« – es gibt also Eltern, die offenbar der Meinung sind, dass alle anderen Eltern ihre

Meinung teilen, regelrecht teilen *müssen*, denn alles andere wäre absurd und inakzeptabel.

Um welche »progressive Sülze« mag es sich bloß handeln? Welche bösartige Idee zur Unterrichtslektüre mag der Deutschlehrer nur im Sinn gehabt haben? Die Tagebücher von Joseph Goebbels? *Mein Kampf*? Mitnichten – natürlich ging es um Harry Potter, jenen boshaften Zauberstabschwenker aus einem Internat für minderbemittelte Schüler, einen Halbbruder des noch bösartigeren Ringträgers Frodo, der aufgrund seines dauernden verzögernden Gejammers gefühlte 100 Filmstunden braucht, um endlich einen verdammten Ring in einen verdammten Vulkan zu werfen. Harry jedenfalls, genauso wie Frodo, passt nicht ins pädagogische Konzept einer modernen Schule. Sagen zumindest Leute wie Horst und Helga, beide abstammend vom dunklen Lord Voldemort. Es fehle schließlich, so behaupten es Voldemorts Jünger, die Darstellung eines korrekten religiösen Weltbildes; außerdem wird der Begriff der Familie stark negiert. Freilich könnte Letzteres damit zu tun haben, dass Harry de facto ein Waisenkind ist, das bei Arschlochverwandten lebt. Waisenkinder wiederum dürfen in der Welt von Horst und Helga nicht vorkommen. Ihre Existenz ist schließlich unbewiesen, womit die Brücke zum Okkultismus geschlagen ist!

Was *Harry Potter* als literarisches Werk außerdem disqualifiziert ist die Tatsache, dass a) darin Magier und Zauberer und Hexen vorkommen, die allen Ernstes Gutes im Sinne haben (für ein fiktives Buch geht das natürlich gar nicht!), und dass b) Rotzlöffel wie Harry, Hermine und Ron sich immer und immer wieder mit Autoritätspersonen anlegen und deren Anweisungen sträflich missachten.

Wenn Eltern auf die geniale Idee kommen, mit irgendeiner Unterrichtslektüre nicht einverstanden zu sein, und dies bei einem Elternabend kundtun, so wissen kluge Lehrer, dass diese Leute erstaunlich schnell weitere Personen auf ihre Seite ziehen werden. Ihre Anhängerschaft wächst, während sich nur wenige auf die Seite des Lehrers (und des gesunden Menschenverstandes) stellen und die meisten ohnehin wie üblich die Klappe halten.

Realistisch gesprochen – in Europa ist der Wunsch nach literarischer Zensur in Klassenzimmern noch nicht sehr stark ausgeprägt; anders als in den USA; dort wettern besorgte Eltern gegen alles, was auch nur ansatzweise Sex, Homosexualität, Drogen oder Gewalt impliziert. Wäre ja auch schrecklich, wenn Kinder und Jugendliche mit diesen Dingen in Kontakt kämen. Wohlgemerkt – es geht darum, dass Aspekte im geschützten didaktischen Umfeld des schulischen Unterrichts thematisiert werden und nicht auf einer drogenüberfluteten Bahnhofstoilette. Kein Leser wird allein gelassen – die Schüler diskutieren und analysieren miteinander, und gemeinsam, und unter Anleitung und Aufsicht des Lehrers. Sie können also ihre Weltsicht im Gespräch überdenken.

Die Hörste und Helgas dieser Welt zweifeln dennoch und sind ordnungsgemäß besorgt, sogar bei Astrid Lindgren. Ist schließlich nicht dieses Rotzluder Pippi Langstrumpf von Berufswegen eine Negerprinzessin?

Oje. Das böse Wort. Neger – und dann auch noch als Begriff in einer Deutschlektüre im 21. Jahrhundert? Schrecklich! Schokoladenprinzessin – nun, damit könnte man sich besser anfreunden. Glücklicherweise ist Pippi schon längst nicht mehr das Töchterchen eines Negerkönigs – Letzterer heißt inzwischen Südseekönig. Die Tugendwächter der Republik haben sich durchgesetzt, der Verlag hat mitgespielt, und man muss als aufgeklärte Eltern, die darauf Wert legen, ihre Kinder »real« zu erziehen, eben heutzutage zu alten Ausgaben von Astrid Lindgren greifen. Auch in Otfried Preußlers Klassiker *Die kleine Hexe* ist inzwischen ein moralisch korrekter Sprachgebrauch eingekehrt. Andere Verlage sind glücklicherweise nicht auf den Zug der Idiotie aufgesprungen; Grund genug für bestimmte Eltern, entsprechende in diesen Verlagen veröffentliche Schundwerke eben nicht mehr zu kaufen; schließlich könnten ihre Kinder Schaden nehmen. Das könnten sie zwar auch, wenn sie sich nachmittags auch nur zehn Minuten eine beliebige Sendung im Privatfernsehen anschauen – doch derartige Petitessen sind für Nadjas Eltern nicht relevant.

Auch Geschichtslehrer sind nicht gefeit vor Zensur-Eltern: Um den Schülern deutlich zu machen, wie dereinst die Nationalsozialisten sich um die deutsche Jugend bemühten, wird zuweilen im Unterricht, auch in meinem eigenen, das Lied *Unsere Fahne flattert uns voran* behandelt, ein »Meisterwerk« der NS-Propaganda. Das Lied wurde gehört, wurde besprochen, wurde auseinandergenommen, kritisch eingeordnet. – Nicht kritisch genug offenbar, denn allein, dass man es in einem modernen Geschichtsunterricht noch wagen sollte, derartiges Liedgut zu behandeln, wäre Grund genug für ein Disziplinarverfahren. Wurde mir mitgeteilt. Schriftlich. Meinem Schulleiter natürlich auch. Ich habe nicht reagiert, und das angedrohte Verfahren ließ auf sich warten, und im nächsten Schuljahr wurde mit einer neuen Klasse erneut die Fahne vorangetragen. Weil Unterricht kritisch sein muss. Weil er dort zupacken muss, wo es auch mal unangenehm wird. Persönlich ist mir übrigens nicht bekannt, dass einer der weit über 500 Schüler, mit denen ich Nazi-Liederschrott im Unterricht behandelt habe, inzwischen Flüchtlingsheime in Brand steckt oder sich auch nur ansatzweise einer rechtsradikalen Vereinigung angeschlossen hätte. Und selbst wenn, bei allem Respekt, die Behandlung von Musik allein wäre wohl kaum ausschlaggebend gewesen.

Was nun *Animal Farm* betrifft – das Buch wurde ordnungsgemäß behandelt. Nadjas Eltern schienen keinen Wert darauf zu legen, die Sache ernsthaft bis zum Ende zu verfolgen. Nadja selbst hatte übrigens keinerlei Probleme mit dem Buch – dass es nämlich überhaupt um Politik ging, war ihr trotz des pädagogischen Aufwandes des Lehrers gar nicht erst aufgefallen. Für sie ist und bleibt *Animal Farm* das, was es ist: ein ziemlich trauriges Buch über Tiere, die nichts hinkriegen und sich selbst umbringen.

SIE ALS ELTERN GEHÖREN DIESEM TYP AN, WENN ...

... Sie sogar *Wir Kinder aus Bullerbü* für eine inhumane, den Faschismus glorifizierende Streitschrift halten und *Michel aus Lönneberga* ganz eindeutig als dubios-dystopische Literatur identifizieren, zu nichts anderem geschaffen, als ein Loblied auf den Kommunismus der Stalin-Ära zu singen.

... Ihnen Harry Potter im Traum begegnet und Ihnen mit dem Stein der Weisen direkt auf die Rübe haut.

WAS SIE SO VON SICH GEBEN:

»Wir erziehen unser Kind nach den demokratischen und ethisch-moralischen Gesichtspunkten einer pluralistischen Gesellschaft und müssen damit das ausbügeln, was in der Schule nicht mehr geleistet wird.«

»Nein, Ruben-Peyton möchte nicht so böse Sachen lesen.«

ALS LEHRER KÖNNEN SIE AM EHESTEN:

→ darauf verweisen, dass selbst in der Bibel, vor allem im ersten Teil, jede Menge Sex & Drugs & Violence vorkommen, und die Eltern bitten, sich doch in einer Petition an Vatikan oder evangelische Bischofskonferenz zu wenden, derartige Schundliteratur in Kirchen nicht mehr zu behandeln.

→ sich während des Gespräch einen Mohrenkopf nach dem anderen in die Kinnlade stopfen und zwischendurch die Melodie von *Zehn kleine Negerlein* summen.

→ das Grundgesetz zitieren, Artikel 5: Es findet keine Zensur statt.

005

SCHATTENSPRINGER

WEIL ES IM TEAM KEIN ICH GIBT!

Programm einer Klassenfahrt der 8c: Ziel Hamburg. Erster Tag: Museum für Hamburgische Geschichte, Besichtigung verschiedener Kirchen, abends ins Theater. Zweiter Tag: Zoologisches Museum, dann Freizeit, abends Gruppenspiele. Dritter Tag: Kunsthalle und Museum für Kunst und Gewerbe, Hafenrundfahrt in englischer Sprache, zwischendurch Kurzreferate, abends in die Oper. Man gibt *Così fan tutte*. Vierter Tag: Dialog im Dunkeln (Erfahrung für die Sinne), ganz viel Freizeit, dann noch eine Runde Minigolf. Fünfter Tag: Ab nach Hause.

Eine ziemlich geniale Fahrt, die jede Menge Abwechslung garantiert. Eine Klassenfahrt, wie sie sein sollte, leider aber häufig nicht ist, mit viel Bildung im Programm und dennoch genügend Freizeit zum Chillen, Gammeln und Shoppen. Eine vom Lehrer durchdachte Veranstaltung auf hohem Niveau. Die Eltern zahlen schließlich (genau wie die Lehrer übrigens) viel Geld und können erwarten, dass ihren Kindern ein gutes Angebot unterbreitet wird.

Das geht bekanntlich auch anders. Viele Eltern machen sich gerade in jüngeren Jahrgängen dafür stark, dass die Kinder, wenn sie sich schon auf Fahrt begeben, doch wenigstens als Team zurückkehren.

Da haben wir's. Team. Das zentrale Zauberwort jeglicher Zwangspädagogik. Ohne die Existenz von Teams würde die Welt nicht die-

WIR WOLLEN NUR DAS BESTE FÜR UNSERE KINDER UND GLAUBEN, DASS DER SICH IMMER SCHNELLER DREHENDE GLOBALISIERUNGSZIRKUS NEUE ANFORDERUNGEN AN DIE GENERATION VON MORGEN STELLT – UND DAZU GEHÖRT EBEN GANZ BESONDERS TEAMFÄHIGKEIT.

jenige sein, die sie heute ist. Vielleicht wäre sie lebenswerter. Eltern stehen auf Teamfähigkeit. Nichts dagegen, nur leider treffen sie mit ihrem Wunsch auf überforderte Lehrer, die beim besten Willen nicht wissen, wie sie's anstellen sollen. Doch keine Sorge – nach kurzer Suche im Internet finden selbst die ahnungslosesten Fachkräfte schnelle und (teure) Hilfe. Allein schon die Homepage des Veranstalters … eine literarische Sensation, Genuss für Augen und Hirn, ein multipler pädagogischer Orgasmus: Die Klassenfahrt soll also zu einem ganz besonderen und atemberaubenden Erlebnis werden, das die Klasse nachhaltig zu einem starken und unzertrennlichen Team vereint? Klingt gar nicht übel. Hoch motivierte, mit professionellem (!) Know-how gesegnete hoch qualifizierte (!) Mitarbeiter verhelfen der Gruppe mithilfe von praxisbewährtem Teamtraining zu mehr Zusammenhalt.

Powered by Togetherness!

Großartig auch, dass das Teamtraining praxisbewährt ist. Somit spielt es in einer Liga mit Zahnpasta und Wasser – gerade Letzteres hat sich für das Wachstum von Pflanzen überaus bewährt.

Teamgeist wird erlebbar gemacht. Grenzen werden überwunden. Und wer seinen Schatten definieren kann, ist auch imstande, ihn zu überspringen. Ach ja, wie herrlich.

Immer wieder begegnen uns Eltern, für die es unerträglich wichtig ist, aus einer Klasse eine Gemeinschaft zu formen. Dabei haben sie doch selbst normalerweise gerade mal ein einziges Kind in besagter Klasse, und dieses wirkt ganz glücklich und zufrieden, hat eine Clique, hat Leute, die es mag, und eben Leute, die es nicht so mag – so wie es normal ist. Was interessieren sich Eltern also für die anderen 32 Kids? Wer nun als Lehrer in seiner dümmlichen Naivität einwendet, dass sich »Gemeinschaft« von alleine heraus formen muss und nicht erzwungen werden darf, gilt sogleich als Bedenkenträger, der sich offenbar nicht in die Seelen seiner Schülerinnen und Schüler hineinversetzen kann.

Wie aber genau sieht so eine »erlebnispädagogische Woche mit praxisbewährten Methodenkonzepten« aus?

Montag: Eine sozialpädagogikprofessionelle »Teamerin« und ihre debil grinsende Praktikantin begrüßen die Klasse. Die beiden stellen sich als »Teamtrainer« vor. Der Lehrer beginnt zu kichern, quittiert von zwei bösen Blicken. Die Schüler, in erfreuter Antizipation aufgeregt tuschelnd, bekommen farbige Zettelchen, auf die sie schreiben sollen, wie es ihnen geht und was es für sie bedeutet, ein Team zu sein. – Dies ist derjenige Moment, in dem die intelligenten Schüler bereits am Sinn der gesamten Woche zweifeln. Die Lehrkräfte ebenfalls. Nach dieser folgenlosen ersten Phase der »Teamwoche« finden Übungen statt, mit deren Hilfe, so erklärt es das Mädchen mit den sieben Piercings im Gesicht (Studentin), die »Teamtrainer« versuchen, »die Klasse mit ihren Stärken und Entwicklungsmustern« kennenzulernen, bevor es in einem nächsten Schritt mit »spannenden Kooperationsaufgaben« weitergeht. Die Lehrkräfte mögen sich bei den »als Gruppe zu lösenden kniffligen Problemen« doch bitte schön verpieseln. Alles überaus spannend …

Am zweiten Tag, nun also endlich Butter bei die Fische, werden, oh verblüffend Schrecken, weitere spannende Aufgaben und Rätsel gelöst, wobei die Kinder selbstverständlich gemeinsam agieren. Gott bewahre sollte ein Kind auf die Idee kommen, einen eigenen und damit individuellen Gedanken zu entwickeln! Das Tolle an der ganzen Sache ist, dass endlich die Rollenstrukturen aus dem normalen Schulalltag aufgebrochen werden und ein anderes Kennenlernen ermöglicht wird. So steht's zumindest im Prospekt, muss also stimmen.

Um was für Aufgaben und Rätsel es geht, muss hier nicht erläutert werden. Jeder, der einmal bei solch einer Veranstaltung dabei war, hat sie ohnehin schon wieder vergessen, oder, wenn die Sache unverständlicherweise doch im Langzeitgedächtnis gelandet ist, muss sich noch immer übergeben, wenn er nur irgendwo das Wort »Team« von Weitem hört.

Dritter und vierter Tag? Nicht erwähnenswert. Ziemlich dieselbe erbarmungswürdige Grütze, mit der Ausnahme, dass die Kinder noch eine Kletterpartie unternehmen und sich dabei gegenseitig absichern müssen. Zugegeben – eine interessante und auch noch sinnvolle Aktion, die Spaß macht und viele Kinder tatsächlich dazu bringt, über ihren Schatten zu springen. Lobenswert also.

Der Rest? Weitere Kooperationsspiele. Und Vertrauensübungen. Und Interaktionsgedöns. Außerdem werden noch spannende Wahrnehmungsspiele durchgeführt. Zur Intensivierung intensiver Körpererfahrungen. Oder so ähnlich.

Das große Problem an erlebnispädagogischen Aktivitäten, ob nun als Klassenfahrt oder als Programm für nur einen Tag, ist gar nicht mal die Idee per se, sondern der Zwangscharakter einer solchen Veranstaltung.

Es gibt Klassen, in denen wirklich gar nichts funktioniert – eine Gemeinschaft gibt es nicht mal in Ansätzen, jeder hasst jeden, die Jungs prügeln sich voller Elan durchs halbe Schulgebäude, und die Mädchen kratzen sich in sozialen Netzwerken metaphorisch die Augen aus, bevor sie es dann am nächsten Morgen in der Cafeteria »live und in echt« erledigen. Es gibt Mobber und Gemobbte, Außenseiter und Aufschneider, Arschlöcher und größere Arschlöcher.

Wer Klassenlehrer einer solchen Gruselcrew ist, darf und sollte sehr ernsthaft die Notwendigkeit einer »Wir werden ein Team«-Veranstaltung prüfen, oder sich an eine Waldorfschule versetzen lassen.

Normale Klassen hingegen – um dies in aller Deutlichkeit zu formulieren – brauchen Derartiges nicht, und zwar niemals, egal, wie sehr sich vielleicht einige Eltern darüber freuen würden und wie sehr sie sich dafür einsetzen. Lehrer, die eine solche Woche oder einen solchen Tag buchen, meinen es vielleicht nur gut und denken sich: Irgendwas wird schon dabei rumkommen. Womit sie richtigliegen. Irgendwas kommt immer raus. Allerdings viel zu wenig angesichts der Kosten und dann auch nur bei einer sehr übersichtlichen Anzahl von Schülern.

Andere Lehrer, die eine Team-Woche buchen, tun dies aus dem festen Wissen heraus, dass sie sich um Programmgestaltung keinerlei Gedanken machen müssen, da ja »Profis« den Laden schmeißen. Man selbst kann sich also, während die Kinder mit dem Lösen ihrer »kniffligen« oder »rasanten« Aufgaben beschäftigt sind, gepflegt mit einem 5-Liter-Tütchen billigstem Chianti auf eine Parkbank setzen und dem Klassenzusammenhaltstreiben ungläubig zusehen.

Shadow-Jumper-Parents (wie sie in der internationalen Fachwelt genannt werden) sind keine bösen Menschen. Sie wollen, wie so häufig, nur das Beste für Ihre Kinder und glauben, dass der sich immer schneller drehende Globalisierungszirkus neue Anforderungen an die Generation von morgen stellt – und dazu gehört eben, scheinbar wenigstens, Teamfähigkeit. Nun, Mark Zuckerberg ist nicht im Team zum Milliardär geworden, Bill Gates ebenfalls nicht, und die meisten Staaten dieser Erde werden nicht von einem Team, sondern einem Regierungschef regiert. Andererseits: Die deutsche Fußballnationalmannschaft ging 2016 als »La Mannschaft« in die Europameisterschaft. Diese Mannschaft hingegen hatte ein klares Ziel, den Gewinn des Titels, wohingegen es im Erlebnispädagogikcamp kein präzise definiertes Ergebnis gibt, sondern lediglich pseudointellektuelles Geblubber, aufgebauscht mit hochgestochener pädagogischer Semantik.

Es soll sogar Eltern geben, die derartige teambildende Maßnahmen in den Ferien buchen. Man selbst fährt also nach Ibiza, der Florian hingegen in eine beliebige Kleinstadt in der brandenburgischen Pampa. Mama und Papa erfreuen sich an neckischen Kaltgetränken, der Florian wird gezwungen, mit anderen Kinder, auf die er absolut null Bock hat, irgendein »crazy problem« zu lösen, obwohl er auch auf dieses null Bock hat, was aber niemanden interessiert.

Tatsache ist natürlich: Es gibt Kinder oder Jugendliche, die dermaßen egozentriert sind (sogenannte Pestkinder), dass man sie eigentlich nur noch schlagen möchte: Für derartige Blagen ist ein wie auch immer geartetes Teenie-Team-Camp ideal; allein schon, weil sich die Eltern endlich einmal in Ruhe die Kante geben können. Vorteil 1 für Florian: Endlich lernt er, dass ein Miteinander durchaus seine Vorteile haben kann. Vorteil 2: Wenn er sich verweigert, gibt's einen auf die Glocke von den anderen Teilnehmern.

Wenn Ihnen eine Mutter begegnet und sie volltextet mit »*Meine Juliane hat ja Erlebnispädagogik gemacht. Hach, sie ist ja so begeistert davon und möchte unbedingt wieder hin in den nächsten Ferien... sie hat so unglaublich viel über soziale Interaktion gelernt, ganz großartiges Konzept, da sollten Sie die Rabea auch mal hinschicken*«, dann sollten Sie a) unbedingt Mitleid für Juliane empfinden und b) die Rabea dort ganz bestimmt niemals hinschicken, es sei denn, wie gesagt, bei Rabea handelt es sich um eine arrogante Megazicke mit Wichtigkeitssyndrom, alsdann bietet sich aber – und deutlich preisgünstiger – auch ein Ausflug nach Bangladesch in eine von westlichen Modediscountern betriebene Textilfabrik an. Geben Sie die Rabea am besten direkt bei der Anreise am Zoll ab und vergessen Sie nicht, sie am Ende Ihres Urlaubs wieder abzuholen. Falls Sie's doch vergessen, ist's auch nicht schlimm. Wahrscheinlich wird sie Ihnen um den Hals fallen und Ihnen freudig von all der sozialen Interaktion berichten, die sie im Verlaufe ihrer 22-stündigen Arbeitstage in unklimatisierten und stickigen Fabrikhallen erfahren hat.

In diesem Sinne: Ein Team kann etwas unglaublich Tolles sein. Kann. Muss aber nicht. Und jedes Team wird scheitern, wenn es a) kein klares Ziel gibt und b) es zur Zusammenarbeit verdonnert wird, nur, weil einige Lehrkräfte eine Spur zu faul sind, sich ein eigenes Programm auszudenken, und einige Eltern, wenngleich wohlmeinend, doch eine deutliche Spur zu naiv und oberpädagogisch daherkommen.

SIE ALS ELTERN GEHÖREN DIESEM TYP AN, WENN ...

... Sie allen Ernstes der Überzeugung sind, dass in einem beliebig großen Team tatsächlich jedes noch so trödelige und dödelige Teammitglied aktiv mitarbeitet.

... Sie glauben, dass Jesus Christus nicht übers Wasser wandelte, sondern von seinen unter der Oberfläche kriechenden Jüngern getragen wurde (aus der Rubrik: rasante Wasserspiele zur Steigerung der Sozialkompetenz).

WAS SIE SO VON SICH GEBEN:

»Die Laura-Samantha mag am liebsten im Team arbeiten, da kann sie am besten ihre vielfältigen Talente ausleben. Vielleicht sollten Lehrer bei Klassenarbeiten, Tests und Klausuren darauf mal etwas mehr Rücksicht nehmen?«

»Wir haben unseren Sohn nicht dazu erzogen, eigenständig zu agieren.«

»Also, im Team baut der Jan-Falco viel weniger Scheiße als alleine!«

ALS LEHRER KÖNNEN SIE AM EHESTEN:

→ darauf verweisen, dass Erlebnispädagogik mit pfiffigen Teamaktivitäten sündhaft, unverschämt, teuer ist und dass leider, leider, leider einige der weniger ahnungslosen Eltern nicht bereit sind, diese Kosten zu übernehmen, was freilich – dies sollten Sie mehrfach betonen – eine absolute Schande ist!

→ verdeutlichen, dass Ihrer Meinung nach das letzte wirklich gute und funktionierende Team ein Relikt der 80er-Jahre ist: das A-Team. Seitdem hat es sich ausgeteamt.

006

ADHSLER

WEIL ALLES, WAS ZAPPELT, BEHANDELT WERDEN MUSS!

ADHS ist eine Art Bruder zu ADS, dabei aber genauso nervig. Bei ADS handelt es sich um das Aufmerksamkeits-Defizit-Syndrom. Soll heißen: Ein Schüler ist nicht imstande, sich über einen längeren Zeitraum mit einem Thema zu beschäftigten, hat enorme Schwierigkeiten, einem Lehrer oder Elternteil beim Monologisieren, Schimpfen oder Meckern zuzuhören, interessiert sich einen feuchten Furz für Einzelheiten und macht in selbst geschriebenen Texten einen Flüchtigkeitsfehler nach dem anderen. Außerdem kann ein ADS-Kind mit Ordnung genauso viel oder wenig anfangen wie ein Fisch mit einer Ausrüstung zum Freeclimbing.

Insgesamt gesehen ist ADS also eine Krankheit, die auch Erwachsene betrifft. Aus unerfindlichen Gründen wird sie bei diesen allerdings seltener behandelt.

Wenn nun bei ADS noch ein H dazukommt, ist der Patient außerdem hyperaktiv. Was echt krass ist, denn es ist wirklich immer wieder verblüffend zu sehen, dass gerade Kinder einen ausgeprägten Bewegungsdrang verspüren. ADHS-Kids sind ständig in Bewegung, können nicht still auf einem Stuhl sitzen, was an-

WIR HÄTTEN SOGAR PIPPI LANG-
STRUMPF MEDIKAMENTE GEGEBEN ...
EIN FÜRCHTERLICHES KIND!
RITALIN

gesichts des Mobiliars in normalen Klassenzimmern wenig verwunderlich sein dürfte, zappeln im Unterricht und zu Hause und eigentlich überall andauernd herum wie Zitteraale auf Drogen, sind auffallend ungeduldig – so wie jeder Erwachsene, wenn er im Stau steht und die Welt verfluchen möchte – und handeln, was in der Erwachsenenwelt natürlich niemals vorkommt, häufig ohne nachzudenken.

Kinder haben im Regelfall Eltern. ADHS-Kinder haben ebenfalls Eltern, und zwar besorgte Eltern, medizinisch versierte Eltern, die sich auskennen. Sie wissen, woran ihr Kind leidet und wie man es behandelt. Glücklicherweise wird ihnen vonseiten der Pharmaindustrie ein Mittelchen an die Seite gestellt, das alle ADHS-Gören wieder auf Spur bringt: Ritalin. Eine Art Wundermittel, das dafür sorgt, dass besorgte Eltern sich nicht mehr sorgen müssen, da Ritalin dafür sorgt, dass das Kind in der Schule wieder aufpassen kann, nicht alle fünf Minuten vom Stuhl fällt und folgerichtig ein erfolgreiches und effektives Mitglied der Bildungssklaverei wird. Ritalin ist glücklicherweise total ungefährlich. Deshalb fällt es auch unter das Betäubungsmittelgesetz … Es kann nur in der Apotheke erworben werden, wenn ein ärztliches Rezept vorgelegt wird. Ritalin gibt es als Tabletten, die als Dopamin-Wiederaufnahme-Hemmer dienen. Sie senken also den Dopaminspiegel in den Nervenzellen, was super ist, denn Dopamin ist total schlimm böse und verstärkt unsere Impulse und führt eben zu Aufmerksamkeitsdefiziten verbunden mit erhöhter körperlicher oder psychischer Aktivität.

Wer sich auch nur einmal den Beipackzettel des Medikaments angesehen hat, muss sich fragen, wie man ein derartiges Zeug an seine Kinder verabreichen kann – das Wörtchen »Tod« kommt gleich mehrfach vor. Freilich nur, wenn Missbrauch betrieben wird … ansonsten ist alles okay. Wenn Eltern über Methylphenidat, so die Klugsprechbezeichnung für Ritalin, sprechen, sind sie häufig voll des Lobes: *»Also, seit Arne täglich sein Ritalin bekommt, ist er total ausgeglichen. Man kann auch endlich wieder richtig mit* *ihm reden, und herumzappeln tut er auch nicht mehr. Ein richtig angenehmes Kind ist er geworden.«*

Das ist natürlich erfreulich, schließlich ist es immer erquickend zu sehen, wenn Medikamente dafür sorgen, unsere natürlichen Impulse zu unterdrücken. Im Jahr 2014 wurden allein in Deutschland 1.716 Kilogramm Ritalin verordnet – das ist zwar ein Rückgang zu vorigen Jahren, aber immer noch eine beachtliche Leistung, die vor allem Hausärzte und Jugendpsychiater hier vollbringen. Demnach, leider, muss es also erschreckend viele Kinder und Jugendliche geben, die an ADHS leiden. Nur leider stimmt das nicht.

Tatsache ist: ADHS ist eine Krankheit, die in unterschiedlichen Graden auftreten kann und die mit medikamentöser Behandlung (also im Wesentlichen Ritalin) oder begleitenden psychotherapeutischen Maßnahmen in den Griff zu kriegen ist. Tatsache ist außerdem: Es gibt Kinder, die an ADS oder ADHS leiden, was gerade in extremeren Fällen das Familienleben extrem belasten kann.

Weitere Tatsachen:

1. Nicht jedes Kind, das unaufmerksam und unkonzentriert ist, leidet automatisch an ADHS. Eine erstaunliche Erkenntnis!

2. Die meisten Kinder, die unaufmerksam und unkonzentriert sind, werden trotzdem auf ADHS behandelt, sprich: mit Ritalin. Sicher ist schließlich sicher!

3. Viele Eltern, die besorgniserregende Verhaltensweisen an ihrem Kind entdecken (Zappeln, Vergesslichkeit, Unordentlichkeit etc.), rennen sofort zu ihrem Arzt mit der bereits im Vorfeld eigenständig getroffenen professionellen Diagnose »Julian hat ADHS«, inklusive der Forderung »Geben Sie uns Ritalin«. Und der Arzt? Natürlich kommt er seinen medizinischen Pflichten nach und schließt nach und nach alle anderen Krankheiten aus. Am Ende bleibt da meist nichts übrig, also nickt er zustimmend und spricht die vier Buchstaben aus. Die Eltern sind zufrieden. Der Arzt tut im Endeffekt nichts dramatisch Schlimmes und verhält sich wie täglich Hunderte seiner Kollegen.

Kann es aber eventuell sein, nur mal so nebenbei, dass Julian einfach nur Bewegung braucht und selbige nicht bekommt? Dass der Junge einfach mal Gas geben will, ihm aber von seinen Eltern das Gaspedal geklaut wurde? Wer bitte schränkt denn den Bewegungsdrang von Kindern immer mehr ein? Zur Schule geht's mit dem Auto. Nach Hause am besten auch noch. Nach sechs Stunden Schule will das Kind endlich mal toben? Keine Chance! Erst die Hausaufgaben! Dann Klavier- oder Geigenunterricht. Dann noch zum Ballett – hier hat Julian am meisten dran zu knabbern, und abends werden Vokabeln gelernt. Kein Wunder also, dass Julian immer nervöser und unausgeglichener wird.

Natürlich hat es ADHS schon immer gegeben, und spätestens seit Wilhelm Busch wird ein Kind mit nervigem Gehampel als »Zappelphilipp« bezeichnet. Die meisten Kinder heutzutage – Generation Smartphone – brauchen aber eventuell einfach nur mal wieder Auslauf: Springen, Rennen, Toben, Sich-Prügeln, Fußballspielen auf der Straße oder sonst wo, kurzum: brutale, befreiende, ausufernde Bewegung.

Wofür allerdings keine Zeit mehr ist. Der Schultag selbst ist lang genug, und auch danach hat man sich als moderner Schüler um noch mehr Schulkram zu kümmern, erstens, weil es nötig ist, und zweitens, weil die Eltern es schließlich erwarten. Die Leistungsgesellschaft, in der wir nun einmal leben, stellt hohe Ansprüche an Schülerinnen und Schüler: Nachvollziehbar also, wenn Eltern ihren Kindern helfen, diese Ansprüche zu erfüllen, und sei es eben unter Zugabe von Medikamenten. Etwa 80 Prozent der mit Ritalin behandelten Kinder werden ruhiger und steigern ihre Konzentrationsfähigkeit. Ihre motorische Unruhe lässt nach, sie sind weniger zappelig, und sogar ihre Handschrift verbessert sich. Sie können schlicht und einfach wieder besser lernen.

Na also. Was können Eltern mehr wollen? Läuft!

Wenn nur diese dämlichen Nebenwirkungen nicht wären. Appetitlosigkeit, Schlaflosigkeit. Desinteresse. Fehlende Kreativität. –

Charlotte, die zwar nervös und nervig war, liebte Tuschen und Zeichnen und Malen, notfalls auch an Tapeten und am allerliebsten Häschen und Frösche. Jetzt, dank Ritalin, tuscht und zeichnet und malt sie nicht mehr und lernt französische Vokabeln, hat also endlich ihre Produktivität steigern können! Und all das nur durch Ritalin. Von Häschen und Fröschen hat sie die Nase voll, kann sich wahrscheinlich nicht einmal mehr erinnern, sie jemals gemocht zu haben.

Doch nicht nur die siebenjährige Charlotte nimmt Ritalin. Auch die 17-jährige Wiebke – allerdings sehen Wiebkes Elters die Sache kritisch und können sich nur bedingt damit anfreunden, dass ihre Tochter zu Drogen greift. Wiebke allerdings besteht darauf! In diesem Zusammenhang bezeichnet der Neurobiologe Gerald Hüther Ritalin als »Droge für die Pflichterfüller-Generation«. Wiebke will also ihre Pflicht erfüllen – nämlich eine gute Schülerin zu sein, ein möglichst gutes Abiturergebnis zu erzielen und damit ihre Berufs- oder Studienchancen zu verbessern. Kann man ihr nicht verübeln. Auch kann man ihren Eltern nicht verübeln, Wiebke gewähren zu lassen, schließlich haben sie doch bezüglich des Erfolges ihrer Tochter genau denselben Wunsch.

»Ach, wissen Sie, Wiebke ist in Mathematik so viel besser geworden, seit wir sie andauernd mit Drogen vollstopfen. Erst wollten wir gar nicht, aber Wiebke hat uns dann doch überzeugt, dass Ritalin genau das Richtige ist. Hat eine ganz tolle Wirkung, und immer schön die doppelte Dosis geben. Ärzte sind da meist sehr vorsichtig. Hat sich sogar von ihrem Freund getrennt – Liebe und solche Sachen braucht sie jetzt nicht mehr. Hauptsache, sie hat jetzt endlich Erfolg in der Schule.«

Der Ritalinwahnsinn hat sich inzwischen längst auch in der höheren Bildung festgesetzt. Vor zehn Jahren noch griffen Studenten, die etwas auf sich hielten, zu Koffeintabletten, die sie in Kaffee kippten, oder in Wodka oder Wein oder Clearasil, doch deren Wirkung ist im Vergleich zu Ritalin natürlich ein nasser Lappen.

Ritalin ist keine Zaubertinktur – dies müssen einige Eltern noch lernen. Wenn Kinder doof sind, bleiben sie doof, selbst wenn man

Ritalintabletten als Zäpfchen benutzt oder im Mixer zerkleinert und intravenös zuführt. Gegen Dummheit, um ein Sprichwort zu bemühen, ist kein Kraut gewachsen. Ritalin kann nicht zaubern, kann nicht die Arbeitsmoral stärken, kann nicht die Intelligenz anfeuern – aber es kann dafür sorgen, dass man ruhiger wird, sich nicht dauernd ablenken lässt, hellwach ist, diszipliniert und fokussiert. So gesehen gibt es bestimmt auch einige Lehrer, die nichts lieber täten, als das Zeug mit der Spritzpistole im Klassenraum zu versprühen.

Wenn ich aber Tabletten nehme, um ruhiger zu werden, und diese Tabletten über einen langen Zeitraum nehme, macht mich das nicht zu einem Süchtigen? Und wenn ich außerdem mit Nebenwirkungen wie Lustlosigkeit oder noch mehr null Bock als üblich leben muss, nur um in der Schule erfolgreicher zu sein, macht mich das nicht zu einem Bildungszombie mit nur noch Grütze im Hirn, der langsam, aber sicher seinen Verstand verliert?

Um es kurz zu machen: Es gibt Kinder, die dringend Ritalin benötigen. Wirklich jetzt! Die meisten jedoch brauchen es nicht. Wirklich jetzt!

Natürlich ist der nun folgende Vorschlag naiv, aber deswegen trotzdem nicht vollkommen idiotisch: Wie wäre es denn, man stelle sich mal vor, ist ganz verwegen dabei, wenn wir unseren Kindern einfach ein »Mehr« an Bewegung verordnen und ein »Weniger« an multimedialer Technik und Chilling? Damit würde zwar längst nicht alles besser werden, aber manchmal, in vielen Fällen, doch wenigstens alles ein bisschen entspannter.

Außerdem: Wollen Eltern wirklich ihre Kinder »funktionalisieren«? Einzig und allein aufgrund des bislang ausbleibenden schulischen Erfolges? Diese Fragen sind moralischer und erzieherischer Natur mit großen Auswirkungen: Kinder, die an Ritalin gewöhnt sind, werden auch als Abiturienten oder Studenten nach dem Zeug greifen – weil sie es müssen und sich ein Leben ohne nicht mehr vorstellen können. Den Grundstein dafür legen Eltern bereits früh, und sie sollten sehr sorgsam vorgehen.

ALS ELTERN GEHÖREN SIE DIESEM TYP AN, WENN ...

- ... Sie beim kleinsten Anzeichen, dass sich Ihr Kind in irgendeiner Form bewegen möchte und unter Umständen einen Drang zu ernsthaften sportlichen Aktivitäten verspürt, direkt zum Medikamentenschrank rennen und nach Hilfe suchen.
- ... Sie selbst früher ebenfalls Aufputschmittel genommen haben und die Vorteile derselben nun an ihre Kinder weitergeben wollen.

WAS SIE SO VON SICH GEBEN:

»Ihre Tochter hat auch den Vokabeltest verhauen? Das tut mir leid. Haben Sie denn versäumt, ihr Ritalin zu geben? Da müssen Sie wirklich dran denken!«

»Realität ist was für Leute, die mit Ritalin nicht zurechtkommen.«

»Wir hätten sogar Pippi Langstrumpf Medikamente gegeben … ein fürchterliches Kind!«

»Natürlich kann Valentin die Deutscharbeit nicht mitschreiben! Er hat Attest mit allem Drum und Dran.«

ALS LEHRER KÖNNEN SIE AM EHESTEN:

- → ganz ernsthaft auf moralische Aspekte verweisen: Gehirndoping ist genau wie sportliches Doping und nicht akzeptabel.
- → weniger ernsthaft selbst gebackene Haschkekse reichen: Wenn die Kids unter Drogen stehen, muss dieses Recht auch für Erwachsene gelten!
- → auf Ihre eigene Kindheit verweisen mit dem Spruch: »Wenn wir früher ADHS hatten, haben wir eine geknallt bekommen und waren wieder gesund!«

007

NOTENFEILSCHER

WEIL LEHRER EINFACH NICHT OBJEKTIV SEIN KÖNNEN!

Treffen sich Frau Schmidt und Frau Huber … – Was wie ein sterbenslangweiliger Witz beginnt, ist keiner, sondern lediglich pure Realität, ebenso sterbenslangweilig.

Frau Schmidt: »Heute gab es endlich die Englischarbeit zurück. Vanessa hat eine 3.«

Frau Huber: »Das geht ja noch. Die Arbeiten bei dem alten Hansen sind auch wirklich nicht einfach.«

Frau Schmidt: »Und die Suse?«

Frau Huber: »Ganz klar eine 2. Da steht zwar noch eine 4 drunter, aber der Hansen hat sich mal wieder verrechnet. Das kann gar nicht stimmen. Bei mir kommt da eine 2 heraus, ohne Wenn und Aber.«

Frau Schmidt: »Da muss der sich aber ziemlich verrechnet haben. Um gleich zwei ganze Noten?«

Frau Huber: »Ich habe mir die ganze Arbeit genau angesehen. Die Suse hat das alles sehr, sehr ordentlich erledigt. Vielleicht hat der Hansen auch einfach einiges nicht verstanden. Suse drückt sich ja manchmal doch ziemlich intelligent aus.«

Frau Schmidt: »Das stimmt. Suse ist wirklich ziemlich klug.«

WIR GLAUBEN ODER SPÜREN NICHT NUR, SONDERN WISSEN INSTINKTIV UND FELSENFEST, DASS UNSER KIND (NIEMALS ANDERE KINDER, IMMER NUR DAS UNSERE) VON BESTIMMTEN LEHRERN VÖLLIG UNFAIR BEHANDELT WIRD.

Frau Huber: »Und außerdem … Sie kennen ja den Hansen … Einige Schüler mag er eben und andere nicht. Traurig, wie unprofessionell heutzutage manche Lehrer sind.«

Eigentlich alle Lehrer dieser Welt, wirklich alle, haben irgendwann schon einmal mit Frau Huber zu tun gehabt. Nun geht also Frau Huber zum Englischlehrer und wirft ihre Bedenken in den Raum. Sicherheitshalber hat sie am Rand der Arbeit die jeweils »korrekte« Punktzahl hingeschrieben. Stolz lehnt sie sich im Stuhl zurück, wohl wissend, dass sie die beste Mutter der Welt ist und nichts unversucht lässt, um ihrer Tochter zum Recht zu verhelfen. Dann aber kommt es auf einmal knüppeldick. Herr Hansen denkt nämlich nicht im Traum daran, die Zensur zu verändern, und wagt es allen Ernstes, ihr, der »großartigsten Mutter von Welt«, zu erklären, wie die Bewertung der Arbeit zustande kam.

»Schauen Sie mal, Frau Huber, hier zum Beispiel schreibt Suse alles auf, was in der Geschichte drankommt.«

»Aber das ist doch toll! Volle Punktzahl!«

»Nein, Frau Huber, leider nicht. Sie hat die Aufgabenstellung komplett missverstanden. Sie sollte die Geschichte analysieren, nicht zusammenfassen.«

»Also wirklich, Herr Hansen, analysieren oder zusammenfassen. Ich bitte sie. Die Suse hat sehr viel gewusst und hat richtig hart für diese Arbeit gelernt, das muss man doch einfach auch mal zugeben und lobend anerkennen.«

»Selbstverständlich, Frau Huber, aber sie hat hier das falsche Wissen vorgebracht. Wenn in einer Mathearbeit addiert werden soll, der Schüler aber die ganze Zeit subtrahiert, dann ist die Aufgabe falsch gelöst worden, unabhängig davon, wie richtig das Ergebnis eigentlich auch ist.«

»Das kann man so sehen. Ich sehe das anders. Und die Suse auch.

»Wie Sie meinen. Doch schauen Sie mal, hier bei Aufgabe 2 beschreibt Suse den Protagonisten in gerade einmal zwei Sätzen. Das geht doch nicht! Eine vernünftige Charakterisierung kann einfach nicht in zwei Sätzen abgehandelt werden. Da fehlt es an Einfallsreichtum …«

»Ich habe der Suse beigebracht, immer so präzise wie möglich zu arbeiten und nicht um den heißen Brei herumzureden. Wenn Ihnen die beiden Sätze nicht reichen, tut es mir leid. Ich bin mit Suses Antwort absolut zufrieden.«

»Das ist schön für Sie, Frau Huber, aber zwei Sätze reichen mir tatsächlich nicht, auch nicht drei oder vier oder fünf. Ich verlange einen durchgehenden, ausführlichen, kohärenten Text mit Tiefgang. Und bei den anderen Aufgaben genau dasselbe Spiel: Entweder schreibt Suse zu wenig ausführlich, bleibt inhaltlich zu vage, oder ihre Ausführungen geben einfach nichts her.«

»Das ist Interpretationssache.«

»Nein, das sind fachwissenschaftliche Aspekte.«

»Sie hatten ja schon immer Probleme mit der Suse.«

Endlich – der perfekte Moment für Herrn Hansen, in sein Pult zu greifen und die Kornflasche auf den Tisch zu verfrachten. Er verzichtet und hört sich Frau Hubers durch eine intellektuelle Windhose geschleudertes Geluller bis zum bitteren Ende an, obwohl er eigentlich seiner Gesprächspartnerin längst die Tür hätte weisen müssen, gerne auch, ohne sie vorher zu öffnen.

Natürlich geht das Gespräch noch weiter, doch dass sich die beiden Parteien irgendwo in der Mitte treffen, ist wohl kaum vorstellbar. Wozu auch? Ein Treffen ist unnötig, sofern Herr Hansen recht hat, wovon wir an dieser Stelle einfach mal ausgehen.

Damit wir uns einig sind: Lehrer machen Fehler, keine Frage. Die meisten Lehrer haben auch kein Problem damit, Fehler zuzugeben, und wenn sie bei einer Klassenarbeit Punkte falsch zusammenzählen, ist es wohl selbstverständlich, dass die jeweilige Zensur korrigiert wird. Herr Hansen allerdings hat korrekt und gut und vorbildlich gearbeitet – und ebenso zensiert. Frau Huber hat ebenfalls korrekt und gut und vorbildlich gearbeitet – nach ihren Maßstäben jedenfalls, womit wir beim Kasus knacktus angelangt wären. So sehr Eltern auch glauben, von allem, was thematisch in der Schule so vor sich geht, Ahnung zu haben, so sehr fehlt ihnen schlichtweg, im Normalfall, die notwendige Ausbildung pädagogischer und wissenschaftlicher Art, um wirklich alle Entscheidungsprozesse von Lehrern nachvollziehen zu können. Letzteres liegt zum Teil auch an fehlender Transparenz: Hier könnten Lehrer tatsächlich mal etwas mehr Aufwand betreiben.

Davon abgesehen glauben gerade Notenfeilscher-Eltern prinzipiell, und zwar nach der Rückgabe jedes Tests, jeder Klassenarbeit, jeder Prüfung und jeder Klausur, dass sie a) ganz offenbar Mängel in der Korrektur oder Bewertung entdeckt haben, dass b) die Aufgabenstellungen nicht in Ordnung waren und es der Suse oder Chantal oder Britney-Nicoletta gar nicht möglich war, bessere Antworten zu geben, und dass c) die Bewertung – ganz gewiss – aufgrund persönlicher Differenzen so negativ ausfiel. Kurzum: Sie sind der festen Überzeugung, dass ausgerechnet immer ihr Kind schlecht und unfair behandelt wird, weil: »*Der Lehrer mag Suse nicht.*«

Eine Mutter, Vater geht natürlich auch, die auf diesen Zug aufgesprungen ist, springt nur selten wieder ab. Sie telefoniert mit anderen Eltern, mit dem Vorsitzenden der Klassenelternschaft, der Schulelternschaft, der Kreis- und Stadt- und Landeselternschaft und erwartet, dass andere Eltern ihr zustimmen und man »endlich was tun müsse«. Gegen den Hansen. Gegen andere Lehrer, welche die Suse ebenfalls auf dem Kieker haben. Im Endeffekt gegen das ganze vermoderte und verlotterte Schulsystem.

Natürlich ist es denkbar, dass der alte Hansen die Suse wirklich nicht mag. Noch lange kein Beweis dafür, dass er ihr aufgrund seiner persönlichen Befindlichkeiten unfaire Noten gibt. Wer so denkt, traut Lehrern zu wenig zu, wenngleich, fairerweise, es ganz klar auch Arschlochlehrer gibt, die sich tatsächlich von Negativgefühlen leiten lassen.

Gerade wenn sich ein Schuljahr dem Ende neigt und es auf die Zeugnisse zugeht, springt bei vielen Eltern der Panik-Button an. Es geht auf einmal um alles. Was ein ganzes Schuljahr vom Kind nicht geleistet wurde, muss nun von den Eltern erledigt werden. Man muss retten, was noch zu retten ist, und rennt von Pontius zu Pilatus, um ordnungsgemäß zu debattieren, ob die geplante Zensur nicht noch verhandelbar wäre. Hierzu legen sich Feilscher-Eltern die allerbesten und ungewöhnlichsten Argumente zurecht: Von »*Mein Kind liebt Latein über alles, und eine 4 wäre wirklich demotivierend*« über »*Muss die 3– wirklich sein? Sie sind schließlich der Lieblingslehrer meines Sohnes, und es wäre doch schade, wenn das Verhältnis aufgrund einer lapidaren Zensurensache Schaden nehmen würde*« bis hin zum Klassiker »*Seien Sie doch bitte pädagogisch bei Ihrer Bewertung*«. Ganz genial übrigens der Hammerspruch, demnach Niklas unglaublich gerne noch ein Referat halten oder ein Plakat basteln möchte …

Eine sehr lobenswerte Einstellung, die der Niklas mitzubringen scheint, allerdings: Weiß er, dass er noch ein Referat halten möchte? Und wenn ja, warum verdammt fragt er nicht selbst? Weiterhin: Das Schuljahr ist bekanntlich lang genug. Wie kommt es also, dass ausgerechnet immer in den letzten vier Wochen vor der finalen Urteilsverkündung so viele Eltern (und Schüler) komplett am Rad drehen? Als ob von einer 3– in Latein die berufliche Zukunft des Kindes abhängt (sofern es nicht Lateinlehrer werden will) und exakt diese 3– das Kind für ein Leben in der Gosse ohne fließend Wasser prädestiniert.

Früher, jenes ominöse, immer wieder gern zitierte Vor-aller-Zeitrechnung-als-alles-besser-war, gab es all dieses Geschacher und Gefeilsche um Zensuren so gut wie gar nicht. Kam das Kind mit einer mangelhaften Note im Deutschaufsatz nach Hause, gab es ordnungsgemäß Hausarrest und eine gepflegte Portion Hinternvoll, und die Sache war bis zum nächsten Schuljahr erledigt. Kam das Kind auf den Gedanken, dem Lehrer die Schuld für die miese Note in die Schuhe zu schieben, gab es noch eine konstruktive und effizienzsteigernde Backpfeife obendrauf.

Heutzutage wird diskutiert. Und, liebe Eltern, in vielen Fällen funktioniert das sogar ganz hervorragend. Allein schon, um weiteren Stress zu vermeiden, zeigt sich bei so mancher »Autoritätsperson« ein spontanes Einknicken des Rückgrates verbunden mit weisen Worten im Sinne von »*Wenn Sie als Eltern sagen, dass der*

Niklas sich viel Mühe gibt, bin ich wohl der Letzte, der ihm jetzt seine Motivation nehmen will. Das ist ja wohl selbstverständlich.«

Soll heißen: Ich bin entweder ein Weichei oder habe ihn tatsächlich absichtlich falsch und unfair bewertet, weil ich es a) kann und b) annahm, dass sich keiner beschweren würde, und c) Niklas ein Idiot ist, dem die schlechtere Zensur guttut.

Die Elternschaft einer Klasse, sofern man denn überhaupt Kontakt miteinander hat und das Elend ertragen will, bequatscht Prüfungsergebnisse und Zeugniszensuren miteinander, tauscht sich über die Lehrkräfte der Kinder aus und weiß sehr wohl, bei welchem pädagogischen Großtalent sich ein, nennen wir es mal »Gespräch«, lohnen dürfte und bei wem man lediglich ein Schulterzucken erntet. Vernunftbegabte Eltern machen bei diesem Spielchen im Regelfall nicht mit. Schlechte Zensur? Pech gehabt. Beim nächsten Mal wird's eben besser.

Was nicht heißen soll, dass man sich nicht trotzdem die Punkteverteilung und -berechnung einer Lateinarbeit mal genauer anschauen sollte … und wenn man Fehler findet, möge man doch bitte zum Lehrer gehen, und zwar, ganz wichtig, auch dann, wenn dieser sich nach oben hin verrechnet hat. Verblüffend eigentlich, aber sonst so unglaublich objektiv denkende Eltern, die um jeden Punkt nach oben hin feilschen, verharren stets in katatonischer Schockstarre, wenn der Lehrer dem Niklas versehentlich zu viele Punkte gegeben hat.

ALS ELTERN GEHÖREN SIE DIESEM TYP AN, WENN …

… Sie nicht nur glauben oder spüren, sondern instinktiv und felsenfest wissen, dass Ihr Kind (niemals andere Kinder, immer nur das Ihrige) von bestimmten Lehrern völlig unfair behandelt wird.

… Sie andere Eltern, die sich nicht dem Notengeschacher hingeben, für Feiglinge halten, die sich ganz offenbar der Autorität der Bildungsanstaltswärter gefügt haben.

WAS SIE SO VON SICH GEBEN:

»Ach, die Larissa ist ja wirklich sehr interessiert an Physik, ganz ehrlich. Aber so, wie diese komische Frau Kuhne, ja, die mit diesem französisch klingenden osteuropäischen Akzent, den Unterricht gestaltet … kein Wunder, dass Larissa da nicht gut abschneidet … wenn sie nicht einmal die Sprache versteht.«

»Wissen Sie, Frau Kuhne, Larissa liebt Ihren Unterricht von hinten bis vorne, aber leider hapert es noch an ihrem Lernwillen. Ich bin sicher, eine bessere Zensur könnte ihr helfen, sich im nächsten Schuljahr noch mehr anzustrengen. Sie bleiben doch hoffentlich als Lehrerin in der Klasse, oder? Sie haben Larissa für alle anderen Physiklehrer verdorben, fürchte ich …«

ALS LEHRER KÖNNEN SIE AM EHESTEN:

→ wie immer respektvoll bleiben, tatsächlich gemachte Fehler Ihrerseits sofort und ohne zu zögern zugeben und berichtigen und davon abgesehen stets objektiv agieren, was sie bei Schülern ohnehin tun, wenngleich dies bei Notenfeilscher-Eltern allerdings überaus schwerfallen dürfte.

→ den Eltern unzweideutig mitteilen, dass der Lehrer aufgrund seines umfassenden Wissens, seines mindestens zwei Semester umfassenden Studiums, seines lebenslangen Beamtenstatus und der ohnehin wasserdichten Logik seiner pädagogischen Ausrichtung immer am längeren Hebel sitzt.

→ einfach mal spontan in den Raum werfen, dass der türkische Basar eine Querstraße weiter stattfindet.

008

JURISTENJÄGER

WEIL MAN AUCH ALS ELTERN RECHTE HAT!

Anwälte sind Menschen, die sich theoretisch und trickreich mit Juristerei auskennen und sich im Wesentlichen vom Geld anderer Leute ernähren. Trotz ihrer nachgewiesenen Ineffektivität und natürlichen Inkompetenz sowie ihres kaum nachweisbaren Beliebtheitsgrades (im Berufs-Ranking noch unter Imbissfachverkäufer und Tellerwäscher im Chinaladen) werden Sie immer wieder von Menschen aufgesucht, die in irgendeiner Weise Schwierigkeiten mit dem Gesetz haben oder wenigstens dafür sorgen wollen, dass andere Personenkreise (Lehrer nämlich) sehr bald solche Schwierigkeiten bekommen.

Vielleicht gehören Sie ja selbst zu jenen Eltern, die hin und wieder am Sinn von schulischen Entscheidungen zweifeln. Sie kapieren überhaupt nicht, warum Ihr Sohn eine 5 in der Geschichtsarbeit hat, obwohl er doch überall etwas hingeschrieben hat. Gut, nicht gerade zur Französischen Revolution, sondern zum Ersten Weltkrieg, aber wenigstens stimmt doch die Richtung. Oder Sie können partout nicht nachvollziehen, wie allen Ernstes in zwei aufeinanderfolgenden Wochen sechs Klassenarbeiten in sechs Fächern geschrieben werden, und zusätzliche Tests noch obendrein. Oder Sie zweifeln am Verstand des Lehrers, der es ganz offenbar gewagt hat, Ihr Kind vor die Tür zu setzen. Nur, weil es zum tausendsten Mal

ICH BIN SCHLIESSLICH STEUERZAHLER
UND HABE EIN RECHT AUF ALLES!

seine Mitschüler abgelenkt hat. Alles nachvollziehbar. Sie dürfen zweifeln und anzweifeln und nachfragen und nachhaken, wenn Ihnen etwas spanisch vorkommt. Einiges, was so tagtäglich im Irrenhaus Schule abläuft, ist für Außenstehende tatsächlich schwer zu verstehen.

Was Sie jedoch nicht tun sollten, ist der Gang zum Rechtsverdreher Ihres Vertrauens. Allein schon aus Rücksicht auf Ihren Kontostand. So ein Quatsch, denken Sie sich, was für Eltern wenden sich denn bei Problemen mit Lehrern oder Schule direkt an einen Anwalt? Antwort:

Genug! Und zwar ganz gewiss nicht aufgrund von Nichtigkeiten und sonstigen Petitessen. Ganz im Gegenteil geht es dabei häufig um Aspekte, die das Kindeswohl aufs Massivste bedrohen!

»Sehr geehrter Herr Borchers, aufgrund der Geburtstagsparty unserer Tochter Juliane, 7a, am kommenden Mittwoch (die halbe Klasse ist eingeladen) sehen wir Schwierigkeiten bezüglich der anstehenden Geschichtsarbeit am darauffolgenden Tag. Da wir als Eltern große Mühen auf uns genommen haben, unserer Tochter eine tolle Party zu bereiten, erscheint es uns notwendig, auch damit die Kinder im Verlaufe der Party nicht andauernd an das über ihnen schwebende Damoklesschwert denken müssen, dass die angesprochene Arbeit entsprechend verschoben wird. Unserer Ansicht nach ist es problemlos möglich, wenn die Arbeit eine Woche später geschrieben wird. Wir danken Ihnen für Ihr Verständnis.«

Meine schriftliche Replik darauf:

»Sehr geehrte Frau Meier, sehr geehrter Herr Meier, bezüglich Ihres Wunsches nach Verschiebung der Geschichtsarbeit darf ich Ihnen freundlich einige recht einfach konstruierte Fragen stellen: Ticken Sie noch richtig? Haben Sie noch alle Murmeln im Schrank hängen? Piepen die Vögel noch im Rhythmus? Hat Ihnen jemand mit 'ner Latte aufs Dach geschlagen? Leiden Sie unter nervösen Wahnvorstellungen? Rattert das Rad im Kopf, obwohl der Hamster längst tot ist? – Mit geisteskranken Grüßen!

Wollte ich zumindest schreiben, besann mich dann aber eines Besseren und ging diplomatischer vor.

»... leider muss ich Ihnen freundlich mitteilen, dass eine Verschiebung der Geschichtsarbeit nicht möglich ist. Mit besten Grüßen.«

Woraufhin ich nichts mehr hörte von der partylüsternen Geburtstagsmeute mit Irrenhausgarantie. Die Geschichtsarbeit fand ordnungsgemäß statt. Juliane allerdings fehlte – unentschuldigt. Einige Tage später teilte mir mein Schulleiter mit, dass ich mit juristischen Schwierigkeiten rechnen müsse. Ein Dr. Irgendwas hatte sich schriftlich an die Landesschulbehörde gewandt, welche sofort die Schule informierte: Mir wurde, kein Scherz, vorgeworfen, die Schülerin Juliane Meier, 7a, emotional »aufs Schwerste« geschädigt zu haben.

Erstaunlich daran ist einerseits natürlich die Anklage selbst, noch bemerkenswerter ist nur, dass Julianes Eltern tatsächlich einen Anwalt gefunden hatten, der den »Vorfall« als wichtig genug einschätzte, um tatsächlich gegen den Lehrer vorzugehen. Unnötig zu erwähnen, dass die Sache souverän im Sande verlief – das Lehrer-Eltern-Verhältnis hingegen war auf Jahre hinaus gestört, allein schon, weil Julianes Eltern immer noch einen Groll hegten und bei jeder Kleinigkeit mit »dann gehen wir eben wieder zum Anwalt« drohten, gefolgt von der Formulierung »irgendwann werden wir Sie schon drankriegen.« – Also warte ich, voller Vorfreude, und denke mir meinen Teil.

Eltern wie die von Juliane gibt es zuhauf; nicht umsonst hat sich ein beachtlicher Teil von Juristen auf Schulrecht spezialisiert und tut den ganzen Tag nichts anderes, als Lehrer und Schulen in der ganzen Republik mit absurdestem Briefverkehr zu nerven. Natürlich sind aber nicht die Anwälte das Problem, sondern diejenigen Eltern, die erst dafür gesorgt haben, dass sich der Berufszweig des Schulrechtspezialisten überhaupt erst herausbilden konnte. Man betrachte nur folgendes Telefonat:

Mama: Nehmen Sie die mangelhafte Note bitte zurück.

Lehrer: Das kann ich nicht machen. Die Note ist entsprechend aller Vorgaben gegeben worden und beruht auf der Gewichtung von münd-

licher und schriftlicher Leistung. In beiden Bereichen ist Mesuds Leistung eindeutig mangelhaft. Leider zeigt er außerdem überhaupt keine Bemühungen, sodass nicht einmal eine positive Tendenz erkennbar ist. Eine ausreichende Zensur ist also schlicht und einfach nicht möglich und anderen Schülerinnen und Schülern gegenüber unfair.

Mama: Dann fechte ich eben die Zensur an.

Lehrer: Das müssen Sie selbst entscheiden. Oder Mesud intensiviert einfach seine Anstrengungen im kommenden Schuljahr.

Mama: Die mündliche Bewertung ist nicht nachvollziehbar.

Lehrer: Woher wissen Sie das?

Mama: Mesud sagt, er strengt sich sehr an und beteiligt sich mehrfach pro Stunde. Das kann doch dann nicht ernsthaft eine 5 sein.

Lehrer: Erstens: Diese Informationen stimmen nicht. Zweitens: Selbst wenn er sich einmal mündlich beteiligt, ausnahmsweise, was wirklich selten vorkommt, sind seine Antworten immer falsch oder führen nicht weiter. Derartiges kann man einfach nicht mehr »ausreichend« nennen.

Mama: Und dass Sie ihn nie drannehmen, das hat der Mesud auch gesagt.

Lehrer: Da liegt Ihr Sohn falsch. Er meldet sich einfach nie.

Mama: Das sieht er aber anders. Seine Freunde auch.

Lehrer: Schüler haben da häufig eine andere Wahrnehmung …

Mama: … Wenn Sie also die Note nicht ändern, werden wir eben rechtliche Schritte einleiten.

Für Lehrer ist es gut zu wissen, dass, selbst wenn es einmal ein von Elternseite eingeleitetes juristisches Irgendwas um Zensuren in Zeugnissen oder auch nur Klassenarbeiten geben sollte, keinerlei Grund zur Panik besteht. Selbst wenn die Sache irgendwann vor Gericht landen sollte, was ohnehin de facto nie der Fall ist, wird kein Richter der Welt eine Zensur verändern. Die Rechtsprechung des Bundesverwaltungsgerichts ist hier eindeutig: Die Einschätzung einer Bewertung obliegt einzig und allein dem Lehrer. Lediglich formale Aspekte sind anfechtbar, worauf sich Eltern, die unbedingt jemanden »drankriegen« wollen, ebenfalls mit Vorliebe stürzen. Hat der ohnehin inkompetente und subjektiv vorgehende Lehrer also die festgelegte prozentuale Gewichtung von mündlicher und schriftlicher Leistung eingehalten? Hat die Schule, sofern vorgeschrieben, regelmäßige Teamsitzungen abgehalten? Hat der Lehrer sein wöchentliches Bestechungsgeld regelmäßig angenommen, oder verweigert er sich neuerdings?

Spannend wird die Sache auch beim Thema »Disziplinarmaßnahmen«. Wenn sich z.B. zwei Jungs auf dem Schulhof an die Gurgel gehen und alte Bruce-Willis-Filme nachstellen, werden sie normalerweise in irgendeiner Form sanktioniert, vom Schreiben einer Strafarbeit oder eines Besinnungsaufsatzes über Kloputzen bis hin zum Ausschluss von einer Klassenfahrt oder, als Ultima Ratio, dem Schulverweis. Auch dann, wenn beide Jungs zugegeben, gleichermaßen Mist gebaut zu haben, und die Strafe – wie Männer – akzeptieren, könnte schon bald ein Papa auf der Matte stehen. Nein, das könne man so nicht durchgehen lassen. Mein Sohn wird hier an den Pranger gestellt. Er kann (selbst, wenn es längst bewiesen ist) die Prügelei nicht angefangen haben. Man habe ihn schließlich pazifistisch erzogen. Die Schule solle also die verhängten Maßnahmen sofort zurücknehmen. Man habe außerdem Wichtigeres zu tun, als sich um solche Lächerlichkeiten zu kümmern. Strafarbeiten seien ohnehin pädagogisch nicht sinnvoll. Andernfalls würde man eben …

Sie wissen schon … juristische Konsequenzen und so.

Frau Maier: »Naomi hat nur eine 4 in Bio geschrieben.«

Frau Geier: »Na, dann fechten Sie doch die Arbeit an.«

Frau Maier: »Geht denn das so einfach?«

Frau Geier: »Aber natürlich. Man muss nur seine Rechte kennen.«

Geht das also wirklich so einfach? Nein. Ganz bestimmt nicht. Und warum sollte es auch? Schlechte oder ungewünschte Zensuren gehören zu einem Schülerleben dazu, genauso wie es zum Lernprozess gehört, eine gewisse Frustrationstoleranz aufzubauen. Nicht jeder Furz ist ein juristisches Thema. Nicht jedes Elternteil mit degenerierter Selbsteinschätzung liegt automatisch richtig. Und vielleicht könnte man einfach mal wieder anfangen, den Lehrern seiner Kinder über den Weg zu trauen. Vorausgesetzt freilich, diese Lehrer haben sich wirklich nichts Schwerwiegendes zuschulden kommen lassen. Wenn Herr Buschikowsky also den Eugen-Florian regelmäßig mit nassen Tafelschwämmen, seinem Schlüsselbund, dem Mülleimer oder gleich dem ganzen Lehrerpult bewirft und ihn gleichzeitig als Hodenkobold mit Streuselkuchengesicht bezeichnet, dann, ja dann, wäre es – eventuell – Zeit für eine ernsthaftere Debatte bezüglich der beruflichen Zukunft des Lehrmeisters. Ansonsten gilt für Eltern: Halten Sie den Ball flach. Für Lehrer gilt: Niemals gegenüber Schülern die Bezeichnung »Hodenkobold« verwenden!

SIE ALS ELTERN GEHÖREN DIESEM TYP AN, WENN …

… Sie die Nummer Ihres Schulrechtsanwalts auf Speed-Dial haben (Taste 1)

… Sie diesen Menschen inzwischen duzen und es in der zuständigen Landesschulbehörde eine eigene Abteilung nur für Ihre ganz persönlichen elterlichen Belange gibt.

WAS SIE SO VON SICH GEBEN:

»Jetzt muss ich noch zum Bäcker, dann noch mal eben auf den Wochenmarkt, und auf dem Weg kann ich noch rasch beim Anwalt vorbeischauen. Nein, momentan ist's ruhig in der Schule, aber das bleibt bestimmt nicht so.«

»Ach, so ein Anwalt ist gar nicht teuer. Dann gibt's halt einen Monat lang nur Nudeln mit Ketchup. Hauptsache, die Lehrer kriegen mal ihr Fett weg!«

»Ich bin schließlich Steuerzahler und habe ein Recht auf alles!«

ALS LEHRER KÖNNEN SIE EHESTEN:

→ wie immer so respektvoll wie möglich bleiben und ihren Antistressball in den Händen zerbröseln.

→ mit sofortiger Gegenklage drohen und dabei mehrfach betonen, dass Geld für Sie keine Rolle spielt, egal, wie lange es dauert, und dass sie über beste Kontakte auch in fragwürdige Kreisen verfügen …

→ ein Angebot machen, das man nicht ablehnen kann …

009

FAULHEITSVERTEIDIGER

WEIL FAUL BESSER IST ALS DUMM!

Niemand kann mit Sicherheit sagen, wer die Faulheit erfunden hat. Vermutlich war es Gott (Heiliger Vater etc.) oder ein gewisser griechischer Denker namens Diogenes, der zu faul, sich eine Behausung zu bauen, sogar in einer Tonne gewohnt haben soll. Ob dies stimmt, wissen wir allerdings nicht. Bekannt ist jedoch, dass Diogenes der Meinung war, dass man sich von überflüssigen Bedürfnissen freimachen solle, um somit unabhängig von äußeren Zwängen in Bedürfnislosigkeit leben zu können.

Schöne Sache! Guter Mann, dieser Grieche. So ganz anders als die Typen aus dem hellenistischen, knoblauchlastigen Suflaki-Tempel aus der Nachbarschaft, die nichts anderes tun, als unsere Bedürfnisse nach gigantischen Fleischlappen oder Gyros-Überbacken zu befriedigen. Diogenes jedenfalls empfand es als ausreichend, die Grundbedürfnisse zu befriedigen, darunter – aber bitte in Maßen – Essen, Trinken und Sex. Von Arbeit jedenfalls keine Spur. Arbeit sah der große Philosoph des Altertums nicht als Bedürfnis, folglich nicht als Notwendigkeit für ein erfülltes Leben, folglich war Arbeit kacke. – Womit diejenigen, die mit harter Arbeit ohnehin noch nie etwas anfangen konnten, endlich ihre Stimme gefunden hatten.

A: »Mein Dorian hat sich noch nicht so richtig eingefunden am Gymnasium.«

ARBEIT HAT NOCH KEINEN UMGEBRACHT. ABER MAN SOLLTE KEIN RISIKO EINGEHEN.

B: »Meine Desiree auch nicht. Ist ja auch alles viel anders als auf der Grundschule. Ganz neue Anforderungen und so.«

A: »Ach, mit den Anforderungen kommt Dorian schon klar. Eigentlich sind die Sachen ganz einfach, sagt er. Wenn er nur nicht so verflucht faul wäre.«

B: »Geht Desiree ganz genauso. Sie schafft es einfach nicht, ihren Hintern zu bewegen, obwohl wir wirklich alles versuchen.«

A: »Na ja, besser faul als dumm, ne?«

B: »Stimmt. Sie haben doch auch die anderen Kinder gesehen beim Schnuppertag, richtig? Unglaublich, was da für Gestalten herumlaufen. Da bin ich wirklich froh, dass wir uns um unsere Desiree keine Sorgen machen müssen.«

A: »Hauptsache, sie kommt mal raus aus dem Quark.«

Muss sie aber gar nicht. Faulheit ist schließlich die perfekte, gesellschaftlich anerkannte Entschuldigung für alle schulischen Leistungsschwierigkeiten.

»Ich bin sicher, Dorian würde auch eine 1 schaffen. Er versteht wirklich alles. Aber er lernt einfach nicht. Hat er nicht nötig, glaubt er. Und glauben Sie bloß nicht, wir unterstützen seine Faulheit«. – Solche oder ähnliche Sprüche hören Lehrer (und andere Eltern) immer wieder.

Faulheit, jene nur mit einer doppelten Ladung Arbeit und Schweiß zu behandelnde Krankheit, die ausschließlich Schülerinnen, Schüler und sonstige Faultierersatzprodukte befällt, im Volksmund auch als Chillen, Gammeln, Relaxen, Abhängen, Dauerdösen oder Tot-Sein bekannt, ist im Wesentlichen nichts anderes als eine elementare Störung des Bewegungsapparats: Faule Menschen können sich nur schwer auf den Beinen halten und müssen immerfort sitzen oder liegen und benötigen in diesen Momenten zwingend eine Massage der käsigen Laufhilfen.

Was einem als Zuhörer (Lehrer oder Eltern) übrig bleibt: Nun, entweder man stimmt brav zu und verweist darauf, dass Kids insbesondere in der Pubertät sehr häufig ein Minimalprinzip fahren, demnach das Leben aus allem besteht, außer aus Anstrengungen. Oder aber man geht in eine unangenehme Offensive und quittiert das vielleicht offensichtliche: Vielleicht ist ja das Kind gar nicht faul, sondern tatsächlich überfordert mit Schule und/ oder: schlichtweg zu doof, bzw. höflicher ausgedrückt: nicht mit den intellektuellen Glühwürmchen bestückt, die eben notwendig sind, um wirklich erfolgreich zu sein.

Letzteres sagen Lehrer nur selten. Sollten sie aber, auch wenn es unangenehm ist, für Eltern und Lehrer gleichermaßen. Trotzdem deutlich besser, als aus seinem Herzen eine Mördergrube zu machen.

Wenn Schülerinnen und Schüler jedoch durchaus über die geistigen Qualitäten verfügen (ja, solche Schüler gibt es!), ihr theoretisch vorhandenes Wissen und Können aber aufgrund des dauerhaft laufenden Energiesparmodus nicht einsetzen, dann ist tatsächlich der innere Schweinehund schuld, oder selbstredend immer eine gute Ausrede, die gute alte, sympathisch-verpickelte Pubertät, von einigen Eltern auch als, kein Scherz jetzt, »Pupatät« bezeichnet. Die perfekte Entschuldigung: Da sich in dieser berühmt-berüchtigten Pupatät der gesamte Hirnapparat ohne Bauanleitung quasi im Harakiri-Stil umrüstet, wirkt sich dies ganz zweifellos auch auf Motivation und Leistungsbereitschaft von Teenagern aus. Gestern noch fleißig, strebsam und ein konstruktives Mitglied der Gesellschaft (oder zumindest getan als ob), und heute schon inaktiv, passiv, phlegmatisch, träge und untätig oder, um pädagogische Fachtermini zu benutzen, unbrauchbar, untauglich, unansehnlich, noch lahmer als ein Koala am Eukalyptusbaum und, kurz gefasst, nahe am Verwesen.

Ist halt so, denken sich viele Eltern, Sie selbst vielleicht auch, wenn Sie an Ihren Sohn oder Ihre Tochter denken. Und damit liegen Sie richtig. Ist halt so. Da kann man nichts machen, denken sich viele Eltern. Ist bestimmt nur eine Phase, denken sie sich. Das wächst sich raus, denken sie sich. – Womit sie wiederum erneut recht haben, zumindest im Regelfall. Nützt aber nichts, wenn der schulische Jetzt-Zustand eher als suboptimal zu beschreiben ist.

Lehrer texten Eltern gerne mit wohlmeinenden Worten zu, immer im Stil von »Jessica muss dringend mehr für die Schule tun«, »Sven muss dringend seine Lateinvokabeln lernen«, »Nicole muss unbedingt ausführlichere Hausaufgaben anfertigen«, oder »Hannes sollte sich mal wieder waschen«. Eltern freuen sich erfahrungsgemäß einen Keks ob solcher Ratschläge, wird ihnen doch damit eindeutig zu verstehen gegeben, dass Jessica, Sven, Nicole oder Hannes keineswegs hohl wie die Nacht sind (wie man bislang traurigerweise vermutet hatte), sondern wirklich nur gedankenträge wie zwei nass-ranzige Lappen, die ausgewrungen in der Ecke eines runden Raumes stehen.

Davon abgesehen neigen Kinder manchmal dazu, sich an ihren Eltern ein Vorbild zu nehmen. Schön blöd! Wenn also die Eltern von faulen Kids eher an Gammeln, Chillen und Relaxen interessiert sind und im besten Sinne des Wortes als »arbeitsscheu« zu charakterisieren sind, muss man sich also nicht wundern, wenn diese Beschäftigungsallergie auch auf den Nachwuchs abfärbt.

Merke: Faulheit, eine Mutation des an sich lammfrohen, aber leider degenerierten Diogenes-Gens, ist über Generationen hinweg vererbbar. Immer trifft dies allerdings nicht zu, wie folgende Mail beweist:

»Sehr geehrter Herr Borchers, bezüglich Ihrer Information, dass Wilko nun schon zum fünften Mal in Folge seine Englischhausaufgaben nicht erledigt hat und auch die letzte Arbeit, wie auch die vorletzte, eine absolute Katastrophe war, trotz Nachhilfeunterrichts, möchten wir unser Bedauern zum Ausdruck bringen und entschuldigen uns vielmals. Wir haben keine Ahnung mehr, was wir mit Wilko anstellen sollen. Wenn alle Wege nach Rom führen, können Sie davon ausgehen, dass unser Sohn mit Sicherheit in Buxtehude landen würde. Seine Faulheit und sein nicht vorhandenes Interesse an gar nichts (außer an Mädchen) ist abstoßend und ekelerregend. Mein Mann und

ich arbeiten viel und hart, um Wilko alle Möglichkeiten zu bieten. Aber er will offenbar nicht. Wir haben deshalb, auch nachdem wir mit Ihren Kollegen gesprochen haben, uns entschieden, Wilko von der Schule zu nehmen …«

Zum einen stellt sich nach der Lektüre dieses Schreibens die nicht unwesentliche Frage, warum hier so abschätzig über Buxtehude gesprochen wird. Immerhin handelt es sich dabei um eine Ansammlung von Straßen und Gebäuden und ist mit etwas Wohlwollen fast schon als Stadt zu bezeichnen. Davon abgesehen ist der Wisch eine absolute Offenbarung: Eltern teilen einem Lehrer mit, dass sie den nachahmenden Lebensstil einer Sumpfschildkröte, den in diesem Fall der liebe Wilko an den Tag legt, schlicht und ergreifend zum Erbrechen finden und sie selbst etwas ganz anderes vorleben, nämlich Disziplin und Arbeitsethos. Was Wilko nicht interessiert. Weil wegen Pupatät. Oder weil wirklich und ernsthaft überfordert, von Schule oder Mädchen oder beidem – was in beiden Fällen keine Schande ist. Jedenfalls ziehen hier die Eltern knallharte Konsequenzen. Wilko hatte anscheinend den Bogen maßlos überspannt, und nicht erst seit heute oder gestern.

Doch, mal ehrlich, wie bitte waren Sie denn drauf als Teenie? Können Sie sich noch dunkel erinnern? Wahrscheinlich sind die Bilder in Ihrem Kopf schwarz-weiß, und wahrscheinlich legt die frühere, deutlich faltenfreiere Version von Ihnen gerade die Beine hoch und chillt. Was eigentlich unmöglich ist, denn für das, was die Kids heute Chillen nennen, hatten wir keinerlei sprachlichen Ausdruck parat. Trotz Ihrer Faulheit als Schüler/in sind Sie erwachsen geworden und haben sich entwickelt und kaufen sich sogar launig-erholsame humoristisch angehauchte Elternratgeber-Werke wie dieses hier. Um es mit dem längst mausetoten britischen Schreiberling D.H. Lawrence auszudrücken, gerne auch auf Englisch: »How to begin to educate a child. First rule: Leave him alone. Second rule: Leave him alone. Third rule: Leave him alone. That is the whole beginning.«

Würde allerdings voraussetzen, dass sich ein Kind ohne jegliche Art von aktiver Erziehung entwickeln würde. Würde es auch. Aber in welche Richtung?

Sei's drum. Ihre Eltern haben Sie auch nicht in Frieden gelassen, richtig? Haben Ihnen notfalls auch mal gepflegt in den Arsch getreten? Natürlich nur metaphorisch gesprochen ... Und standen wahrscheinlich auch beim Lehrer auf der Matte mit »Nein, das Kind ist überaus intelligent, allerdings faul wie ein abgelaufenes Leberkäsebrötchen«.

Und nun, nach all den Jahren, können Sie die entscheidende Frage objektiv beantworten: Waren Sie damals wirklich faul? Oder war Ihnen der ganze Schulscheiß einfach eine Spur zu viel, zu anstrengend, zu anspruchsvoll? Soll heißen: zu faul oder zu dumm? Oder aber, und jetzt der Knüller, waren Sie einfach noch nicht reif genug für das, was Lehrer, Schule, Eltern und Gesellschaft von Ihnen erwarteten? Vielleicht Ersteres, vielleicht Mittleres, vielleicht Letzteres.

Nur wenn Ihnen Eltern begegnen, die immer und überall der Meinung sind, mittelprächtige schulische Leistungen wären einzig und allein auf Faulheit und definitiv auf nichts anderes zurückzuführen, dann ist dies zwar manchmal korrekt, meistens aber nichts anderes als eine Entschuldigung – die überhaupt nicht nottut.

SIE ALS ELTERN GEHÖREN DIESEM TYP AN, WENN ...

... Sie einhundertprozentig, wirklich voll und ganz einhundertprozentig, Dummheit bei Ihrem Kind ausschließen können.

... man Sie entführen würde und Sie keinerlei Angst verspüren, sondern einfach nur denken: Okay, also hier wohne ich jetzt ...

... Sie Faulheit nicht als Faulheit sehen, sondern als High Performance Chilling.

WAS SIE SO VON SICH GEBEN:

»Kathrin könnte problemlos in jeder Arbeit eine 1 schreiben, aber sie hängt lieber am Handy als über ihren Büchern.«

»Wissen Sie, wir waren ja früher auch stinkend faul, keine Frage, aber die heutigen Kids haben Faulheit wirklich zu einer Kunstform erhoben. Respekt!«

»Aus einem faulen Ei kriecht kein Küchlein.« (Sorbisches Sprichwort)

»Sören ist überhaupt nicht faul, sondern höchstens im Energiesparmodus.«

ALS LEHRER KÖNNEN SIE AM EHESTEN:

→ darauf verweisen, dass Sie selbst auch einstmals von Faulheit kontaminiert waren und im Tempo eines Koalabärenmännchens auf Baldrian durch die Schulzeit gegangen sind – und dass aus Ihnen trotzdem etwas fast Vernünftiges geworden ist.

→ betonen, dass sie unglaublich gern mit den Eltern sprechen würden, gerne auch intensiv und ausführlich, aber dass sie leider, leider erst einmal gepflegt eine Runde gammeln müssen.

010

INTIMAUSPLAUDERER

WEIL KINDER NICHTS PRIVATES SIND!

»Guten Morgen.«

»Das wünsche ich auch. Wie geht's den Kindern?«

»Gut, vielen Dank. Läuft alles sehr ordentlich. Kennen Sie ja.«

»Jaja, laufen tut's wirklich. Der Justus hat schon wieder Durchfall. Schon das dritte Mal diese Woche, und das so kurz vor seinem 13. Geburtstag.

(Momente des Zögerns)

»Oh, äh, schade. Dann wünsche ich ...«

»Mit ganz dünnflüssigem Stuhl. Richtig gelblich sogar. Der Arzt meint, das könnte von einer Infektion kommen. Ach, Sie können sich gar nicht vorstellen, wie das ist, wenn der Körper so viel Wasser, Salze und Verdauungswasser über den Darm verliert.«

(Momente des Entsetzens)

»Ich wünsche Justus auf jeden Fall, dass er bald wieder auf dem Damm ...

»Das wird wohl so schnell nichts werden. Das Sitzen fällt ihm richtig schwer, vor allem in der Schule. Nicht nur wegen des Durchfalls, er hat da auch noch so eine Art Furunkel am Hintern ...

(Momente des Bin-ich-im-richtigen-Film?)

(Momente des blinden Unglaubens)

(Momente reinen Irrsinns)

BLA BLA BLA!
BLE BLE BLE!

Nun hat die arme Gesprächspartnerin also erfahren dürfen, dass Justus nicht nur unter akuter, ins chronische abgleitende Diarrhö leidet, inklusive eines in Herbstfarben strahlenden Ausflusses, sondern außerdem noch einen eitrigen Knoten auf der Arschitektur sein Eigen nennt. Man möchte Justus an dieser Stelle durchaus Respekt zollen angesichts zweier körperlicher Einschränkungen, die beide eigentlich der Geheimhaltung unterliegen sollten. Zugegeben, und bei allem Respekt, niemand möchte angesichts der physischen Defizitlage momentan gern mit Justus tauschen. Noch weniger aber möchte man eine ganz offenbar hormonell überreizte Mutter wie die von Justus haben. Dann doch lieber Furunkel am Hintern und Stuhlgang im Minutentakt.

Im Wesentlichen macht Justus' Mutter zwei entscheidende Fehler: Erstens, sie verachtet die Privatsphäre ihres Kindes komplett und vollständig, was damit zu tun haben könnte, dass sie die Gleichung Privatsphäre/Kind noch nie wirklich aufgemacht hat, entweder aus purer Ahnungslosigkeit oder weil sie kindliche Privatsphäre für liberalen Kokolores hält.

Zweitens: Sie erzählt diese wenig erquicklichen Details aus dem körperlichen Intimleben ihres Kindes einfach so weiter, an quasi Jedermann, ohne Not, und ohne dass irgendwer danach gefragt hätte bzw. einen effektiven Nutzen aus den gegebenen Informationen zieht und sie von daher lieber nicht hätte wissen wollen oder sollen. Ist für Justus' Mutter aber genauso irrelevant wie die berühmte Bohne. Der nächste bedauernswerte Mitmensch, auf den sie trifft, wird sich mit Sicherheit dieselbe Geschichte der beschleunigten Verdauung mit integrierter Geschwulstbildung anhören dürfen, ob er/sie will oder nicht. Kein Entkommen. Keine Flucht. Kein Erdloch, das sich urplötzlich auftut und einen dankenswerterweise verschluckt und erst in China wieder ausspuckt.

Gönnen wir uns einen Blick auf die UN-Konvention über die Rechte des Kindes: Man muss gar nicht weit lesen, Artikel 3 reicht völlig aus: »Das Interesse von Kindern ist zu beachten.« Zwar bezieht sich der Artikel auf juristisches Geplänkel (Gerichte müssen auch Kinder anhören etc.), doch funktioniert er im Fall von Justus ganz hervorragend, denn dass die Weitergabe intimster körperlicher Informationen an jeden Hans und Franz aus der näheren oder erweiterten Nachbarschaft nicht in seinem Interesse liegen dürfte, ist irgendwie nachvollziehbar. Hinzu kommt, dass die Gesprächspartnerin von Justus' Mutter vielleicht einen Sohn oder eine Tochter hat. Ist nicht unwahrscheinlich, denn ganz moderne Statistiken des Familienministeriums belegen, dass es insgesamt recht viele Kinder im Land gibt. Auch dass dieser Sohn oder diese Tochter in dieselbe Schule geht, liegt zumindest im Rahmen des Möglichen. Was hindert die Frau also daran, die frisch erworbenen und dennoch dünnschissigen Informationen an ihr Kind zu verraten? Da muss noch nicht einmal böse Absicht dahinterstecken. Was hindert wiederum dieses Kind daran, am nächsten Tag in der Schule oder über soziale Netzwerke die Sache vollends in das Licht der Öffentlichkeit zu tragen?

Ergo, wenn's ganz scheiße läuft, um ein chinesisches Wortspiel zu bemühen, ist Justus' entzündeter Durchfall ein Fall in den sozialen Abfallhaufen.

Der Junge ist 13 Jahre alt und hat ein Recht darauf, dass demütigende Aspekte seines Lebens bleiben, wo sie hingehören. Bei ihm selbst nämlich, und allerhöchstens bei seiner Familie oder seinem Arzt. Trotzdem können viele Eltern ein Lied davon singen, mit privatesten Details anderer Leute Kinder konfrontiert zu werden. Lehrer übrigens auch. Man beachte nur die folgende, klitzekleine Auswahl an Entschuldigungsschreiben für krankheitsbedingte Fehlzeiten:

»Björn hat in der Nacht von Montag auf Dienstag ins Bett gemacht. Daher sind wir mit ihm zum Arzt gegangen.«

Interessiert mich nicht. (Björn ist übrigens in der 5. Klasse.)

»Sabrina hatte schon wieder schlimme Menstruationsbeschwerden mit unnormal starken Blutungen im Schambereich. Sie kann daher nicht am Physikunterricht teilnehmen.« (Sabrina ist 17)

Erstens: Am Biologieunterricht also sehr wohl? Zweitens: Interessiert mich nicht.

»Mirko musste gestern ins Krankenhaus. Er hat sich schon wieder seinen Penis im Reißverschluss eingeklemmt.«

Zugegeben, jetzt bin ich doch mal interessiert. Wie schafft es ein 15-jähriger Gymnasiast, der wahrlich nicht dumm ist, sich seinen Penis einzuklemmen? Und dann auch noch »schon wieder«? Handelt es sich um eine neue Mutprobe unter Jugendlichen? Statt »Wer hat den Längsten« jetzt also das neue Hammerspiel »Wessen Pillermann klemmt am besten«?

Allerdings, dies aber nur nebenbei, sollte man sich über Mirko nicht lustig machen. Einer amerikanischen Studie zufolge wurden zwischen 2002 und 2010 insgesamt 2.695 Penisverletzungen in Notaufnahmen behandelt. Souveräne 523 davon gingen auf Reißverschlussverletzungen zurück. Experten (wie Mirkos Eltern) raten folglich mit Nachdruck zu Hosen mit elastischem Bund oder schlichtweg überhaupt keiner Beinbekleidung und zusätzlich einer kindgerechten Spiel-und-Spaß-mit-Hosen-Fortbildung an der örtlichen Volkshochschule.

Um zum Thema zurückzukommen: Mirkos Verletzung ist Mirkos Sache. Auch wenn Lehrer bei einem so eindeutig formulierten Entschuldigungsschreiben schmunzeln müssen, gilt doch die bereits angesprochene Regel: Was Mirko mit seinem Penis anstellt oder nicht anstellt, ist einzig und allein eine Sache zwischen ihm und seinem Reißverschluss, respektive seinen Eltern und den Notfallmedizinern.

Andere Leute im Umkreis der Eltern (Kollegen, Nachbarn, Freunde, Katzenliebhaber) mögen doch bitte nicht ins Bild gesetzt werden. Lehrer nur dann, wenn sich die Krankheit direkt auf die Persönlichkeit des Kindes auswirkt mit der Konsequenz, dass besondere pädagogische Maßnahmen getroffen werden müssen. Ernsthafte Erkrankungen, vor allem auch solche, die während des Schultages zu Komplikationen führen könnten, sind der Schule oder wenigstens dem Klassenlehrer mitzuteilen. Wenn ein Schüler urplötzlich röchelt wie ein Karpfen am Strand von Sylt und sich intensiv auf dem Boden rekelt, wäre es in der Tat schön zu wissen, dass es sich eventuell um Asthma handeln könnte. Dann kann man nämlich reagieren. Es spricht auch generell nicht allzu viel dagegen, wenn sich Eltern über derartige Krankheiten austauschen, sie kratzen jedenfalls nicht am Ego des Kindes; am besten allerdings nur dann, wenn das betroffene Kind nicht direkt danebensteht und sich sein Gesicht in alle Rote-Beete-Farben dieser Welt verwandelt.

Apropos Schämen. Besser gesagt Fremdschämen:

»Also, Jule hat ja nun endlich ihren ersten Freund. Sie ist ja auch schon 16, und da wird es wirklich auch Zeit …«

»Das Alter ist nun wirklich nicht ausschlaggebend …«

»Und sie ist ja wirklich auch ein ganz tolles Mädchen, aber, man muss da auch mal realistisch sein, sie ist ja nicht gerade die hübscheste Frucht am Baum …«

»Also, ich wüsste nicht, was …«

»Wir sind wirklich froh, dass sie endlich einen Freund hat. Die kuscheln auch total gerne bei uns zu Hause, ganz offen und ohne Scheu. Toll, nicht?«

»Faszinierend.«

»Jedenfalls, der Max, ihr Freund, der könnte eigentlich jede haben, aber er hat sich doch tatsächlich für unsere kleine Julemaus entschieden. Das muss man ihm hoch anrechnen.«

»Ich finde, ehrlich gesagt, dass dieses Thema …«

»Jetzt will Jule aber Geschlechtsverkehr. Wir sagen ja, das ist noch zu früh. Aber wenn die beiden das wollen, haben wir als Eltern natürlich nichts dagegen. Was würden Sie denn der Jule raten?«

»Also, ich würde …«

»Sie können die Jule direkt ansprechen.«

Stimmt natürlich. Macht die Sache deutlich leichter. Jule saß nämlich am selben Tisch und war im Verlaufe des Dialoges, völlig unverständlich eigentlich, immer tiefer in den Stuhl gerutscht. Nicht, dass Lehrer sich weigern, über solche Dinge überhaupt zu reden, ganz im

Gegenteil. Wenn sich Schülerinnen oder Schüler einem Lehrer mit wirklich privaten und schwerwiegenden Fragen anvertrauen, werden die meisten Lehrer ganz bestimmt nicht schreiend abhauen, sondern sich ernsthaft mit den Problemen und Nöten beschäftigen. Gehört erstens zum Job dazu und ist zweitens absolut menschlich.

Was Lehrer nicht wollen, sind Eltern, die schlicht und einfach kontinuierlich die Chance verpassen, einfach mal gepflegt die Klappe zu halten. Eltern können miteinander über ihre Kinder reden, logisch, aber sie mögen doch bitte schön ein Mindestmaß an Rücksicht gegenüber den Interessen dieser Kinder aufbringen. Wenn Sie als Eltern Darmbeschwerden haben, rennen Sie schließlich auch nicht sofort zu Ihrem – natürlich total diskreten – Friseur und berichten haarklein, wie sich so was anfühlt.

SIE ALS ELTERN GEHÖREN DIESEM TYP AN, WENN …

… Sie auf der Geburtstagsparty Ihrer 14-jährigen Tochter die anwesenden Mädchen fragen, ob sie Tampons oder Binden benutzen und welche Erfahrungen sie damit so gemacht haben.

… Ihre Kinder Ihnen nicht mal mehr die Uhrzeit mitteilen aus purer Angst, dass Sie die Info sofort ungefragt in die Welt hinausbrüllen.

WAS SIE SO VON SICH GEBEN:

»Wir machen uns große Sorgen um Mirkos Geschlechtsteile und ob die sich richtig entwickeln. Sollte man da mal eine Art Test machen?« (Gerne! Aber nur ohne Reißverschluss!)

»In Jules Tagebuch steht, dass sie sich Sorgen macht wegen ihrer Schamlippen. Da weiß man wirklich nicht mehr, was man sagen soll …« (Stimmt! Da fällt einem ganz konsequent die Kinnlade runter.)

ALS LEHRER KÖNNEN SIE AM EHESTEN:

- → die Sätzchen »Interessiert mich nicht« oder »Geht mich nichts an« in allen Sprachen dieser Erde lernen, inklusive Braille und Zeichensprache, in der irrigen Annahme, dass solche Eltern wenigstens irgendwann verstehen, worauf Sie hinauswollen.
- → den Unterschied zwischen Wichtig und Unwichtig verbal und pantomimisch darstellen.
- → die einmalige Chance nutzen und entsprechende Details auch aus Ihrem eigenen Intimleben mitteilen, gerne auch in Anwesenheit der Schüler. Benutzen Sie dabei möglichst häufig die Worte »Penis« und »Vagina«. Vielleicht versteht Ihr Gegenüber den Wink …

011

SPIELPLATZBEHÜTER

WEIL RUTSCHEN ZUM TODE FÜHRT!

Behüten, nicht zu verwechseln mit *Ver*hüten, was ebenfalls eine gute Sache ist, bezeichnet im Wesentlichen die Tätigkeit des heutzutage etwas antiquiert scheinenden »Hut-Aufsetzens«. Da die meisten Schülerinnen und Schüler im 21. Jahrhundert allerdings aus unerfindlichen Gründen keine Hüte mehr tragen, weil wegen sieht kacke aus, allerhöchstens noch ein Kapuzenshirt (in Fachkreisen bekannt als Hoodies oder, in der Reißverschlussvariante, Full Zip Hoodie Sweatshirt), ein Kleidungsstück, das Jugendliche auch im Hochsommer problemlos niemals ablegen, ist jedenfalls die originale Wortbedeutung von Behüten immer mehr verloren gegangen. – Überall? Keineswegs!

Einige Eltern behüten noch immer, und zwar ohne Unterlass. Sie selbst kennen doch bestimmt diese Leute, die, wenn es um ihre Kinder geht, im Wesentlichen nur ein Gefühl verspüren: Angst nämlich. Angst, dass dem Kind etwas passiert.

Folglich ist es selbstverständlich, dass Janina niemals ohne Fahrradhelm zur Schule kommt. Eigentlich ist dies eine zweifellos vorbildliche Einstellung, nur leider fährt Janina überhaupt nicht Fahrrad. Sie nimmt den Bus. Wahlweise sitzt sie auch hinten sicher verschnürt in Mamas BWM-SUV. Letzteres ist völlig in Ordnung (Anschnallpflicht!) und zeugt von Verantwortungsbewusstsein –

FASS DAS NICHT AN. DAS IST EIN BAUM. BÄUME KÖNNEN UMFALLEN. PASS AUF!

allerdings ist der mit »Geprüfte Sicherheit« versehene Kindersitz in Zartschweinchenrosa angesichts Janinas Größe von 172 Zentimetern, sie feiert schließlich nächste Woche ihren 16. Geburtstag, doch inzwischen ein wenig zu klein geraten.

Nico ist deutlich jünger, gerade mal sechs Jahre alt, und freut sich jedes Mal aufs Neue, wenn seine Eltern mit ihm auf den Spielplatz gehen. Endlich mal so richtig schön toben und rennen und schreien, zwischendurch irgendwas bauen mit diesen bekloppten Backformen, die Papa ihm gekauft hat (natürlich aus umweltfreundlichem Bambus), mit anderen Jungs und Mädchen (Mädchen sind noch gar nicht so igitt – der Ekel kommt erst im nächsten Jahr) vergnügt und heiter und geschwind springen und hüpfen und sonst wie der Schwerkraft ein Schnippchen schlagen. Und dann noch auf die Rutsche. Herrlich.

Nico liebt Rutschen. Die Stufen hochklettern, von oben herab auf die Welt hinunterspucken, sich setzen, den Blick nach unten riskieren, Schmetterlinge im Bauch fühlen, sich ganz leicht abstoßen oder einfach nur warten, bis die glatte Oberfläche diesen Teil selbst erledigt – und dann den brutal-derben Rausch der Geschwindigkeit in sich aufsaugen, sich frei fühlen, Horizonte neu entdecken …

STOPP! Falsche Grammatik: Es muss nicht heißen »Nico liebt Rutschen«, sondern »Er würde das Rutschen bestimmt total schön finden, wenn er denn dürfte«. Darf er aber nicht. Und das ist auch gut so!

Nicos Vater, genau wie Nicos Mutter, hat mit der enormen analytischen Power seines jeweiligen Großraumhirns treffend erkannt, dass eine Rutsche wahrlich kein Spielzeug für einen sechsjährigen Jungen ist, vielmehr ein Folterinstrument, an dem man sich alle Körperteile inklusive Po gleichermaßen aufschlitzen kann und das von daher eigentlich neben Drogen, Schnaps, Feuer und Katzenfutter (die Variante mit herzhaften Bröckchen) niemals in die Hände von Kindern gelangen dürfte.

Im Gespräch mit anderen Eltern (solche nämlich, die kein Problem mit Rutschen haben) beweist Nicos Vater, dass er keineswegs ein Helikopter-Vater ist, sondern vielmehr zu den wenigen Parentalpersonen gehört, die wirklich wachsam sind.

»Schauen Sie sich doch mal genau an, wie diese Rutsche konstruiert ist. Sehen Sie die Stufen, die hinaufführen? Allein da kann einiges schiefgehen. Der Abstand zwischen den Streben ist nämlich überhaupt nicht auf die Beine von Kindern zugeschnitten.«

Ach so. Alles klar. Müsste man mal ausmessen.

»Es ist ganz typisch bei Kastenrutschen, genauso wie übrigens bei Halbschalenrutschen, die ja bekanntlich eine offene Mulde haben, dass gerade die Rutschbahn selbst häufig entweder zu glatt ist und die Kinder viel zu schnell sind, oder zu stumpf, was im Rückenbereich zu Schwierigkeiten führen kann.«

Aber sicher doch. Ernste Schwierigkeiten. Daran hätte man mal früher denken sollen! Mit hoher Wahrscheinlichkeit könnte eine als Vergnügen geplante Rutschpartie auf einer öffentlichen Rutsche, die tagtäglich von Dutzenden Kindern benutzt wird, nämlich ziemlich fix eine Querschnittslähmung mit sich bringen, oder wenigstens Blasen am Arsch.

»Die meisten Rutschen sind von der Stadt aufgestellt worden – und Sie wissen ja, dass man dort sparen muss. Zuerst spart man natürlich an der Qualität von Kinderspielplatzzubehör. Wahrscheinlich ist die Rutschanlage aus dem billigsten Material, das man sich vorstellen kann, irgendwas Chinesisches. Oder aus Taiwan. Und zusätzlich noch überzogen mit irgendeiner krebserregenden Farbe.«

Davon ist zumindest auszugehen! Städtische Baubetriebe, auch solche, die für Kinderspielplätze zuständig sind, versuchen schließlich schon seit Jahren, den im Zweiten Weltkrieg von den IG Farben produzierten Krebsfarbtopf-Überschuss loszuwerden. Ganze Paletten davon, so sagt man, lagern immer noch in Kindergartenkellern und rotten euphorisch vor sich hin!

Nicos Vater hat alles gesagt, was Relevanz und vor jedem Verstandesgericht Bestand hat. Doch ist er wirklich schon fertig? Fehlt nicht noch ein »Argument« gegen das Rutschen? Ach ja …

»Können Sie sich überhaupt vorstellen, mit was für einer Geschwindigkeit die Kinder rutschen? Vor allem, wenn die Bahn sehr glatt ist? Also, ich weiß nicht, wie Sie das sehen, aber ich möchte nicht, dass Nico ohnmächtig wird.«

Wird er auch nicht! Es sei denn, und vorausgesetzt, er ist wirklich strunzhohl, er rutscht a) mit dem Kopf zuerst und b) direkt in die Wand der angrenzenden Bratwurstbude.

Mit Nicos Vater jedenfalls braucht man sich argumentativ nicht anzulegen, wozu es im Übrigen auch keinen Grund gibt, da ihm einzig und allein die Sicherheit und das Wohlergehen seines Sohnes am Herzen liegt. Natürlich wird Nico sich in wenigen Jahren in ein verweichlichtes, dauerflennendes, erbärmlich-lebloses Stück Dörrobst verwandelt haben, aber wenigstens droht ihm keine Gefahr dabei.

Vorbei die Zeiten also, als Kinder sich noch ohne Aufsicht von Eltern die Birne einschlagen konnten! Heute können sie nicht einmal mehr auf die Rutsche. Und über das Gefahrenpotenzial von Schaukel (zu hoch, zu tief, zu eng) oder Wippe (krebserregend!) wurde noch nicht einmal gesprochen.

Vorsicht ist gut im Umgang mit Kindern, vor allem, wenn sie noch klein sind, keine Frage. Übervorsicht ist hingegen ein erzieherisches Debakel – und es wird immer schlimmer, je älter die Kinder werden. Beliebteste Phrasen von übervorsichtigen Müttern und Vätern sind, zu jeweils gleichen Prozentzahlen, »Lass das«, »Fass das auf keinen Fall an«, »Geh da nicht rauf/ran/rein/runter« sowie die stets gefürchteten Klassiker »Komm da sofort weg« und »Pass auf!«.

Nehmen wir mal ein Kind, das auf einem Barren balanciert, wahlweise geht auch ein gefällter Baumstamm oder ein Mercedes SLK. Sie erinnern sich an Ihren Sportunterricht und wissen, wie schwierig Balancierveranstaltungen sind. Aber stellen wir uns vor, dass das Kind keinerlei Probleme damit hat, vielmehr grazil und elfengleich einen Fuß vor den anderen setzt. Alles ist tutti! Bis irgendein Trottel »Pass auf!« ruft. Und schwups – Kind unten,

Gejammer bis nach Jericho, beide Beine gebrochen, Barren explodiert. Alles nur wegen der zwei blödesten Wörter, die Eltern mit Vorliebe in Kombination verwenden und jedes fokussierte Kind mit sofortiger Wirkung von all seinem gelungenen Tun und Handeln ablenken.

Bereits Erzieher im Kindergarten finden trotz miserabelster Bezahlung noch Zeit genug, Eltern zu bitten, den Kindern genügend Freiräume zu lassen und die Chance zu geben, sich auszuprobieren – was aber für viele Eltern eine Horrorvorstellung ist. Kinder haben nämlich, da sind sich Bildungsforscher relativ einig, eine innere Motivation, sich stets zu verbessern. Um das aber zu ermöglichen, muss man sie gewähren lassen und darf ihnen nicht bei jedem potenziellen »Abenteuer« ein Stoppschild über die Zwiebel zimmern.

Behüter-Eltern stehen mit Helikopter-Eltern auf einer Stufe. Beide übertreiben es mit ihrer Überfürsorge, und wahrlich nicht nur auf Spielplätzen.

»Ich gestatte hiermit, dass sich mein Kind ohne Aufsicht der Lehrkräfte in Kleingruppen im Innenstadtbereich aufhalten darf.«

Als Elternteil kennen Sie diese Worte bestimmt. Sicher lag ein solcher Wisch in irgendeiner Variante schon mal auf Ihrem Tisch. Es ist der typische Schrieb, den Lehrer vor Klassen- oder Tagesfahrten oder sonstigen Ausflügen an die Eltern verteilen mit der Bitte um Unterschrift. Sinn und Zweck des Ganzen: Lehrer wollen wenigstens mal zwei Stunden am Tag ihre Ruhe. Die Schüler auch. Die obige Verfahrensweise ist absolut üblich und hat sich millionenfach bewährt. In meiner bisherigen Schulkarriere hat sich niemals ein Elternteil geweigert, die Unterschrift zu leisten.

Mit einer klitzekleinen Ausnahme:

»Wir halten es für unverantwortlich, dass Schüler und Schülerinnen einer 7. Klasse in Gruppen die Stadt erkunden dürfen, und möchten Sie daher bitten, Ihrer Aufsichtspflicht nachzukommen und entweder die ganze Zeit mit der gesamten Klasse zu verbringen oder

sich wenigstens während der Kleingruppenerkundungsphase (gefährlich und rechtlich bedenklich!) um Svenja zu kümmern.«

Und so sah ich mich schon als erwachsener Mann mit einer 13-jährigen Schülerin Hand in Hand durch denjenigen großstädtisch moralisch verkommenen und verlotterten Moloch schlendern, der Meppen nun einmal ist. Bis ich kurz nachdachte und, nach zwei erfolglosen Versuchen, die Eltern umzustimmen und ihnen den Sinn von »Kleingruppen« in Verbindung mit »Erziehung zur Selbstständigkeit« nahezubringen, mich entschloss, Svenja von der Fahrt auszuschließen. Was aus Lehrersicht den Vorteil mit sich brachte, dass mich niemand zwang, zu Pimkie, H&M, New Yorker und Zara zu gehen. Was den Nachteil eines sagenhaft schlechten Gewissens hatte – glücklicherweise ließ sich Svenja bei einer Kollegin integrieren, die ebenfalls eine Tagesfahrt geplant hatte, zum selben Zeitpunkt, und offenbar vorhatte, jede Sekunde des Tages auf die Kinder aufzupassen. Irre gibt es halt überall, vor allem an Schulen. Svenja war daraufhin vieles – aber ganz bestimmt nicht glücklich und zufrieden: Bei ihren Freundinnen kam ihr Sonderstatus jedenfalls eher beschissen an. Davon abgesehen: Svenja wäre nur allzu gerne in Kleingruppen durch die Stadt marschiert – allein sie durfte nicht.

Als Schuldige sind hier ganz bestimmt nicht Lehrer auszumachen – sondern Gefahrenseher wie Svenjas Eltern. Fragt sich eigentlich nur, was passiert, wenn das Mädchen älter wird und alleine ins Kino möchte, alleine zum Ballett, alleine zum Abtanzball. Sind derartige Aktivitäten nicht viel zu dangerous und tough für eine moderne Jugendliche im 21. Jahrhundert?

SIE ALS ELTERN GEHÖREN DIESEM TYP AN, WENN ...

... Sie Ihrem Sohn vor dem Zubettgehen zärtlich den Fahrradhelm aufsetzen und ihm sein Suspensorium über die Glocken binden. Man weiß schließlich nie, was nachts so alles passieren kann!

... Sie Ihrer Tochter trotz dringender Warnungen des Dentalingenieurs vor einem zukünftigen Pferdegebiss die benötigte Zahnspange verweigern aus purer Sorge, dass Carolina-Eveline sie verschlucken könnte. Gleiches gilt natürlich für Zahnbürsten. Gürtel sind ebenfalls tabu ... man könnte sich schließlich versehentlich strangulieren ...

WAS SIE SO VON SICH GEBEN:

»Fass das nicht an. Das ist ein Baum. Bäume können umfallen.«

»Steck das nicht in den Mund. Das ist ein Lutscher. Lutscher machen Krebs und kranke Zähne. Und Zahnspangen gibt's nicht.«

»Ach, Ihre Tochter darf also um diese Zeit noch wach sein? Interessant ...« (Der Anruf vom Jugendamt dürfte nur noch eine Frage der Zeit sein ...)

»Also bitte. Natürlich gehen wir nicht auf den Spielplatz an der Turmstraße. Der ist ÖFFENTLICH!!!«

ALS LEHRER KÖNNEN SIE AM EHESTEN:

→ diese Eltern zum Essen einladen in der Hoffnung, dass Svenja oder Nico oder Eveline, oder wie auch immer die Kinder heißen, wenigstens mal einige Stunden Ruhe haben.

→ eigentlich jeden beliebigen pädagogischen Ratgeber der letzten hundert Jahre empfehlen. Alle sagen sie dasselbe: Man muss Kinder zur Selbstständigkeit erziehen.

012

FERNSEHKRITIKER

WEIL FERNSEHEN OHNEHIN BLÖD MACHT

»Ja, und da hat die Frau Schmidt gesagt, die Kinder sollen sich mal als Hausaufgabe diese Sonntagabend-Doku ansehen und sich dazu Notizen machen.«

»Tolle Idee, das ist ja auch viel anschaulicher, wenn man keine Texte lesen muss.«

»Sehr fragwürdig zumindest, was sich die Frau Schmidt da ausgedacht hat. Ob Sie's glauben oder nicht, da ging es nämlich um den Zweiten Weltkrieg.«

»Das ist doch ganz prima. Der Zweite Weltkrieg ist doch gerade Thema, oder?«

»Darum geht es doch gar nicht. Auf jeden Fall ging es da um eine Sendung, die vorwiegend über den Holocaust berichtete. Mit richtig harten Bildern.«

»Das gehört leider dazu …«

»Eben nicht! Das ist einfach noch viel zu früh. Wir haben Jannes auf jeden Fall verboten, den Kram zu gucken.«

Was dann dazu führte, dass mal wieder eine Mail geschrieben wurde. Nicht zum ersten Mal.

Es gibt eben Eltern, die eine nicht zustande gekommene schriftstellerische Karriere, noch nicht einmal als Drehbuchschreiber bei einer beliebigen Scripted-Reality-Sendung auf RTL2, z. B. *Berlin*

VORSICHT!
CHUCK NORRIS!

Tag und Nacht oder *Hodenhagen Schwarz und Weiß*, nunmehr im schulischen Kontext ausleben:

»Sehr geehrte Frau Schmidt. Die von Ihnen vorgesehene Dokumentation ist für Jugendliche unter 18 Jahren nicht freigegeben. Aus diesem Grunde kann Jannes die Hausaufgabe (Notizen zum Film) nicht erledigen. Wir würden es begrüßen, wenn Sie zukünftig genauer auf die jugendgefährdenden Inhalte bestimmter Sendungen achten könnten, und verbleiben mit besten Grüßen.«

Erstens: Normale Dokumentationen, wie man sie tagtäglich auf Arte, 3sat, Phönix, N24 und dem Kanal für Radieschenfreunde findet, werden nicht von der FSK geprüft. Die haben Besseres zu tun, bzw. was die so tun, weiß eigentlich niemand genau.

Zweitens: Die Doku, die hier von den Schülerinnen und Schülern der 10d eines Gymnasiums angesehen werden sollte, kam aus dem Hause Guido Knopp, seines Zeichens historischer Cheferklärer des ZDF, studierter Moralist und Meister bedeutungsschwangeren Pathos, und behandelte, ja, in der Tat, den Holocaust. Es versteht sich, dass dieser Themenkomplex aus nachvollziehbaren Gründen im Unterricht nicht ausgeblendet werden kann.

Ja, diese Doku tut weh. Ja, es werden Originalbilder aus dem Jahr 1945 gezeigt. Ja, man sieht Leichen. Viele Leichen. Und ja, Überlebende sprechen mit tränenerstickter Stimme von Leid und Schmerz. Kurzum: eine historische Dokumentation, die nicht nur Fakten wiedergibt, sondern auch Herz und Seele der Zuschauer direkt anspricht, ohne dabei in irgendeiner Weise manipulativ zu sein. So, wie man es von einer guten Doku erwarten sollte und mit einer Länge von 45 Minuten ideal für die Aufnahmekapazität jugendlicher Zuschauer – sofern man die Sendung mindestens zehnmal zwischendrin unterbrechen kann, um in Ruhe bei Snapchat und Instragram reinzusehen.

Jannes' Eltern tun eigentlich genau das, was man von guten Eltern erwarten dürfte: Sie achten darauf, welche Sendungen Jannes im Fernsehen bzw. Internet zu sehen bekommt. Wahrscheinlich überprüfen Sie bereits im Vorfeld das gesamte Programm einer gesamten Woche und streichen heraus, was geeignet, was partiell geeignet, was gar nicht geeignet und was schlicht und einfach Schrott ist. Letzteres ist einfach zu definieren: So ziemlich jede beliebige Sendung im Privatfernsehen, insbesondere sämtliche Supermodelshows mit Hungerhakengarantie sowie alle Superstarcasting-Event-Verbrechen. Hier stellt sich ohnehin die Frage, warum so viele Jugendliche auf dieser Welt unbedingt Superstar oder Supermodel oder Supertalent oder Suppenkasper werden wollen, wenn all diese Jobs doch nachweislich ganz schön beschissen sind. Noch schlimmer als die Vorstellung, sich einen Horrorhaufen zumeist von jeglichem Talent befreiter, dafür aber mit Selbstüberschätzung vollgepumpter Teenie-Gören im Spotlight des Wahnsinns anzusehen, sind nur die Kandidaten selbst, und freilich Eltern, die ihren Kindern erlauben, derartige Sendungen tatsächlich zu gucken.

Hat man etwa die neuesten Studien nicht gelesen, welche eindeutig belegen, dass allein schon das visuelle Erfassen solcher Fun-und-Freude-Shows zu Sauerstoffmangel und qualvollem Dahindegenerieren von Hirnzellen führt? Fast noch mehr als bei Kochsendungen? Sollte man als Eltern also nicht eher dafür Sorge tragen, dass Kinder und Jugendliche davon Abstand nehmen, zugunsten eines anspruchsvolleren Programms?

Es gibt Eltern, die kümmern sich den bekannten Sack Reis um die Fernsehgewohnheiten ihrer Kinder – was sich problemlos ändern ließe. Allerdings sind dies auch meist Eltern, die selbst keine Angst vor medialer Verblödung haben und sich, am besten noch zusammen mit ihren Kindern, stur alles reinpfeifen, was definitiv niemals ein »pädagogisch wertvoll«-Prädikat bekommen würde. So gesehen sind Jannes' Eltern deutlich engagierter.

Aber: Wenn man einem 16-jährigen Jungen eine vom Geschichtslehrer ausgewählte historische Dokumentation verbietet, weil wegen »ist jugendgefährdend«, stimmt was nicht. In diesem Kontext sei erwähnt, dass die obige Doku um 19.30 Uhr lief, also zur besten Sendezeit, und es ist wohl davon auszugehen, dass eine öffentlich-rechtliche Fernsehanstalt, per definitionem also so kreativ wie eine Laubsägearbeit, sich mit ihren 500 Gremien (wobei nur eines für »niveauvolles Programm« zuständig ist) über Inhalt der Sendung in Verbindung mit Sendezeit durchaus Gedanken gemacht hätte. Obwohl dies eigentlich unnötig wäre: Welcher Jugendliche sitzt schon an einem normalen Sonntagabend vor der Glotze und gönnt sich freiwillig eine Portion Bildung mit Experteninterviews und integriertem Völkermord?

Es müsste sich herumgesprochen haben, dass die Sehgewohnheiten junger, jüngerer und sonstiger infantiler Zuschauer sich grundlegend von denen ihrer Eltern- oder Großelterngeneration unterscheiden. Was Fernsehen angeht, sind nicht selten schon jetzt die Bildungslücken bei Jugendlichen eklatant: Einige wissen nicht einmal mehr, wie sie das Gerät überhaupt anbekommen, freuen sich zwar ob des gigantischen Displays, wischen dann aber stundenlang darauf herum und fragen am Ende entgeistert, ob das Ding überhaupt online ist.

Teenager und sogar schon Kinder weichen immer mehr ins Internet aus: YouTube ist der Star der Stunde und wird es wohl auch noch bleiben. Viele Jugendliche stehen bereits in den Startlöchern für eine große Karriere als »YouTuber«; wenn es so weitergeht, wird »YouTuber« bald »Prinzessin« oder »Lokomotivführer« als Berufswunsch Nummer eins ablösen.

Jedenfalls, ob auf YouTube oder einer sonstigen Plattform, können sich Kids de facto jede Sendung, die ab 6, ab 12, ab 16, ab 18 oder ab 80 Jahren freigegeben ist, irgendwo im Internet ansehen: Eltern wie die von Jannes haben also sicherlich technische Sperren installiert, die vermeiden, dass eben nicht jedweder Inhalt zugänglich ist. Was diese Sperren bringen? Gar nicht mal so wenig, doch wird natürlich der Lockruf des Verbotenen eben durch solche Beschränkungen noch größer. Man guckt sich Horrorstreifen, Pornopictures, Kochkacke und Scripted-Scheiß dann eben bei Freunden an, wo die Eltern toleranter sind und weniger pädagogisch korrekt.

Apropos pädagogische Korrektheit:

»Wir haben nun mit Kerstin auch über Gewaltdarstellungen in Filmen gesprochen und versuchen, sie dafür zu sensibilisieren und zu einer kritischen Haltung gegenüber der Präsentation von Gewalt in Medien generell zu animieren. Wollen Sie mal gucken, was für Leitfragen wir für Kerstin ausgearbeitet haben?«

Stellen Sie sich bitte kurz vor, dass Sie vom Fragesteller direkt angesprochen werden. Gerade jetzt.

Und? Wollen Sie? Mal gucken, um was für latent lächerliche Leitfragen es sich da handeln mag?

Eher nicht? Was stört Sie denn? Das erschreckend pädagogische Gefasel per se? Oder plagt Sie ein schlechtes Gewissen, da Sie auf solche Sachen bislang keinen Wert gelegt haben?

»Da achten wir auch sehr darauf, mit Kerstin gemeinsam die Gewaltdarstellungen zu hinterfragen und dabei auf alternative gewaltfreie Möglichkeiten hinzuweisen.«

Was mit Sicherheit nicht verkehrt ist und erzieherisch absolut in Ordnung.

»Wenn wir Kerstin eine Sendung verbieten, dann begründen wir das natürlich auch. Gewalt ist schließlich kein Zeichen von Stärke. Das muss sie verstehen.«

Gewalt ist in der Tat eher ein Zeichen von Schwäche. Geschwätz allerdings auch, wobei grundsätzlich an der Haltung von Kerstins Eltern überhaupt nichts auszusetzen ist. Allerdings gehen sie mit ihrem Hang zu überbordender medial-pädagogischer Korrektheit etwas zu weit – und nerven ihre Gesprächspartner, von Kerstin selbst ganz zu schweigen. Nerven im Sinne von »*Die* Tagesschau *ist noch nichts für Andreas. Dort geht es ja doch nur noch um Katastrophen und Elend*«, »*Weil Lena-Marie unbedingt Model werden will, schauen wir natürlich auch mit, wenn es eine neue Casting-Show gibt. Da kann sie viel lernen, was für uns als Eltern natürlich auch sehr wichtig ist*«, »*Zeichentrick und Animationsfilme gibt es bei uns nicht – so was ist viel zu kindisch und vermittelt einen falschen Ein-*

druck vom realen Leben«, oder ein spaßiger Spruch zum Schluss: *»Katharina-Miley und wir schauen alle Sendungen gemeinsam, auch die im Internet. Was Katharina-Miley guckt, gucken wir, und was wir gucken, guckt Katharina-Miley.«*

Da kann man nur hoffen, dass Katharina-Mileys Eltern nicht auf libanesische Liebesdramen mit Laienschauspielern stehen, gefilmt an luftig-lichtdurchfluten Lavaseen mit labbrigen Lavendelfeldern im Hintergrund, und selbstverständlich in der Originalsprache, versehen, zum besseren Verständnis, mit serbokroatischen Untertiteln.

SIE ALS ELTERN GEHÖREN DIESEM TYP AN, WENN ...

... Sie selbst Mitglied der Freiwilligen Selbstkontrolle der Filmwirtschaft (FSK) sind und ihre Tätigkeit mit Begeisterung gegen jeden törichten Teeniewiderstand auch zu Hause ausleben.

... Sie eine Online-Petition auf den Weg bringen oder schon gebracht haben, welche Gewaltdarstellungen in Kochsendungen geißelt.

... Sie Fernsehen und Medien ganz allgemein für Werke des Teufels halten.

WAS SIE SO VON SICH GEBEN:

»Lehrer arbeiten viel zu viel mit Filmen und Dokus. Dafür sind die meisten Schüler noch gar nicht reif genug.«

»Unsere Tanja würde sehr gerne Nachrichtensendungen gucken, aber diese ganzen realistischen Darstellungen machen ihr viel zu viel Angst, sagt sie.«

ALS LEHRER KÖNNEN SIE AM EHESTEN:

- → sich einen Spaß machen und als nächste Hausaufgabe, ganz gleich zu welchem Thema, entweder hochwertige historische Dokumentationen im Stile von *Frau Holle* oder *Aschenbrödel* aufgeben oder direkt in medias res gehen und die Schüler bitten, faktische Fehler im anspruchsvollen Biologie-Drama *Hairy Potter und die Kammer des Schleckens* als Mindmap abzubilden.
- → zur Stressreduzierung nach einem »Sie müssen mehr darauf achten …«-Gespräch irgendeinen alten, reißerischen Schinken mit vielen zusammengeknüppelten Gangstern und als »good guys« Leute wie Bruce Willis, Stallone, Schwarzenegger oder Chuck Norris ansehen. Bedenken Sie: Chuck Norris hat keine Angst vor Film und Fernsehen und Fernsehkritikereltern. Film und Fernsehen und Fernsehkritikereltern haben Angst vor Chuck Norris!

013

TURBORISTEN

WEIL DIE ZUKUNFT SCHON IM BAUCH BEGINNT!

Anna (Frauen würden sie als süß bezeichnen, Männer als Kaulquappe) ist noch gar nicht geboren. Sie pennt fröhlich vor sich hin in dieser komischen Badewannenlandschaft, die bestimmt auch einen besseren Namen als Badewannenlandschaft hat. Kann Anna aber nicht wissen. Sie weiß ja nicht einmal, dass sie Anna heißen soll und ihre Eltern auch noch Fenja-Traviata im Angebot haben. Auf jeden Fall ist's wirklich schön und gemütlich und vor allem warm in Annas Bottich der Einsamkeit. Zugegeben, das sonderbar-schleimige Stück Schnur stört ungemein, wenn man sich mal umdrehen möchte, aber ansonsten: alles dufte! Also lebt Anna vor sich hin und tritt hin und wieder mal gegen die Oberfläche, die so herrlich federt. Angenehm ruhig auch, diese Veranstaltung. So könnte es weitergehen, denkt sie, und versucht, sich wieder in eine relaxte fetale Komastellung zu bringen.

Wenn nur nicht, dies ist vielleicht das einzige Ärgernis, in regelmäßigen Abständen dieser Krach wäre. Diese bestialisch-brachiale Klangmischung aus Geigen, Flöten und sonstigem Geschepper. Kann man gegen so viel Ruhestörung nicht was machen?

Klar kann man. Die Musik einfach ausschalten.

Gut, dass der alte Wolfgang Amadeus längst unter der Erde weilt. Ansonsten würde er sich sehr über Anna aufregen, scheint sie doch

SICHER, SICHER, EINE GANZ NETTE SCHULE HIER. ABER DIE TATSACHE, DASS HIER NOCH IN DEUTSCHER SPRACHE UNTERRICHTET WIRD, IST SEHR BEUNRUHIGEND.

ganz offenbar nicht an den Sinn des »Mozart-Effekts« zu glauben, jene (umstrittene) Theorie, wonach die Klänge klassischer Musik (Bach, Brahms, Beethoven, Bowie) sich positiv auf die Gehirnentwicklung von Kindern auswirken solle. »Schlauer mit Mozart«, so also die Zauberformel für moderne Eltern, die dafür sorgen soll, dass sich ein Kind schon ab den ersten Lebensmomenten Richtung Bildungsbürger entwickelt.

»Haben Sie schon Mozarts Sommernachtstraum *vorgespielt? Funktioniert super! Sie tritt jetzt viel seltener und ist viel entspannter.«*

»Danke für den Tipp. Klingt gut. Wir probieren es gerade mit der 5. Symphonie in c-Moll, Opus 67.«

»Ah. Interessante Wahl. Beethovens Schicksalssymphonie. *Hatten wir schon. Aber Zoey-Christin scheint irgendwie den 3/8-Takt im zweiten Satz nicht zu mögen. Außerdem gibt's da diesen Tonika-Gegenklang ... nein, gefällt ihr nicht. Darauf müssen wir als Eltern natürlich achten.«*

Nun sind solche Eltern – und wir gehen davon aus, dass der obige Dialog tatsächlich real ist – natürlich nicht komplett bekloppt. Wer aber wirklich glaubt, er mache sein Kind durch klassische Musik schlauer, ist schief gewickelt. Trotzdem: Im Regelfall hat solche Musik eine beruhigende und entspannende Wirkung insbesondere auf Kleinkinder, wobei nachweislich auf einer spanischen Farm auch Kühe mit Mozart beschallt werden. Ebenfalls nachweislich hat sich deren Milchquote erhöht.

Anna jedenfalls, offenbar im Geiste noch ein Unterschichtenbaby, hat keinen Bock auf Mozart, und entspannen tut sie sich schon mal gar nicht, aber nützt ja nichts. Muss man halt mit leben. Mama und Papa meinen es bestimmt nur gut – womit sie richtigliegt. Ansonsten würden sie schließlich debile bayrische Jodelgesänge laufen lassen.

Der Weg von Anna ist relativ gut vorgezeichnet, und man kann sich denken, was kommt: die Auswahl der Kindertagesstätte. Hier wird nichts dem Zufall überlassen; die Eltern sind sogar bereit, entweder weite Wege in Kauf zu nehmen oder direkt umzuziehen: Die richtige Krippe entscheidet über die richtige Zukunft, und die richtige Zukunft liegt ganz bestimmt nicht in einer Einrichtung in staatlicher Trägerschaft mit ihrer »Und nun üben wir alle gemeinsam den Schweigefuchs«-Pädagogik. Solche Einrichtungen (die übrigens längst nicht alle so schlecht sind wie manchmal ihr Ruf) werden von Annas Eltern nicht mal mit einem Naserümpfen quittiert, schließlich verfügt man dort weder über eine bilinguale Krabbelgruppe noch ein Blockflötenorchester. Traurig!

Anders als vor 20 Jahren noch wird heutzutage immerhin deutlich mehr Wert gelegt auf frühkindliche Bildung. Logisch können Eltern ihre Kinder bereits fördern, wenn sich diese noch im jungen Kindesalter befinden und noch nicht einmal die Geheimnisse des Stuhlganges durchschaut haben. Die Prämisse ist simpel: Das Blag mag noch unfähig sein, sich ordnungsgemäß und sittengemäß zu entleeren, aber die Grundlagen chinesischer Grammatik darf es gefälligst trotzdem schon draufhaben!

In der Kindheit, jener Azubi-Zeit vor der eigentlichen Menschwerdung, werden zahlreiche körperliche, soziale und kognitive Fähigkeiten herausgebildet. So gesehen ist eine altersgerechte Förderung sinnvoll und erleichtert das spätere Lernen in der Jugend getreu dem relativ abgelutschten Sprichwort: Was Hänschen nicht lernt, lernt Hans nimmermehr.

Manchmal allerdings nehmen die Eltern in ihrem Förderungswahn die Überholspur und merken nicht, dass sie eigentlich in die falsche Richtung düsen. Es ist erstaunlich, aber Kinder sind und bleiben Kinder, die eben nicht nur lernen wollen, sondern – wenn es irgendwie in den Plan passt – auch mal Bock haben, ganz lässig tobend und spielend die Sau rauszulassen.

Anna, gerade von der Nabelschnur getrennt, diesem störenden Strick, hat noch nicht das erste Bäuerchen gemacht, wohl aber bereits ein Bilderbuch (*Das Schweinchen Kalle im Massenstall*) in der Hand.

Donnerwetter, richtig geiler Service, denkt sich Anna, ist erquickt und entlässt einen begeisterten Rülpser, auch wenn sie nicht den Hauch einer Ahnung hat, was sie da für komische Viecher anstarren – und auch nicht, um was für Lebewesen es sich im Buch handelt.

Nach ungefähr einem Monat ist Schluss mit lustig. Die Bilder von Bauernhof oder Zoo oder Irrenhaus in München-Süd bekommen auf einmal Wörter, lange Wörter sogar, Wörter, die sich zu Sätzen formen, und nach einem weiteren Monat gibt's überhaupt keine Illustrationen mehr. Natürlich wird im Hause Anna viel vorgelesen – was selbstverständlich alle Eltern tun sollten, und zwar täglich – gerne auch mal aus dem Duden Band 5, besser bekannt als Fremdwörterbuch. Ohne ausreichend eloquentes Vokabular, darauf wetten Annas Eltern, kann man ihre Zukunft schon jetzt durchs Klo spülen. Ist Band 5 durchgearbeitet, kann man zum Herkunftswörterbuch übergehen, und zwar bitte nicht trödeln dabei!

Anna muss schließlich erwachsen werden, und zwar möglichst schnell, und außerdem muss sie aus der Masse der anderen einjährigen Rotzplärren hervortreten. Es geht hier nicht darum, dass Annas Eltern unbedingt vor Nachbarschaft und Freundeskreis mit ihrer hyperintelligenten Tochter angeben wollen (was vielleicht ein nettes Extra wäre), aber tatsächlich haben sie nur Angst, dass Anna ohne diese frühe Förderung im Leistungszirkus späterer Jahre nicht wird mithalten können. Eine Denke, von Liebe geleitet, die so falsch nun auch wieder nicht ist, ganz einfach auch, weil inzwischen immer mehr Eltern auf den Frühförderzug aufspringen, somit immer mehr Kinder Bildungsvorteile genießen und es folglich immer schwerer wird, aus der Masse ins Licht zu treten.

Anna wird, darüber brauchen Mama und Papa noch nicht einmal zu diskutieren, natürlich einen privaten Kindergarten besuchen, selbstverständlich einen, der neben Englisch, Französisch und Latein auch eine weitere Fremdsprache anbietet, gerne Chinesisch, denn, so belegen Studien, Chinesen gibt es erstaunlich viele auf der Welt, und ihr Land, das sogenannte China, wird wirtschaftlich immer bedeutender.

Des Nachmittags hat Anna ganz bestimmt nicht frei: Freizeit ist gedacht für die Trottel von nebenan, die ungebildeten und ungeförderten Hohldeppen aus der Krabbelgruppe »Löwenzahn«; während Annas Gruppe »Einstein & Co« doch schon etwas niveauvoller arbeitet.

Zeit für Musikunterricht, Klavier, Geige, Flöte und sonstigen Krach. Ballett kann auch nicht schaden, dient es doch zur Steigerung psychomotorischer Fähigkeiten. Eventuell auch noch ein speziell auf Kleinkinder ausgerichtetes Seminar zum Thema »Führungsqualitäten im oberen Managementbereich«, gerne inklusive des sechswöchigen Aufbaukurses »Rhetorik und Dialektik für Fortgeschrittene ab 5 Jahren«, selbstverständlich auf Basis der Schriften Ciceros und Senecas, die, so kann man antiken Quellen entnehmen, auch mal Kinder waren.

Irgendwann wird Anna eingeschult, erneut aber ganz bestimmt nicht an einer öffentlichen Schule. Eine bi- oder trilinguale Bildungsanstalt in privater Trägerschaft, irgendwas mit Schuluniform und Einheitslook, ist wohl das Mindeste, was man Annas Ausbildung angedeihen lassen kann – scheiß auf die Kosten. Mögen Annas Eltern auch nur noch Kartoffelpüree aus der Tüte löffeln, und zwar täglich, wichtig ist einzig und allein Annas Erfolg.

Was Anna von all dem hält? Keine Ahnung. Sie wird nicht gefragt. Außerdem hat sie es nie anders kennengelernt, weiß also nicht, dass gleichaltrige Kinder nachmittags auf dem Spielplatz herumtollen, Sandkuchen backen und im Anschluss in sich hineinstopfen und jede Menge Spaß am Leben haben. Was nicht heißen soll, dass Anna keinen Spaß hat. Vielleicht ist diese Art der Erziehung genau richtig für sie, und all das, was ihre Eltern sich erträumen, wird tatsächlich irgendwann wahr, und Anna wird Bundeskanzlerin oder Juniorvizepräsidentin einer Imbisskette auf Expansionskurs. Oder natürlich – sie wird sich irgendwann von einer Brücke stürzen, spätestens mit zwölf Jahren, als ihre Eltern auf die Idee kommen, dass es überhaupt nichts schaden könne, den Brockhaus auswendig zu lernen, und zwar den kompletten in der 20-bändigen Variante, nicht den Proletenkram in der Standardversion. Brockhaus – die älteren Leserinnen und Leser werden sich erinnern – ist übrigens eine Art Nachschlagewerk, welches normalerweise ganz tief unten im Regal steht, staubig und konstant offline.

Jedenfalls ein schönes Geburtstagsgeschenk für Anna. Viel besser als dieses komische Make-up-Set, das sie so gerne hätte. Sie ist schließlich inzwischen 15 und würde total gern mal mit einem Jungen und so ... – Was wiederum kein Problem ist: Foto hier, Profil dort, und schon ist Anna bei Elitepartner angemeldet. An dieser Stelle sei gesagt: Es ist dringend an der Zeit, dass endlich mal irgendein kluger Mensch eine Dating-Plattform für hochgezüchtete, multilinguale Teenager einrichtet, die nicht nur fließend Flöte spielen und alle 626 Stücke von Mozart wenigstens auf Oboe oder Triangel begleiten können, sondern die auch noch sämtliche Werke von Schiller und Shakespeare gelesen haben – und zwar im französischen Original.

SIE ALS ELTERN GEHÖREN DIESEM TYP AN, WENN ...

... schon während des Zeugungsprozesses (auch bekannt als Geschlechtsakt oder Knatterminute) Beethovens *Ode an die Freude* läuft, mit unbeschränkter Lautstärkenbegrenzung.

... Sie in einem Wettbüro ihr gesamtes Leben inklusive Haus, Auto, Katze und Sittich darauf wetten, dass ihr Kind mit 14 Jahren die Eliteuniversität Oxford abschlossen haben wird. Und parallel dazu Harvard.

WAS SIE SO VON SICH GEBEN:

»Sicher, sicher, eine ganz nette Schule hier. Aber die Tatsache, dass hier noch in deutscher Sprache unterrichtet wird, ist sehr beunruhigend.«

»Leonie muss jetzt zur Strafe die Quadratzahlen bis 10.000 lernen. Das hat sie nun davon, dass sie dauernd so schreit. Nur, weil sie gestillt werden will.«

»Wir haben Pascal im Silicon Valley angemeldet; er soll dort irgendeine Firma namens Apple leiten ... Klar, er ist noch etwas jung mit seinen 13 Jahren, aber Mozart war in dem Alter schließlich auch schon Hofkonzertmeister der erzbischöflichen Hofkapelle.« (Was stimmt ... Allerdings war der Job unbezahlt ...)

ALS LEHRER KÖNNEN SIE AM EHESTEN:

→ den Eltern sogleich Unterlagen sämtlicher Privatschulen der näheren oder weiteren Umgebung vorlegen und deutlich machen, dass ein normal-studierter Mensch wie Sie nicht mehr imstande ist, diesem fantastischen Kind noch etwas beizubringen. (Sollte reichen, um dauerhaft Ruhe vor den Eltern zu haben ...)

→ just for fun einfach mal laut darüber reflektieren, ob man Annas Gehirn als Kind nicht zu sehr beansprucht und überlastet hat ... Die Versetzung in die nächste Klasse steht jedenfalls arg auf der Kippe ...

014

PROBLEMSUCHER

WEIL SIE FINDEN, WAS ANDERE GAR NICHT SUCHEN!

Endlich mal wieder Elternabend. Es gibt zwar absolut gar nichts Relevantes zu besprechen, aber Elternabend ist eben Elternabend, Pflichtprogramm also, außer für Phantomeltern, solche, die sich generell nicht die Bohne für ihre Kinder interessieren. Auch für Klassenlehrer gilt: Man muss da hin! Geht man als Elternteil hin, ist man gearscht, kann aber immerhin mitreden. Als Lehrer ist man eh gearscht. Bleiben Sie als Eltern stumpf zu Hause, plagt Sie wochenlang das schlechte Gewissen sowie die eine oder andere Mutter, die einem im Supermarkt über den Weg läuft: »*Ach, Sie konnten ja leider nicht da sein beim Elternabend…*«, stets mit einer Mischung aus Vorwurf und Verachtung angesichts Ihres offenkundigen Desinteresses an schulischen Belangen. Also spielen Sie das Spiel mit: Ole ist schließlich inzwischen in der 7a gelandet, d.h, es gibt ein komplett neues Lehrerteam und wie immer die eine oder andere in keiner Weise nachvollziehbare Neuerung im Lehrplan.

Sie als Eltern kennen sich aus: Sie sitzen auf viel zu kleinen, kippeligen Dingern, die nur Optimisten als Stühle bezeichnen, vor mit Filzstiften bemalten Tischen in einem potthässlichen Zimmer, das die Schule euphorisch als Klassenraum deklariert und das selbst in der ehemaligen DDR allerhöchstens als Fahrradschuppen oder Gefängnis für Andersdenkende gedient hätte, starren auf Wände,

ALKOHOL LÖST KEINE PROBLEME.
ABER DAS TUT MILCH JA AUCH NICHT.
MOUNT
EVEREST

die in ihrer ganzen Schäbigkeit aussehen, als würden sie nicht einmal als Probierflächen für angehende Malergesellen gut genug sein, warten, bis der Klassenlehrer endlich mit dem Programm beginnt – eine Liste mit TOPs ist vorab per Mail ordnungsgemäß an die Eltern verschickt worden –, und haben auf einmal das sonderbare Verlangen nach Grappa, und zwar einer Flasche davon.

Wenn es Sie tröstet, Lehrer haben dieses Verlangen täglich, sobald sie das Gebäude nur betreten. Die ganz harten unter ihnen, so zumindest die Gerüchteküche, reichern sich ihren Kaffee übrigens mit Eierlikör an!

Der Klassenlehrer ist jedenfalls nüchtern an diesem Abend, was ein gutes Zeichen ist. Sie machen sich um Oles Zukunft keine großen Sorgen. Auch die Tagesordnung ist eindeutig und sollte fix abgehandelt sein – eigentlich jedenfalls. Blöderweise nur ist der neue Klassenlehrer gleichzeitig der Englischlehrer.

»Haben Sie sich denn eigentlich schon darüber Gedanken gemacht, ob man dieses Workbook wirklich braucht?« Die Stimme kommt aus dem Publikum von einer leicht rundlichen Dame mit noch rundlicherer Brille, und der Lehrer sowie alle anderen Unschuldigen wissen sofort: Die Stunde des Problemsuchers ist angebrochen!

Entscheidend in der Fragestellung ist aber das Wörtchen »wirklich«. Ob man es denn wirklich brauche … ganz ernst jetzt, tatsächlich, überhaupt … Als würde sich der Lehrer einen Spaß erlauben getreu dem Motto: »Kaufen Sie den Dreck ruhig. Ist schließlich Ihre Kohle. Wir werden ohnehin nicht mit dem Mist arbeiten.«

Der Lehrer nickt höflich und spult routiniert die Vorteile des Büchleins runter. Er ist nicht neu im Geschäft und weiß, wenn er schon einige Jahre im Dienst ist, dass der Vorhang noch nicht gefallen ist.

»Ich finde, wir sollten darüber abstimmen. Als Elterngemeinschaft.«

Damit sind Sie, liebe Mama, lieber Papa, am Zug. Melden Sie sich zu Wort oder genießen Sie den Rest des Schauspiels? Ganz sicher werden sich schon gleich andere Eltern einschalten. Ist das nicht immer so? Und genauso kommt es.

»Das Workbook hilft doch den Kindern, die Sachen aus dem Unterricht zu Hause nachzuarbeiten«, sagt eine Mutter mit Leopardenfelljacke, die sich ganz offenbar freut zu wissen, worüber sie redet.

»Ich habe sowieso den Eindruck, dass Jan-Luca mit dem Workbook nicht viel anfangen kann.« Was auch daran liegen kann, dass Jan-Luca mit Englisch ohnehin nichts anfangen kann, was wiederum an seiner Minderbegabung liegt. Das aber würden Sie diesem Vater, ganz schön bullig sieht er aus in seinem Muskel-Shirt, niemals sagen, allein schon aufgrund Ihres Überlebensinstinkts.

»Meiner Meinung nach brauchen die Kinder ein zusätzliches Übungsheft, aber es muss ja nicht ausgerechnet dieses sein.« Sie möchten die streng dreinblickende Frau im Designer-Anzug, die nicht nur ein bisschen an Schneewittchens Stiefmutter erinnert, eigentlich fragen, welche Alternative sie denn vorschlägt, warten aber stattdessen auf die nächste nutzlose Äußerung. Schon meldet sich eine zierliche Gestalt, zweifelsfrei als Sozialpädagogin zu identifizieren:

»Das Workbook ist eine gute Sache – da gibt's ja auch mal ein schönes Rätsel zwischendurch, Brain-Teaser heißen die, wo die Kinder wirklich mitdenken müssen. Das Buch geht richtig schön auch auf die emotionalen Bedürfnisse der Schüler ein.«

Auf derartigen Popanz fallen nicht alle Eltern rein: Es meldet sich eine adrett gekleidete Frau, die Sie schon aus dem letzten Schuljahr kennen und die immer, wirklich immer, genau eine einzige Argumentationslinie hat:

»Darum geht es doch jetzt gar nicht – das ist schließlich auch eine Kostenfrage.« Womit Mama Geizknochen natürlich recht hat. 6,80 Euro sind schließlich kein Pappenstiel, wobei zumindest Mama Geizknochen mit der Zahlung (man beachte nur den Audi A8 auf dem Parkplatz) damit keine größeren Schwierigkeiten haben sollte.

»Ich denke …«

»Meiner Meinung nach …«

»Wir betrachten die Sache aus der falschen Perspektive …«

»Man müsste mal gucken, wie andere Englischlehrer damit umgehen …«, schlägt irgendwann ein Vater vor, der sich als Vorbereitung auf den Elternabend offenbar eine Bisamratte auf den Kopf geklebt hat in der irrigen Annahme, damit die Illusion einer Frisur zu erzeugen. Auf jeden Fall wird sein Vorschlag von einigen Anwesenden als »sehr gute Idee« gesehen, von anderen wiederum als »das führt jetzt zu weit«.

Und hin und her und hin und her, und vorne steht der Lehrer und träumt sich seinen Eierlikörkaffee herbei. Die ganze Diskussion hätte es gar nicht gegeben, wenn nicht *eine* Person – unbedingt auf der Suche nach einem »Problem« – geistesgegenwärtig beschlossen hätte, die Demokratie zu retten und die Klassenelternschaft entscheiden zu lassen. Was Blödsinn ist, denn zu melden haben die Eltern in diesem Kontext ohnehin nichts. Wenn der Lehrer sagt »Workbook kaufen«, dann besteht für Eltern die einzige Aufgabe darin, gehorsam zu sein und selbiges Machwerk heranzuschaffen. Das Ding wird vom Englischlehrer aus pädagogischen Gründen gewünscht – folglich wird es geordert. Wäre ja noch schöner, wenn die »Elterngemeinschaft« darüber abstimmen dürfte.

Als der Lehrer dies deutlich macht, natürlich in höflichen Worten, und eine Abstimmung konsequent ausschließt, wird vonseiten des Problemsuchers sofort ein »Formfehler« unterstellt, inklusive der herrlich wissenden Brachialdiagnose »Rechtlich nicht haltbar«.

Was wiederum in beiden Fällen Quatsch ist, wie bislang so ziemlich alles, was besagte Person von sich gegeben hat, was sie aber nicht hindert, auch den weiteren Verlauf des Abends immer wieder zu stören, was wiederum Sie, und ganz allmählich auch den Rest der Elternschaft, immer mehr auf die Palme bringt. Erläutert der Lehrer, dass es zukünftig im Fach Englisch eine Sprechprüfung geben wird, da eben von der Behörde vorgeschrieben, wird sogleich nachgefragt, welchen Nutzen diese Prüfung denn habe. Sagt der Lehrer, dass besagte Prüfung eine normale schriftliche Arbeit ersetzen wird, geht erneut der Finger nach oben mit der Fragestellung, ob dieses Vorgehen denn »wirklich« im Sinne der Schüler sei. Weist der Lehrer darauf hin, dass das Fach Biologie nur im ersten Halbjahr stattfinden wird, Chemie allerdings durchgängig, muss wiederum unbedingt Gott und der Welt mitgeteilt werden, dass es andersherum besser wäre, weil Chemie schließlich wichtiger sei, weil Biologie ohnehin nur … Bla bla bla. Kommt der Lehrer auf die Idee, auf den anstehenden Schwimmkurs zu verweisen, wie er an dieser Schule eben üblich ist, hält man ebenfalls nicht die Klappe und fühlt sich ungefragt ermuntert, in klugscheißerisch-besorgtem Tonfall weiter im Brei herumzustochern: *In welchem Schwimmbad denn? (Da!) Ach, im Stadtbad? (Ja!) Dort soll ja das Wasser recht dreckig sein. (Nein!) Warum denn nicht im Karlsbad? (Weil's da zu teuer ist.) Ich denke nicht, dass Geld ein Kriterium sein sollte bei einer solch wichtigen Frage. (Ich schon!) Hat denn der Sportlehrer überhaupt das Rettungsabzeichen? (Logisch!) Wie lange hat er das schon? (Schon länger!) Wäre es nicht besser, wenn auch eine Frau dabei wäre wegen der Mädchen? (Wieso das denn jetzt?) Mädchen in Bikinis mögen es nicht, wenn der Lehrer ein Mann ist. (Ist halt so. Jungs vielleicht auch nicht. Anders als vielfach gedacht sind nicht alle männlichen Lehrkräfte pädophil veranlagt.) Mein Sohn hat schon mehrere Schwimmabzeichen – muss er den Kurs trotzdem machen? (Ja! Vielleicht könnte er anderen Schülern sogar hilfreich zur Seite stehen.) Dann lernt er aber ja nichts. (Doch! Tut er!) Da werde ich mich doch noch mal an den Schulleiter wenden müssen. (Gerne doch. Vergessen Sie nicht, auf dem Weg dorthin in ein tiefes Loch zu fallen.) Und wer unterrichtet Biologie? (Herr Köhler.) Den kennen die Kinder aber gar nicht. (Kann ich auch nichts dran ändern.) Gibt's keinen anderen? (Doch, aber die Schulleitung hat Herrn Köhler für diese Klasse vorgesehen.) Und warum nicht wieder Frau Schmalz-Honig? (Die ist nicht mehr an der Schule.) Ach, wegen ihres Alkoholproblems?*

Was machen *Sie* eigentlich? Genießen Sie das absurde Schauspiel und hätten am allerliebsten eine Portion Erdnüsse oder Popcorn dazu? Oder flippen Sie im Geiste allmählich aus und fantasieren darüber, derjenigen Person, die den ganzen Mist eigentlich erst ins Rollen gebracht hat, einen nassen Schwamm in die Verballuke zu stecken?

Selbige Person übrigens lehnt sich den Rest des Abends entspannt zurück, schweigt, und lässt sich ganz am Ende der Debatte (»*Wir sollten das jetzt wirklich beenden!*«) noch mal eben zur Elternratsvorsitzenden wählen, womit das Tagewerk der Ehrlichen und Rechtschaffenen erfüllt wäre! Immerhin hat man sich getraut, den Finger in die Wunde des Systems zu legen! Was bilden sich diese Lehrer denn eigentlich immer ein mit ihren Forderungen? Die müssen sich dran gewöhnen, dass Eltern auch Entscheidungsbefugnisse haben …

Haben sie ja auch. Aber eben keine pädagogischen. Für solche Dinge haben Schulen sich entschlossen, speziell ausgebildete Personen einzustellen, ebenjene sogenannten »Lehrer«, die im Regelfall ihren Job auch ganz passabel erledigen.

Häufig versuchen Problemsucher auch, Haare in solchen Suppen zu finden, die sie ohnehin nicht auslöffeln bzw. beeinflussen können. Wenn das jeweils zuständige Kultusministerium (auch bekannt als Überraschungsei der Bildungsbranche) auf die Idee kommt, eine dritte oder vierte oder fünfte Fremdsprache verpflichtend zu machen, dann werden diese Sprachen eben eingeführt. Die Schule muss damit klarkommen, Lehrer ebenfalls, Schüler sowieso – und auch die Eltern. Wenn etwas nicht gefällt, wende man sich doch bitte an seinen politischen Abgeordneten. Eltern haben das absolute Recht, sich über Schule und Lehrer und Lehrpläne auszukotzen (Lehrer und Schüler tun dies schließlich auch), aber man sollte dabei stets den Verstand eingeschaltet lassen.

Als Klassenlehrer bat ich die Eltern einmal, zur Verschönerung des Klassenraumes den Kindern doch Topfpflanzen mitzugeben für die Fensterbänke, wenn möglich in einem Topf und keinerlei exotisches Zeug; auch dürften es nur Grünpflanzen sein, da hin und wieder einige Kinder allergisch auf Blüten sind. Mitzubringen nur, wenn zu Hause eine überflüssige Pflanze herumstünde, gekauft werden sollte gar nichts.

Als Antwort bekam ich zu hören: »*Sehr gute Idee. Machen wir.*« Als andere Antwort bekam ich zu hören, von exakt einer Person:

»Das ist ja wohl das Letzte! Jetzt müssen wir als Eltern uns auch noch darum kümmern, dass die Schüler einen schönen Klassenraum bekommen. Daran werden mein Mann und ich uns nicht beteiligen. Außerdem sehen wir überhaupt kein Problem ... die Fensterbänke sind doch ganz in Ordnung so, ganz tolle Ablageflächen.«

Na also, wenn es kein Problem gibt, umso besser.

SIE ALS ELTERN GEHÖREN DIESEM TYP AN, WENN ...

... Sie der festen Überzeugung sind, dass andere Eltern offenbar zu blöd und bedingt kompetent sind, Probleme als solche zu erkennen.

... Sie bezüglich Lehrern derselben Meinung sind.

WAS SIE SO VON SICH GEBEN:

»Alkohol löst keine Probleme. Aber das tut Milch ja auch nicht.«

»An dieser Stelle möchte ich doch noch mal ganz kurz auf eine Schwierigkeit hinweisen, die bislang keine der anderen anwesenden Herrschaften bemerkt hat ... aber die scheinen auch nicht wirklich vom Fach zu sein ...«

»Das ist wieder mal typisch, dass Lehrer hier keine Schwierigkeiten sehen, die haben sich wohl auch nur unzureichend damit auseinandergesetzt ...«

ALS LEHRER KÖNNEN SIE AM EHESTEN:

→ auf eine faktenreiche, klare Argumentationslinie verzichten. Lohnt ganz einfach die Mühe nicht.

→ einfach immer zustimmen und nicken, egal wobei, egal wozu, und machen Sie's dann trotzdem, wie Sie's von Anfang an geplant hatten.

015

AUTORITÄRE

WEIL PEITSCHEN GUT SIND UND ZUCKERBROT ZU KARIES FÜHRT

Eltern, die von ihren Kindern nicht als Autoritätspersonen wahrgenommen werden, machen etwas falsch. Erziehung nämlich. Eltern hingegen, die NUR als Autoritätspersonen wahrgenommen werden, machen alles falsch: Zum Beispiel leben sie definitiv, und zwar gesinnungstechnisch, in der falschen Zeit.

Am liebsten, so scheint es Gesprächspartnern, würden diese Leute gerne mal wieder zum Rohrstock greifen, und ganz bestimmt nicht zur Selbstgeißelung, und mit Sicherheit liegt dieser in der Garage, gleich neben der Reitpeitsche, obwohl man weder reitet noch ein Pferd hat. Als Drohkulisse für »die lieben Kleinen« aber reichen solche Gegenstände allemal. Autoritäre Eltern müssen nicht automatisch Schläger sein, ganz bestimmt nicht, aber wenn sie ihrer unnachahmlichen erzieherischen Weisheit Blasen ablassen wie »Ein Klaps auf den Hintern hat noch niemandem geschadet«, oder, der Knüller »Nur die Harten kommen in den Garten«, was auch immer damit konkret gemeint sein soll, muss man sich schon sehr wundern. Oder ekeln.

Autoritäre Eltern sind insgesamt keine Gegner von Lehrerinnen und Lehrern, ganz im Gegenteil, es sei denn natürlich, sie haben

UNSERE KINDER JAMMERN NICHT! WENN ES SICH WIE JAMMERN ANHÖRT, SIND ES EIGENTLICH FREUDENGESÄNGE! BEI UNS WIRD FREUDE EBEN DURCH TRÄNEN AUSGEDRÜCKT!

den Eindruck, dass die Schule den Nachwuchs zur Weichlichkeit erzieht. Ein autoritärer Vater würden niemals auf die Idee kommen, wegen einer verhängten Strafarbeit für Britta zum Anwalt zu rennen, sondern sogar noch gegenüber Lehrkräften und Schulleitung darauf drängen, Qualität und Quantität der Strafmaßnahme drastisch zu erhöhen. Abschreiben der Schulordnung? Einmal nur? Ist ja wohl lächerlich! Das Ding wird gefälligst abgeschrieben, bis die Finger abfallen, und dann wird eben mit Blut und notfalls mit Spucke weitergemacht. Beim Spicken erwischt worden und dafür eine 6 kassiert? Kein Problem! Dann wird Laurenz eben sechs Jahre lang Hausarrest haben. Und zwar im Keller. Nicola möchte gerne von der Schule abgeholt werden, weil es ihr nicht gut geht? Sie hat Krämpfe im Unterleib und ist blass wie eine weiße Wand, die zu viel Kreide gefressen hat? Keine Chance, junges Fräulein. Stell dich gefälligst nicht so an, du hast schließlich gleich noch Mathe.

Vielleicht kennen Sie solche Leute. Vielleicht kennen Sie dann auch das Gefühl, dass sie deren Kind oder Kinder am liebsten vom Fleck weg adoptieren würden. Seien wir ehrlich: Erwachsenwerden in einem solchen Haushalt ist wahrlich kein Ausflug auf den Ponyhof, eher ein Vegetieren im örtlichen Hundezwinger.

Autoritäre Erziehung ist geprägt von der Dominanz des Erziehers, wobei sämtliche Entscheidungs- und Verfügungsgewalt bei ihm allein liegt. Das Kind hat zu gehorchen. Wenn es versehentlich eine Meinung entwickelt, soll es diese gefälligst für sich behalten. Kinder brauchen Führung, notfalls an der Leine, und zwar nicht an der sprichwörtlichen. Wenn Führung fehlt, herrschen, davon sind solche Eltern überzeugt, quasi folgerichtig Sittenverfall, Disziplinlosigkeit und Anarchie.

Stimmt ja auch: Außer Herbert Grönemeyer glaubt kein Mensch auf dieser Welt, dass die Welt mit Kindern an der Macht ein besserer Ort wäre. Kinder, wenn sie anfangen, sich zu entwickeln und dabei irgendwann eigene Positionen annehmen, führen den ganzen Planeten, samt der Pseudozivilisation, die darauf lebt, in den finstersten Abgrund. Dieser Absicht muss Einhalt geboten werden, und zwar durch Zucht, Ordnung und konsequente Bestrafung.

Gefällt Ihnen die bislang geschilderte Vorgehensweise? Mal ehrlich – klingt nach einer feinen Sache, oder? Nun fragen Sie sich bestimmt, was genau Sie eigentlich zu tun haben, um endlich auch in den Kreis der wahrhaft autoritären Eltern aufgenommen werden zu können, richtig? Zuerst einmal müssen Sie, dies bedarf eigentlich keiner Erwähnung, Ihre geradezu albernen Vorstellungen bezüglich schlaumeierischer »Mein Kind ist ein selbstständiges Wesen«-Verkorkstheiten auf den Prüfstand stellen und alsdann direkt in die Biotonne treten. Fakt ist: Es muss sich einiges ändern im Umgang mit ihren Kindern. Bei Liebe, diesem abstrakten Gefühl, das man am ehesten für Hunde- oder Katzenbabys oder Vanilleeis mit Erdbeeren empfindet, fängt es an! Nein, Gott bewahre, Sie müssen nicht aufhören, Ihr Kind zu lieben, so ein Unsinn! Sie dürfen Liebe lediglich nicht mehr zeigen. Gleiches gilt für alles, was irgendwie mit Zuneigung und Sympathie zu tun hat.

Drohen Sie Ihrem Sohn, was immer Sie für nötig halten, wann immer Sie der Meinung sind, dass er etwas falsch gemacht hat, also eigentlich immer, und kritisieren Sie ausgiebig an ihm herum! Sie werden sehen – der neue Geist, der auf einmal in Ihrem Haushalt Einzug hält, wird Wunder wirken. Bestrafen Sie Ihre Tochter bei schulischer Erfolglosigkeit, auch wenn der weibliche Rotzlöffel betont, hart gearbeitet zu haben. Entlarven Sie derartige Aussagen sofort als das, was sie sind: Lügen!

Auch wenn es anfangs schwerfallen sollte: Kommen Sie nicht auf die Idee, Ihren Kindern über den Weg zu trauen bzw. allerhöchstens so weit, wie man sie werfen kann, was übrigens hin und wieder durchaus eine akzeptable pädagogische Maßnahme sein könnte! Ihre Kinder haben bei allem, was sie tun, nur ein einziges Ziel: Sie als Eltern zu verarschen und vor aller Öffentlichkeit zu demütigen. Aber keine Sorge! Sie werden sich nicht verarschen lassen, richtig? Glauben Sie an das, was Sie tun, und beglückwünschen Sie sich jeden Tag ob Ihrer Abkehr vom freiheitlich orientierten Erziehungsmumpitz der Moderne. Wenn Ihre 14-jährige Teenietochter endlich begriffen hat, dass von Ihnen keinerlei freundliches Wort oder Lächeln zu erwarten ist, wird sie sich allein aus einem Keiner-liebt-mich-Gefühl heraus ihren schulischen Studien widmen und alsbald enorme Erfolge einfahren. Wenn Sie Ihrem Sohn klargemacht haben, dass mit Bestätigung nicht zu rechnen ist, weder für das Tor beim Fußballspiel noch die 1 in der Französischarbeit noch die freiwilligen Helfertätigkeiten im Tierheim, gibt es keinen Grund für spontane Umarmungen. Bei Ersterem stellt sich die Frage: Warum kein zweites Tor? Zwei Zweitem: Warum keine 1+? Und beim Dritten stellt sich überhaupt keine Frage: Teilen Sie Ihrem Kind ohne Palaver mit, dass es sich bei einer freiwilligen Tätigkeit um ein Fehlverhalten und folglich um eklatante Verschwendung kostbarer Zeit und Atemluft handelt und sofort aufzuhören hat.

Natürlich wird sich der familiäre Umgangston sehr ändern müssen, wenn Sie als Eltern wirklich erfolgreich sein wollen: Lassen Sie also das ganze mitfühlende Wir-mögen-dich-Gedöns weg und überzeugen Sie durch Rauheit und schlagkräftige Argumentationslinien.

Ihre Kinder müssen das Gefühl haben, von Ihnen abhängig zu sein – nur so werden Wünsche nach Eigenständigkeit und der Drang nach Auslebung des freien Willens unterdrückt. Achten Sie außerdem darauf, dass die Wörter »Gehorsam« und »Pflichten« nicht nur Wörter bleiben, sondern mit präzisen Inhalten gefüllt werden. Falls Sie diesbezüglich auf Schwierigkeiten treffen sollten, besorgen Sie sich einen Ratgeber für Hundeerziehung – etwaige Unklarheiten sollten sich nach der Lektüre erledigt haben.

Oder aber, man muss das jetzt einfach fragen, sind Sie gar kein so autokratisch-autoritäres Sackgesicht mit Selbstverwirklichungstrieb? Wollen Sie sich als Eltern also gar nicht zurückkatapultieren in die Anfangsphase der menschlichen Evolutionsgeschichte und ramponierte, vergammelte Bildungsidealreste frühstücken?

Gegen eine autoritäre Erziehung ist, bei allen Unzulänglichkeiten, eigentlich nicht besonders viel einzuwenden, sofern das Verhältnis zum Kind herzlich bleibt, eben keine Distanz aufgebaut wird, man definitiv nicht demütigt, abstraft, straft, tadelt – und körperlich aktiv wird. Gerade Mütter und Väter, die selbst eine eher autoritärere Erziehung genossen haben, neigen dazu, ihre Kindheit zu wiederholen getreu dem Motto: Mir hat es doch auch nicht geschadet. Mag sein. Oder auch nicht. Stellt sich eben die Frage, wie man sich bei einer anderen Erziehungsweise entwickelt hätte. Diese Frage ist allerdings müßig und führt an der Grotte der Erkenntnis weit vorbei. Tatsache aber ist: Autoritäre Erziehung ist nicht gleich autoritäre Erziehung; es gibt sicherlich Eltern, die damit hervorragend fahren – und wo auch die Kinder keineswegs unglücklich sind oder sich ungeliebt fühlen. In diesem Fall herrscht aber keine Diktatur, sondern schlicht und einfach Strenge. Die alte Weisheit »hart, aber fair« ist in solchen Familien das Maß aller Dinge und kann hervorragend funktionieren.

»Hart« kann aber dummerweise auch ohne »fair« auskommen, sich dafür aber mit »dumm« gepaart haben. Beispiel gefälligst?

Als ich einmal eine Mutter auf die bescheidenen mündlichen Leistungen ihrer Tochter ansprach, teilte mir diese unumwunden mit, ich möge doch bitte Reißzwecken unter ihren Hintern legen. Bis heute habe ich keinen Schimmer, ob dies ein ernst gemeinter Vorschlag war. Er klang jedenfalls so.

Noch eins? Aber gern!

Ein Schüler der 6. Klasse wurde von seinem Vater von der Schule abgeholt, da er bei einer Prügelei, bei der er selbst nicht der Anstifter war, einen Zahn verloren hatte und die lieben Sekretärinnen in solchen Fällen natürlich sofort das Elternhaus kontaktieren. Zahn raus? Ärgerlich, kann aber halt passieren. Papa jedenfalls sah die Sache anders; offenbar schien er sehr an diesem Zahn zu hängen, sodass der Verlust des Kauleistenbaukastenteils ihn dermaßen wütend machte, dass er seinen Sohn in den Schwitzkasten nahm und in exakt dieser Position mit ihm Richtung Parkplatz marschierte –

bis er von Lehrkräften aufgehalten und zur Rede gestellt wurde. Seine Reaktion ist und bleibt legendär: »*Der Junge braucht eben eine harte Hand. Sonst lernt der nie, sich zu verteidigen.*«

Es gibt wenige Momente, wo Lehrer tatsächlich bereit wären, ihren lebenslangen Beamtenstatus blindlings aufzugeben … und wo sie wahrscheinlich juristisch noch nicht einmal etwas zu befürchten hätten … Die Justiz mag zwar manchmal blind sein, aber für Menschen mit Sonnenbrand im Hirn hatte sie noch nie besonders viel übrig.

SIE ALS ELTERN GEHÖREN DIESEM TYP AN, WENN …

… Sie alle anderen Eltern für bemitleidenswerte Trottel und Naivlinge halten, die eigenen Eltern eingeschlossen.

… Ihnen speiübel wird bei dem Gedanken daran, Ihren Kindern auch nur ansatzweise eigene Entscheidungen zu überlassen.

… Sie sich in aufklärerischer Absicht als Gastredner zu einem Seminar über antiautoritäre Erziehung anmelden und direkt nach der Begrüßung alle anderen Teilnehmer (Feuchtnieser, Ampel-Grün-Gänger, Warmwasserbecken-Schwimmer etc.) ohne zu zögern über den Haufen schießen.

WAS SIE SO VON SICH GEBEN:

»Ich sehe keinen Grund, warum Oliver nicht in jedem Fach eine 1 haben sollte. Er weiß ja, was passiert, wenn er mit diesen lächerlichen 2ern nach Hause kommt.«

»Bei uns gibt es klare Regeln, und wir werden sie ganz bestimmt nicht mit Ramona erörtern.«

»Unsere Kinder jammern nicht! Wenn es sich wie Jammern anhört, sind es eigentlich Freudengesänge! Bei uns wird Freude eben durch Tränen ausgedrückt!«

ALS LEHRER KÖNNEN SIE AM EHESTEN:

→ lang und breit den Gott des Alten Testaments (chronisch wütend, weil scheinbar an Verstopfung leidend, derb mies gelaunt, sagenhaft unbeliebt) mit dem des neuen Machwerks vergleichen (gütig, väterlich, sympathisch rüberkommend) und schlicht und einfach hoffen, dass die vorgetragene Botschaft irgendwie bei Papa und Mama Hitler ankommen.

→ den Eltern anbieten, das ganz eindeutig ohnehin nutzlose Kind für den geplanten Schüleraustausch auf eine indonesische Tabakplantage vorzuschlagen – dort haben die Aufseher wenigstens eine Kippe zwischen den Zähnen und ein Lächeln auf den Lippen.

016

LAISSEZ-FAIRISTEN

WEIL REGELN EINFACH NICHT MEHR IN DIE ZEIT PASSEN!

Als Eltern wissen Sie, dass Erziehung eine ganz schön anstrengende Veranstaltung ist. Zwar tut Ihr Kind nur selten etwas Böses, dabei auch wenig Kluges, und andauernd müssen Sie, obwohl Sie vielleicht gerade keinerlei Lust haben, bedauerlicherweise helfend, tröstend, aufmunternd, tadelnd, zurechtweisend, küssend, mit Spucke ableckend, strafend oder disziplinierend einschreiten.

Allein schon das ganze schulische Gedöns saugt Ihnen den Lebenssaft heraus. Sie achten darauf, dass Hausaufgaben erledigt werden, fragen notfalls Vokabeln in sämtlichen Fremdsprachen dieser Erde ab, rekapitulieren historische oder physikalische oder sonstige Fakten und müssen außerdem andauernd darauf achten, dass der mit zunehmendem Alter immer rebellischer werdende Nachwuchs nicht aus der Reihe tanzt. Da bleibt, bei allen Vorzügen, die Kinder sicherlich partiell bieten, nur noch wenig Zeit für einen selbst. Elternsein ist ein Job bis zur totalen Erschöpfung, und nicht wenige Eltern lassen sich schon nach wenigen Jahren aufopferungsvoller Leistung für die zukünftige Generation der Rentenzahler in die Burn-out-Klinik einweisen, um endlich einmal in Ruhe einen Aschenbecher töpfern zu können.

ACH, SIE ERZIEHEN IHRE KINDER? FINDEN SIE DAS NICHT EIN WENIG ALTMODISCH?

Tatsache ist ja, Sie mögen Ihr Kind und empfinden an einigen Tagen sogar fast schon Zuneigung, im Extremfall sogar Liebe, aber Sie sind, das gehört zur Wahrheit eben auch dazu, zuweilen einfach chronisch überlastet. Hinzu kommt die für Sie als Eltern nicht vorgesehene staatliche Entschädigung für Ihre Produktivität. Kurzum: Sie sind ganz schön verarscht worden vom System, und es gibt nichts, was man dagegen tun könnte, nichts, was einem das Leben wieder einfacher und freudvoller gestalten könnte. Schade eigentlich.

Doch muss dies wirklich so sein? Wäre es nicht praktisch, wenn es einen Erziehungsstil gäbe, der Ihnen als Eltern wieder Freiräume gewährt? Der Sie atmen lässt? Sie aus ihrer Einpferchung herausholen kann?

Da haben wir genau das Richtige für Sie: Probieren Sie sich doch einmal an Laissez-faire! In der Tat – Laissez-faire wird die Lösung aller Ihrer Probleme sein! Diese wie ranziger Honig von der Zunge gehende französische Wortperversion bedeutet in vernünftiger Übersetzung nichts anderes als »Macht einfach«. Nicht ins Klo oder sonst wohin, sondern generell, und genau das ist der Trick an der Sache!

Bislang haben Sie Ihrer 13-jährigen Tochter strikt verboten, freitagabends am wöchentlichen Strip-Poker-Abend der Informatik-Nerds aus der Oberstufe teilzunehmen? Und den wirklich sündhaft sexy hammergeilen Leopardenmuster-Stretch-Rock, der keck die Pobacken flankiert, in Fachkreisen auch als Gürtel bezeichnet wird und in dem Sabrina aussieht wie eine der Angestellten, die nachts vor dem Arbeitsamt auf und ab gehen und in Autofenster sprechen, verbieten Sie ebenfalls? Wie üblich knallen daraufhin die Türen, als würde eine Presslufthammerfabrik nebenan explodieren? Tagelang sitzt dann die junge Dame da wie ein Frosch ohne Quappe und trotzt jedem netten Wort? Was wiederum dazu führt, dass Sie an Ihren Erziehungsmethoden zweifeln und ein schlechtes Gewissen entwickeln …

All das muss nicht sein! Wie rückständig Sie doch gedacht haben bislang! Laissez-faire kennt keine Verbote. Wenn Sabrina eben strippen will und auf eine Rolle im »Informatiker-Erotik-Kalender für pickelige Jungs« hofft, dann soll sie eben strippen! Hier zeigt sich die Großartigkeit von Laissez-faire in ihrer ganzen Bandbreite!

Sie erzählen Finn-Ruben immer und immer wieder, wie wichtig Hausaufgaben sind? Um Inhalte nachzubereiten und unverdaute Aspekte des Unterrichts zu wiederholen? Und weil das Hausaufgabenmachen einfach zum Prinzip Schule dazugehört? Gerade deswegen herrscht dauernd Ärger zu Hause verbunden mit Gebrüll, Gejammer und Geschrei, gefolgt von »Leck mich doch«-Tiraden?

Mal ernsthaft bitte! Wozu der ganze Aufwand? Soll Finn-Ruben doch selbst entscheiden, wie er es zukünftig mit den Hausaufgaben zu halten gedenkt. Wer sind Sie denn, dass Sie Finn-Rubens Selbstlernprozess im Weg stehen?

Laissez-faire ist das einzig wissenschaftlich anerkannte Zaubermittel für gebrochene und nur noch rudimentär dahinwelkende elterliche Nerven, gänzlich ohne Nebenwirkungen, dafür auf der Habenseite verbunden mit Stressfreiheit für alle Beteiligten. Gängelnde Grenzen und rigorose Regeln gehören ab sofort der Vergangenheit an. Völlig unbeteiligt können Sie Ihre Kinder nach deren Willen gewähren lassen.

Chantal will nachts um eins noch ein Eis mit Nutella? Soll sie sich eben eins machen.

Finn-Ruben, typisch Teenager, plant am Wochenende mit seinen suboptimal intelligenten Kumpels das Besäufnis der Woche? So richtig schön stilvoll mit billigem Wodka und Cola Light? Aber sicher doch!

Chantal und Ruben wollen die Schule schwänzen? Und machen es auch? Gerne auch wochenlang? Kein Thema! Sie als Eltern stehen daneben und bleiben passiv. Gerade dieses Passivbleiben verlangt von Ihnen allerdings höchste Selbstdisziplin. Bislang waren Sie daran gewöhnt, dauerhaft (oder wenigstens nach Schulschluss)

Ihre Macht demonstrieren zu müssen. Sie konnten sich gar nicht vorstellen, dass es auch ohne ginge. Geht es aber! Das Ende der Einmischerei liegt vor Ihnen! Denn gerade die kontinuierliche erzieherische und reglementierende Kontrolle wird von Anhängern des Laissez-faire nicht nur abgelehnt, sondern verachtet.

Kinder, das ist die Grundidee des Ganzen, brauchen Freiheit! Dazu gehört auch vor allem akademische Freiheit – ob und wann und wie viel und überhaupt die Kinder etwas für die Schule tun wollen, ist ganz allein ihre Sache. Eltern halten sich gefälligst raus! Auch Meinungsfreiheit ist selbstverständlich eine Grundzutat des Laissez-faire-Gedankens. Ihr Kind hat das Recht und die Pflicht, jedem seine Meinung zu geigen, wann immer es will und worum auch immer es geht. Für Sie als Erzieher kein Problem: Es ist ihnen nämlich schnurzpiepscheißegal, was Ihr Kind so denkt und sagt. Vergessen Sie nicht: immer passiv bleiben und nach Möglichkeit keinerlei Interesse zeigen. Nur auf diese Weise werden sich Chantal und Tim-Rübe zu glücklichen (und im gesellschaftlich reglementierten Umfeld zu hilflosen) Individuen entwickeln. Was Ihnen allerdings auch egal sein dürfte – typisch Laissez-faire eben. Inwieweit auch sexuelle Freiheit ein Thema ist, müssen Sie für sich selbst entscheiden.

Wenn Chantal mit irgendeiner selbst gebastelten Gräuelgrütze aus dem Lego-Technik-Baukasten für Mädchen mit linken Händen zum Muttertag bei Ihnen auf der Matte steht, dann reagierten Sie bislang, wie es eben üblich ist: Sie nehmen Chantal in den Arm, streicheln ihre Haare und loben sie für das tolle Irgendwas (könnte Aschenbecher, Blumenvase oder Katzenklo sein), wobei Sie selbiges am liebsten direkt in die Klärgrube werfen würden, es aus lauter Respekt (und Liebe) für Ihre Tochter aber sogar pflichtbewusst im Wohnzimmer aufstellen, auf dass Verwandte und Freunde gleichermaßen beschämt sind, Chantal aber glücklich lächelt.

Mit so was ist jetzt Schluss. Bekommen Sie tatsächlich ein solches Geschenk, spülen sie es in Chantals Gegenwart das Klo herunter.

Unterlassen Sie Drohungen oder Beschimpfungen. Setzen Sie auch keinen bösen oder enttäuschten Blick auf. Die Devise sollte klar sein: Klappe halten und passiv bleiben! Tadel, wie auch Lob, gibt es ab sofort nicht mehr – was Ihr Leben mit einem Schlag einfach machen wird.

Laissez-faire-Eltern sind schlaue Menschen und fallen ganz bestimmt nicht auf den Firlefanz herein, den ihnen andere Eltern immer wieder vorhalten: »Aber man muss doch Kinder auch mal loben«, »Kinder brauchen Disziplin, sonst verwahrlosen sie und rauben Bäckereien aus« oder »Damit schadet man der Entwicklung des Kindes zu einer reifen Persönlichkeit« sind Klassiker des Übels, über das Sie als bald schon geübter Laissez-fairist nur herzhaft schmunzeln können.

Ein Kind nämlich kann sich nicht nicht entwickeln! Ha!

Und nur, weil Sie bei Chantal und Rübezahl auf erzieherisches Wirken im klassischen Sinne verzichten, heißt das ja noch lange nicht, dass Sie nicht erziehen. Jede Form der Erziehung, auch die gekonnte Vernachlässigung – welche ja nicht böse gemeint ist, sondern einer klar definierten pädagogischen Wissenschaftskruste folgt –, ist in irgendeiner Weise beeinflussend für den kindlichen Prozess des Gedeihens, oder des Verwelkens. Kommt halt aufs Kind an.

So, genug nun des Unsinns! Einigen wir uns an dieser Stelle, trotz all der geschilderten Vorzüge, darauf, dass Laissez-faire ein Haufen gequirlter Scheiße ist, nicht würdig, auch nur als Fliegenschiss im Wörterbuch der Pädagogik aufzutauchen, und wenn, dann nur unter dem Begriff »Sagenhafter Unfug«.

Laissez-Fairisten glauben daran, dass ein Kind quasi von alleine aufwächst, was ja auch stimmt, glauben daran, dass Vorgaben und Regeln, wenn überhaupt, nur minimalst erfolgen dürften, was natürlich bodenloser Quatsch ist – und treiben mit ihren Ansichten auch die tolerantesten und nachgiebigsten Lehrer zur Weißglut:

»Sicherlich hat Ruben-Finn die Englischarbeit verhauen. Und der Vorschlag mit der Nachhilfe ist bestimmt total sinnvoll. Aber wir werden das trotzdem nicht mit unserem Sohn besprechen – wenn ER das Bedürfnis hat, etwas an seiner Englischnote zu verbessern, wird ER sich schon melden. Wir wollen ihn da keineswegs unter Druck setzen.«

»Aber Sie sind doch die Eltern … Sie müssen …«

»Müssen? Nein, Herr Borchers, wir müssen gar nichts. Mit Imperativen arbeiten wir nicht in unserer Familie. Glauben Sie mir – Finn weiß selbst am Besten, was gut für ihn ist.«

Um es kurz zu machen: Nein, weiß er nicht. Da er niemals Regeln und Grenzen und Pflichten erfahren hat, wird er bezüglich einer Englischarbeit wohl kaum damit anfangen.

Kurzum: Dauernd Peitsche funktioniert nicht und ist unmenschlich. Aber ewiges Zuckerbrot – probieren Sie doch mal, nur dieses Zeug zu futtern, also täglich, und zwar über Jahre – ist zum Scheitern verurteilt. Manchmal braucht es eben auch richtig schön labbrigen Hafergrieß.

SIE ALS ELTERN GEHÖREN DIESEM TYP AN, WENN …

- … Sie Ihr Kind manchmal über Tage und Wochen nicht sehen und darin kein Problem erkennen. Wird schon irgendwo sein, der Kleine.
- … Ihr Kind in seinem freiheitlichen und unbeobachteten Schaffensdrang als Start-up-Entrepeneur im heimischen Keller eine Schnapsbrennerei, eine Hanfplantage und ein Offline-Dating-Portal (zum Anfassen) eröffnet hat und im Handelsregister unter der Bezeichnung »Macht einfach« firmiert.

WAS SIE SO VON SICH GEBEN:

»Wie jetzt? Annekathrin hat auf der Autobahn gespielt? Während des Berufsverkehrs? Aha. Und weshalb sind Sie nun hier, Herr Oberkommissar?«

»Winnetou ist alt genug, sich seine eigenen Grenzen zu setzen. 4,2 Promille sind aber vielleicht dennoch etwas viel gewesen, Herr Doktor.«

»Ach, Sie erziehen Ihre Kinder? Finden Sie das nicht ein wenig altmodisch?«

ALS LEHRER KÖNNEN SIE AM EHESTEN:

→ während des Gesprächs fressen, saufen, koksen, furzen und sich unentwegt über Ihre Gesprächspartner übergeben. Teilen Sie alsdann den eventuell überrascht dreinblickenden Eltern mit, es handele sich hierbei um ein noch neueres und noch sinnloseres Konzept als Laissez-faire, sofern das überhaupt möglich ist, quasi ein Laissez-faire-Plus. Mit Sternchen. Vielleicht kommt die Botschaft an. Wahrscheinlich aber nicht.

→ darauf verweisen, dass sogar ein seit Jahrhunderten in der sibirischen Wildnis lebender Waldschrat mehr Disziplin hat als Chantal oder Kim-Rabe.

→ mutig erläutern, dass Laissez-faire-Erziehung insgesamt Moppelkotze ist. (Warten Sie dann auf einen Lufthauch und das Knallen der Tür.)

017

KONSEQUENZPROBIERER

WEIL VERSUCHEN DER ERSTE SCHRITT ZUM SCHEITERN IST!

»Die Konsequenz ist eine merkwürdig einflußreiche Macht, ohne welche keine Erziehung gedeihen kann, ohne die jede Achtung fehlt, die der Zögling vor den Befehlen des Erziehers hegen muß, sie imponiert als Ausfluß eines entschiedenen Charakters Jungen und Alten.«

So einen Satz muss man mindestens dreimal lesen; als Bildungsbürger kann man sich jedenfalls gar herrlich in der Grammatik und Wortwahl des 19. Jahrhunderts verlieren, jener Zeit also, als Lorenz Keller, Pädagoge, seine Gedanken zur Thema Erziehung aufschrieb, und danach von der Welt vergessen wurde. Aber recht hatte der Mann trotzdem. Man möchte seine Sätze in jene in Markenklamotten gehüllte Frau mit kurzen blonden Haaren (inklusive Strähnchen), die vor Ihnen an der Kasse steht, eigentlich regelrecht hineintreten, muss aber hilflos erkennen, dass man selbst auch schon eine ähnliche Sache einmal versiebt hat. Die Strähnchenfrau steht also an der Kasse. Neben ihr eine Art Kind, ungefähr sieben Jahre alt und in ein Etwas aus teuerster Fashion gehüllt. Man befindet sich – als gute Eltern wissen Sie Bescheid – nicht nur kurz vor dem Ende des Einkaufs, sondern, Obacht nun, am Anfang der Quengelzone, jener letzten Konsumentenverarsche im Laden, die es unbeschadet

WENN MEINE KINDER IRGENDWANN RAUS-
BEKOMMEN, DASS GAR NICHTS PASSIERT,
WENN ICH BIS DREI ZÄHLE, BIN ICH ERLEDIGT.

zu überstehen gilt. Unbeschadet für das Portemonnaie genauso wie für die eigenen Nerven. Dumm nur, dass man auf die kongeniale Idee gekommen war, sein Kind mitzunehmen.

Einer Studie zufolge machen Supermärkte mit Quengelzonen fünf Prozent ihres Umsatzes, obwohl diese Zone des Terrors gerade mal 1,5 Prozent des gesamten Ladens umfasst. Sie alle kennen das Spiel, das nun beginnt. Kind entdeckt Süßigkeiten. Entdeckt Schokoriegel, Lutscher, Kaugummis und Zigaretten und will beherzt zugreifen. Als Eltern sagen Sie natürlich so was wie »Nein, Jule!« oder »Nein, Jule, wir haben noch Schokolade zu Hause« oder »Jule, das ist nicht gut für deine Zähne«. Sie könnten auch sagen: »Der Verkauf von Süßigkeiten steigert das Bruttoinlandsprodukt.« – Für Jule, besagtes Kind in Hightech-Mode, ist all das Latte wie Hose, sie hört ohnehin nicht zu. Aber macht ja nichts; Mama hat beschlossen, hart zu bleiben. Also: weder Kaugummis noch Kippen! Die Kassiererin einige Meter vor Ihnen ist noch mit einer pyramidenförmig gebauten Kundin mit eckigem Gesicht beschäftigt, die partout nicht einsehen will, dass Schalotten teurer sind als Zwiebeln, und die in kleinen Münzen zu zahlen gedenkt, welche sie aus Opas Notfallreserve (falls der Russe kommt!) entwendet hat (weil der Russe seit nunmehr über 70 Jahren auf sich warten lässt). Die Sache zieht sich hin. Und Jule gibt jetzt richtig Gas. Mit nie geahntem sportlichem Ehrgeiz wirft sie eine Ladung Kaubonbons in den Wagen, mit stoischer Ruhe wirft Mama den Kram wieder raus. Jule wird lauter. In ihren süßen Äuglein bilden sich Tränchen. Der ältere Herr hinter Ihnen, noch so einer mit Angst vor einer weiteren Invasion der Rotarmisten, Sie sehen ihn aus den Augenwinkeln, faselt irgendwas von »ach ja, Kinder« und spricht indirekt Jules Mama jegliche elterliche Kompetenz ab. Das kann doch wohl nicht so schwer sein, dem Kind wenigstens ein paar Bonbons zu kaufen …

Das Problem mit den Schalotten hat sich nach wie vor nicht erledigt. Sie werden ungeduldig. Opa Stalingrad fährt Ihnen zum wiederholten Male mit seinem Gehwägelchen in die Beine. Jule verliebt sich in einen Schokoriegel mit Erdbeer-Vanille-Geschmack (»Kann ich das haben, Mama?«) und eine Flasche Feuerzeugbenzin (»Ist das wirklich gefährlich, wenn man es trinkt?«) und gedenkt, wenigstens eines dieser Dinge mit ins traute Heim zu tragen.

Ohne die Situation noch eine Stunde lang zu schildern – wir wissen, wie die Sache ausgeht. Irgendwann gibt Jules Mama eben auf, und im Wagen landen (Aber nur EINE Sache, Jule) mindestens zwei Pakete Kaugummis, noch ein Ü-Ei obendrauf, eine Ladung Brausebonbons mit Zitronenaroma sowie, wo Jule schon dabei ist, noch ein Päckchen Batterien, AAA Mignon, wahrscheinlich für die X-Box-Fernbedienung.

Natürlich, liebe Leser, ist Jules Erzeugerin ein bedauernswerter Einzelfall. Sie kann es offenbar nicht besser. Wir sollten sie angesichts ihrer Inkonsequenz weder belächeln noch bemitleiden, allerhöchstens gering schätzen. Dabei weiß doch jede Mutter, jeder Vater, dass es, egal wo, egal wann, immer wichtig ist, konsequent zu bleiben. Allein schon, weil jede Mutter, jeder Vater, als Einstimmung auf den Elternjob irgendwann einmal die gesammelten Werke von Lorenz Keller gelesen hat.

Ohne Konsequenz (Jule wird nach Ankunft zu Hause als Strafe für ihr Konsumverhalten in den Keller gesperrt, mit Batterien, aber ohne X-Box) kann keine Erziehung gedeihen – ohne die Fähigkeit, konsequent zu bleiben, also auch nicht.

Als Eltern wissen Sie: Wenn Ihr Kind, je nach Intellekt kann dies länger dauern, erst einmal gepeilt hat, dass das Wörtchen »nein« (eine Art Umschreibung für »negative Bejahung«) eben tatsächlich Nein bedeutet, und zwar unwiderruflich, und nicht Ja oder Vielleicht oder Jein oder Eventuell später, kommt es viel besser mit sich, mit Ihnen und dem Universum im Allgemeinen zurecht. Trotzdem scheitern viele Eltern und Lehrer an der Vermittlung des Konsequenz-Begriffes, was damit zu tun haben könnte, dass sie mit Konsequenz selbst nicht viel anfangen können oder aber einfach ein viel zu weiches Herz haben.

Was man im Supermarkt erlebt, wiederholt sich natürlich in der Schule.

»Kelvin, setz dich gerade hin, hör auf zu kippeln, schreib den Kram von der Tafel ab und halt die Klappe, ansonsten gibt's eine Extraarbeit.«

Natürlich hat Kelvin überhaupt nicht vor, mit Kippeln und Quatschen aufzuhören, was zur nächsten Ermahnung führt:

»Kelvin, das ist jetzt die allerletzte Warnung. Wenn du jetzt nicht konzentriert arbeitest, gibt's richtig Stress.«

Kelvin jedenfalls hat keinen Stress – in aller Ruhe faltet er einen Papierflieger in Form eines rautenförmigen Aschenbechers. Dem geübten Pädagogen reicht es jetzt. Er greift durch.

»Jetzt ist es wirklich genug, Kelvin. Geh endlich an die Arbeit, oder willst du eine Stunde nachsitzen? Ich habe damit nämlich kein Problem.«

Kelvin auch nicht, weiß er doch, dass es Extraarbeit oder Nachsitzen oder sonstige Konsequenzen niemals geben wird. Er kennt diesen Lehrer, weiß ganz genau, was für einen irrlichternden Konsequenzprobierwicht er da vor sich hat, und kümmert sich folglich in aller Seelenruhe weiter um sein Airbus-Imitat. Warum auch nicht? Er hat nichts zu befürchten, und sein Eigeninteresse an Fokussierung auf den Unterricht ist schlichtweg nicht oder noch nicht ausgeprägt genug, um den Worten des pädagogischen Schweigefuchses ohne Tamtam Folge zu leisten.

Als geübtes Elternteil wissen *Sie* selbstverständlich ganz genau, was unser Lehrerbeispiel falsch gemacht hat. Das Androhen der Strafe jedenfalls war schon mal ganz passabel. Nur hätte er selbige eben durchsetzen müssen. Dafür jedoch ist er zu luschig, turnbeutelvergesserisch, warmherzig oder alles zugleich oder leidet am Gutmensch-Syndrom, jener pädagogischen Pestilenz, wonach man bei jedem Bissen Nahrung gefälligst auch an die armen Kinder in Afrika zu denken hat. Im Endeffekt ist er inkonsequent. Mit Inkonsequenz, um Lorenz Keller frei zu zitieren, ist alles für die Katz.

Menschen (in diesem Fall werden auch Kinder und Teenager als solche bezeichnet) können vieles, vor allem aber Mist bauen. Da zu viel Mist mit zunehmender Höhe zu müffeln anfängt, sollte man den Haufen gar nicht erst zu einem Haufen werden lassen, was nur durch konsequentes Verhalten möglich ist – durch Strafen. Noch vor wenigen Jahren hätten Eltern derart plärrende Kasperkinder wie Jule (Sie erinnern sich?) gesteinigt, geteert, gefedert und anschließend – mit vollem Recht! – in ein beliebiges Heim für schwer erziehbare Störenfriede gegeben, auch bekannt als Umerziehungsanstalt. Obwohl solche triftigen elterlichen Reaktionsweisen vollkommen gesetzeskonform waren und, soweit man es beurteilen kann, nach ethisch-moralischen Gesichtspunkten absolut kongruent mit allem, was gut und heilig ist, wird derjenige, der heutzutage in dieser Weise versucht, seinem Nachwuchs die Geheimnisse von »Reaktion erzeugt Gegenreaktion« nahezubringen, von Gesellschaft und Gesetzgeber schief angesehen. Trotzdem darf noch gestraft werden – und all denjenigen Eltern, die allein schon den Begriff »Strafe« als Synonym für »Prügeln« sehen, sei gesagt: Strafen funktionieren. Echt jetzt! Womit wir *Ihnen* nichts Neues erzählen. Wären Sie Kelvins Lehrer gewesen, hätten Sie dem Störenfried noch *vor* der ersten Verwarnung einen Kasten Kreide zum Verspeisen in die Hand gedrückt und mit Verweis auf die hungernden Kinder in Afrika freundlich darauf gedrungen, dass die Schulstunde erst endet, wenn der Kasten leer gefuttert ist und Kelvins Stimme an die eines mittelalterlichen Kastratensängers erinnert.

Konsequentes Verhalten (inklusive Strafe oder Tadel) hat nichts mit Diktatur zu tun. Diktatur bezeichnet Willkürherrschaft. Willkürherrschaft ist unpfiffig. Kinder checken das Prinzip nämlich nicht. Weil es keines gibt. Wenn auf die Frage »Muss ich wirklich das Klo putzen?« montags ein Ja, dienstags ein Nein und den Rest der Woche ein »Mir doch egal« oder »Musst du selbst entscheiden« oder »WC-Ente ist alle« kommt, weiß kein normales Kind mehr ein noch aus. Ein unnormales auch nicht. Und trotzdem arbeiten viele

Eltern nach genau dieser Maxime. Eigentlich haben sie klare Ideen davon, wie die Dinge zu laufen haben. Sie haben Prinzipien, was toll ist, was nur noch toller wäre, wenn man sich daranhalten und nicht nach dem Prinzip »Heute hü, morgen hott« verfahren würde.

»Versuchen Sie doch einmal, Jasmin bei der Mediennutzung klare Grenzen zu setzen«, erläutert der kluge Lehrer (ich) einem Vater, der sich voll und ganz bewusst ist, dass seine 14-jährige Tochter sich ohne Unterlass von WhatsApp, Instagram, Snapchat, Facebook etc. ablenken lässt und keine ruhige Minute zum Lernen findet.

»Ja, das haben wir schon alles versucht. Wir haben ihr sogar schon damit gedroht, dass wir das Handy konfiszieren, wenn sie ihre Aufgaben nicht ordentlich erledigt.« Man merkt schon jetzt, wie Papa sich windet.

»Und?«

»Na ja, Sie wissen ja, wie das ist.«

Der Punkt ist: Wenn Ihre strunzhohle Katze, die Sie wirklich lieben, fast so sehr wie Ihr Kind, zum Frühstück auf den gedeckten Tisch hüpft, sich schnurrend-schmatzend am Parmaschinkenimitat vergnügt und sich zwischendurch lapidar und leicht provozierend die Eier leckt, werden Sie doch auch nicht sagen »Na ja, die ist halt so«, sondern als Erstes entweder Hausschuh, Kaffeekanne oder Sittichkäfig nach dem Viech werfen. Keineswegs werden Sie sich vom »Ach, wie süß«-Charakter der Situation täuschen lassen. Werfen Sie also! Tun Sie nämlich nichts, wird das Vierbeinbiest demnächst auch beim Mittag- oder Abendessen mit an der Tafel sitzen und irgendwann seinen eigenen Teller verlangen. Versuchen Sie doch mal, im Umgang mit konsequent-inkonsequenten Eltern dieses Beispiel zu bringen. Wahrscheinlich werden die Leute dann nicken und zustimmen – und sich sowieso nicht daran halten.

SIE ALS ELTERN GEHÖREN DIESEM TYP AN, WENN ...

... Sie auf jede glasklare und präzise gestellte Ja/Nein-Frage Ihres Kindes mit »Vielleicht« oder »Mal gucken« oder ganz klassisch mit »Lalala« antworten und sich dann auch noch wundern, warum das Kind Ihnen irgendwann den Vogel zeigt.

... Sie auf altmodische Art und Weise darauf bestehen, dass der Teller Grießgrütze gefälligst aufgegessen wird (wegen Afrika und so ...), mit Hausarrest oder Internetentzug drohen, schon nach dem ersten kläglichen »Ich mag nicht mehr« allerdings Katze oder Goldfisch mit der breiigen Pampe in erotische Ekstase versetzen.

WAS SIE SO VON SICH GEBEN:

»Wir sind absolut konsequent als Eltern! Wenn Jule eine Tafel Schokolade haben will, muss sie die auch bis zum Ende essen! Außer natürlich, sie hat keinen Hunger mehr.«

»Und da haben wir dem Kelvin gesagt, er muss auf jeden Fall die Schachtel Kippen ganz zu Ende rauchen ...«

»Also, wir sind da immer sehr entschieden in unserer Erziehung, außer bei ... und es sei denn, wenn ..., und vorausgesetzt, dass ...« (Es folgen an dieser Stelle längere Listen, die allesamt als Beweis dienen für erzieherische Unfähigkeit.)

ALS LEHRER KÖNNEN SIE AM EHESTEN:

→ den besten Pädagogiktheoretiker der Welt zitieren, gleichbedeutend mit dem einzigen, von dem Sie schon mal etwas gehört haben, Lorenz Keller nämlich, und konsequentes Verhalten entsprechend des großen Praktikers als »imponierenden Ausfluß« definieren. (Was eventuell missverstanden werden könnte ...)

018

ALLESKÄUFER

WEIL NUR KONSUM DIE KINDER GLÜCKLICH MACHT!

Als gute Eltern wissen Sie zu unterscheiden zwischen »notwendig« und »überflüssig«. Notwendig ist zum Beispiel, entsprechend neuerer Forschungen, dass Kinder a) ein eigenes Zimmer haben, b) über ein eigenes Bett verfügen und c) hin und wieder Nahrung und Kosmetika bekommen, Letzteres allerdings nur, um aufgrund der ansonsten aufkeimenden Geruchsbelästigung keinen Stress mit dem Ordnungsamt oder den Nachbarn zu provozieren. Durchaus angebracht sind außerdem Sekundärnotwendigkeiten wie Liebe, Zuneigung oder hin und wieder mal ein mehr oder minder gequältes Lächeln gepaart eventuell mit einer Art Würgegriff, in der Pädagogik als Umarmung bekannt. Wissenschaftler glauben, dass gerade Zuneigung fast schon als Grundbedürfnis gilt, dem man sich als Eltern nicht verschließen sollte. Bewiesen jedoch ist all das noch lange nicht – vieles mag auch einfach nur akademischer Hokuspokus sein.

Heutzutage notwendig, da lässt sich nichts mehr dran deuteln oder wegmoralisieren, ist auch eine altersgerechte Multi-Media-Ausstattung, beginnend natürlich beim allseits beliebten Handy bis hin zu PC oder Laptop – allein für schulische Belange wird so ein

WIR WOLLEN UNSEREM KIND „GUTES TUN"!

Ding inzwischen immer wichtiger. Und ohne vernünftiges Smartphone wiederum, das wissen Eltern, die schon mal versucht haben, ihre Kinder davon zu befreien, setzt bei Kindern ein sofortiger Verwesungsprozess ein, gefolgt von ganz viel Modergeruch, nur zu stoppen mit sofortiger Erhöhung des Datenvolumens.

Überflüssig hingegen ist zusätzlich zu PC oder Laptop auch noch ein Tablet, am besten gleich zwei, monatlich ein neues und besseres und leistungsstärkeres und vor allem teureres Handy mit irgendwelchen Zusatzfunktionen, die ohnehin kein normaler Mensch je braucht – Ihr Kind allerdings schon, sowie Spielekonsolen, Plural!, in verschiedenen Farben für verschiedene Tage oder Stimmungen.

Nele will außerdem unbedingt ein Pony? Weil sie doch Pferdebücher so toll findet? Und die anderen Mädchen in der Klasse dann ziemlich neidisch und blöd gucken würden? Und Mama und Papa doch Ponys auch ganz prima toll finden? Ja, sei's drum. Dann wird halt eines gekauft. Und wenn »Pretty Princess«, wie der schwarze Ackergaul, übrigens männlich, liebevoll getauft wurde, aufgrund dauernden Im-Stall-Stehens-und-von-Nele-nicht-bewegt-Werdens (von Putzen ganz zu schweigen) nach spätestens drei Wochen so fett geworden ist wie ein überdimensionierter Doppelwhopper im Vergrößerungszerrspiegel und ohne fremde Hilfe nicht mehr imstande ist, sich im Stall umzudrehen, wird eben eine neue Prinzessin herangekarrt, selbstverständlich direkt von der Wiener Hofreitschule für höhere Töchter.

Vom Pony abgesehen braucht es nicht nur stets die neuesten und teuersten Markenklamotten, direkt importiert aus L.A., NYC oder Hoyerswerda, noch vor dem europäischen Verkaufsstart, sondern auch alles, was irgendwie auch nur entfernt nach »Wellness« klingt. Nele ist zwölf. Nele ist ein Mädchen. Nele hat ein Recht darauf, sich a) regelmäßig bei Maniküre, Pediküre oder Geschichtshaarentfernungsbehandlung zu entspannen und b) sich damit typischen Mädchenaktivitäten hinzugeben. Nele will nicht mehr zum Friseur, sondern zum Stylisten? Lara-Marie geht schließlich auch dorthin und ist mit ihrem neuen (Vorsicht: Wortspiel) »Pony« seitdem viel cooler und beliebter? Klar ist der verdammte Stylist teurer, sonst wäre er ja auch ein hundsgemeiner Hinterhoffriseur, aber Geld spielt keine Rolle: Was Nele will und braucht, bekommt Nele auch, allein schon, weil sich ihre Eltern dann besser fühlen.

Nele will die *Harry Potter*-Buchreihe? Cool! Auf Englisch? Na gut, warum nicht? Toll, dass Nele so interessiert ist. Ach so, sie will *Harry Potter* nur auf Englisch, weil Lara-Marie das Zeug auch im Regal stehen hat? Auch ohne jemals nur einen winzigen Blick auf die von klugen Lektoren im Buch integrierten Seiten zu werfen? Und eigentlich findet Nele den Zauberzausel sowieso ganz schön kacke? Egal – Nele will *Harry*. Nele kriegt *Harry*. Nele hätte außerdem Lust auf eine neue Tapete in ihrem Zimmer? Obwohl doch erst letztes Jahr dieses pinke Zeug an die Wand geklatscht wurde … aber genau dieses pinke Zeug ist nicht mehr gut genug. Die neue Trendfarbe ist Rosa. Sieht zwar de facto genauso aus, heißt aber anders, und soll fortan die neue Farbe der Saison sein. Lampen möchte sie auch, aber natürlich nicht den Billigschrott aus dem Baumarkt oder Möbeltrödelladen von nebenan. Irgendwas von irgendeiner Firma namens ArtDesign oder DesignArt oder ArtDesignStuffYouCan'tPay ist der absolute Mindestanspruch für Kinder wie Nele, die zwar keine Ahnung von Geld, dafür umso mehr von erhabenem Stil haben, oder auch nicht, sie wollen einfach nur: Haben! Besitzen! Meins-Nennen!

Warum bitte müssen es ausgerechnet schon wieder Turnschuhe von Nike sein? Und warum ausgerechnet (wie immer natürlich) das neueste und damit teurere Modell? Weil Nele bislang immer das neueste Modell hatte. Was die Dinger kosten, ist für sie uninteressant. Mama und Papa zahlen. Dass Mama und Papa dank Nele keinerlei private Vorsorge für die Rentenversicherung mehr leisten können und noch mit 70 die Einkaufswagen im Discounter zusammenschieben werden – für unser Kind tun wir alles, denken sich Neles Eltern und zahlen munter weiter. Was sollen sie auch sonst tun? Nele ist inzwischen auf brutalen Konsum gedrillt. Sie kennt es einfach nicht, nicht zu bekommen, was sie will. So gesehen ist Nele keinerlei Vorwurf zu machen. Sie einfach als »verwöhnte Rotzgöre« zu bezeichnen hilft nicht weiter und ist ungerecht. Ihre Eltern hingegen als Trottel zu klassifizieren ist zwar richtig, bringt uns aber auch nicht nach vorn.

Was soll diese Verwöhnerei mit Konsumgütern und Luxusartikeln und Wellnessgedöns? Eltern, die meisten zumindest, wollen ihrem Kind Gutes tun. Damit liegen sie im Trend, denn inzwischen ist eine Mehrheit von Eltern der Ansicht, dass »Gutes tun« der Entwicklung des Kindes, im Wesentlichen zumindest, durchaus förderlich ist. Eltern wollen manchmal auch, dass ihr eigenes Kind »mehr« hat als andere Kinder, und sei es auch nur, um den Eltern dieser anderen Kinder zu verdeutlichen: *»Schaut her, was wir unseren Kindern ermöglichen, ihr aber nicht, ihr erbärmlichen Geiznasen! Wir lieben unser Kind viel mehr!«*

Haben Sie solche Eltern schon kennengelernt? Solche, die sich regelrecht damit brüsten, ihrem Nachwuchs stets das beste und teuerste und neueste und wahrscheinlich überflüssigste Gedöns der Welt zu kaufen?

»Wir haben für Hendrik eine ganz neue Spielzeugeisenbahn gekauft, natürlich gleich das Modell Deluxe, mit allem Drum und Dran und sogar solarbetrieben das Ganze und mit über der Landschaft schwebenden Zeppelinen auf echt preußischer Handarbeit mit Güte- und Qualitätssiegel.«

»Das muss aber teuer gewesen sein, oder?« (Auf diese Frage hat man nur gewartet …)

»Sicherlich, aber die paar Euro ist uns unser Sohn schon wert. Ist das bei Ihnen etwa anders?«

»Wir achten halt beim Kauf von Spielzeug darauf, ob er wirklich etwas damit anfangen kann. Meistens steht das Zeug nach einigen Wochen eh wieder nutzlos in der Ecke und staubt vor sich hin.« (Korrekt!) *Dafür ist uns das ganze Geld dann doch zu schade.«*

»Das stimmt natürlich. Aber wenn er wirklich etwas will, hat man als Eltern doch gar keine andere Wahl …«

Um es kurz zu machen: Hat man sehr wohl! Einfach mal nicht kaufen würde schon eine ganze Menge helfen, sowohl dem Kontostand wie auch Neles oder Hendriks Entwicklungsprozess. Ein großer Vorteil von Kindern ist ja, dass man sie herrlich verarschen kann, und bis sie irgendwann groß genug sind, die Sachlage zu peilen, ist man selbst entweder längst weggelaufen oder unter der Erde. Einfach jeden erwünschten Mumpitz käuflich zu erwerben und sich somit ein klein wenig a) Liebe und b) Ruhe zu erkaufen, führt in der Tat dazu, dass das Kind im wahren Leben – bestehend aus Ellenbogengesellschaft und Leistungsdruck – gar nicht mehr zurechtkommt. Ein Konsumkind wie Nele wird sich irgendwann, wenn die Schulzeit zu Ende ist und sie eine Ausbildung aufnimmt, oder natürlich ein Frauen-und-Geschlechterfragen-Studium, damit auseinandersetzen müssen, wie das denn alles läuft mit diesem sogenannten Geld; dass es sich dabei um eine Art Zahlungsmittel handelt, ist ihr schon als Teenager klar geworden, und dass dieses Zahlungsmittel ausschließlich von Mama und Papa bereitgestellt wird, ebenfalls. Was aber, wenn Mama und Papa sich irgendwann (weil sie vielleicht einen Ratgeber zum Thema »Finanziell unabhängiges Leben ohne Blutsauger – ein Selbstversuch« gelesen haben) eines Besseren besinnen und den wenig zinsträchtigen und zukunftsorientierten Money-Transfer einstellen? Was dann? Dem Straßenstrich beitreten? In einer Currywurst-Bude als Majo-Beraterin anheuern? Oder sich einen Sugar-Daddy suchen, der fortan Porsche und Penthouse finanziert? Kurzum: Nele ist ganz schön arm dran!

Nichts gegen Verwöhnen – Kinder brauchen das! Wenn Mama und Papa an dieser Stelle zu wenig leisten, oder sich leisten können, wird sich ein schlaues Kind an Oma und Opa wenden. Auch okay. Ebenfalls ist es völlig in Ordnung, sofern finanziell möglich, hin und wieder etwas »springen« zu lassen, sofern es sich nicht um kompletten Humbug handelt. Andererseits, wenn man sein Kind zu sehr verwöhnt, ist es unsagbar schwer, immer alles richtig zu machen. Der folgende Dialog fand in der Oberstufe eines Gymnasiums statt, ist absolut real und ein gutes Beispiel – zum Kopfschütteln.

Lehrer: »Warum weinst du denn? Alles okay?«

Elke: »Ich hab heute Geburtstag.«

Lehrer: »Oh! Ist doch super. Herzlichen Glückwunsch und alles Gute für dich. Aber das ist noch keine Antwort …«

Elke: »Meine Eltern haben mir ein Auto geschenkt. Ich bin doch jetzt 18 …«

Lehrer: »Wow! Ein Auto? Da solltest du dich aber wirklich freuen, so was ist ja nicht selbstverständlich.«

Elke: »Ist ein Golf Cabrio.«

Lehrer: Den hätte ich auch gern. (Wer sich mal den Parkplatz einer Schule angesehen hat, weiß: Lehrer sind chronisch pleite, leben unter Brücken und kommen morgens zu Fuß oder mit der Polizei zur Arbeit)

Elke: »Ich wollte aber 'nen BMW.«

Was hätten Sie an dieser Stelle gesagt als vernunftbegabtes Elternteil? Oder getan? Ihr direkt eine gescheuert? Was wie eine angemessene Reaktion klingt, die bei den ebenfalls anwesenden und nicht ganz so verwöhnten Schülern durchaus auf Akzeptanz gestoßen wäre, trifft eigentlich die Falsche. Wie gesagt: Elke weiß es nicht besser. Als Übeltäter sind ihre Eltern auszumachen.

Davon abgesehen – Elke ist vielleicht verwöhnt und entwickelt sich immer mehr zur anstrengenden konsumgeilen Prosecco-Schnepfe, aber dumm und hohl ist sie deswegen noch lange nicht: Wer, mal ganz ernsthaft, möchte denn bitte schön einen Golf, wenn er auch einen BWM haben könnte?

Eben!

SIE ALS ELTERN GEHÖREN DIESEM TYP AN, WENN ...

... Sie all die tausend Milliarden Sachen, die im Kinderzimmer stehen, wirklich und wahrhaftig als absolut notwendig erachten.

... Haus, Haustier, Auto, Lebensversicherung und Kühlschrankinhalt längst der Bank gehören, Sie Ihrem Kind aber dennoch eine Visa-Karte spendieren.

... Sie den Weihnachtswunschzettel Ihrer Kinder allen Ernstes Punkt für Punkt abarbeiten.

WAS SIE SO VON SICH GEBEN:

»Natürlich ist so ein BMW vielleicht ein wenig happig. Aber Tobias macht schließlich nicht jeden Tag Abitur, und dann auch noch mit einem echt tollen Vierer-Durchschnitt ...«

»Unsere Tochter ist nicht verwöhnt, sondern wohlfühlorientiert.«

»Ach, bei Ihnen gibt's wohl nie Sahne zum Eis dazu, wa?«

ALS LEHRER KÖNNEN SIE AM EHESTEN:

→ die Eltern zu einem volkswissenschaftlichen Seminar zum Thema »Wie man sein Geld vermehrt – oder verplempert« einladen und den Referenten im Vorfeld bitten, Neles oder Elkes oder Hendriks Eltern als Anschauungsobjekte für »dummdreiste und törichte Zahlungsmittelvernichtung« zu benutzen.

→ mit süßem Hundeblick und leichtem Bettelton darauf hinweisen, dass Ihr Auto schon seit Monaten keinen TÜV mehr hat und SIE durchaus auch mit einem Golf zufrieden wären ... Cabrio wäre nett ...

019

VERWEICHLICHER

WEIL »SENSIBEL« DAS NEUE »STRENG« IST!

Da machen Sie sich also zusammen, doof wie Sie eben sind, mit Ihren Kindern und einer befreundeten Familie und wiederum deren Kindern auf zu einem Fahrradausflug. Womit Sie schon den ersten Fehler begangen haben. Merke: Mache nie etwas mit Leuten, die auch Kinder haben!

Der zweite Fehler ist natürlich, dass Sie als Proviant Wurst- und Käsebrote sowie verschiedene Fruchtsäfte mitgenommen haben. Bereits hier zeigt sich Ihre erzieherische Unzulänglichkeit. Haben Sie denn nicht bedacht, dass Kilian und Katharina-Miley weder Wurst noch Käse noch weißes Brot zu sich nehmen? Nicht aufgrund irgendeiner besonderen Ernährungsweise, sondern weil sie weder Wurst noch Käse noch weißes Brot vertragen. Sagen zumindest ihre Eltern. Und dann erst der Orangensaft. Zwar mögen Ihre eigenen Kinder damit kein Problem haben, aber Kilian und Katharina-Miley (Letztere liebevoll »Katze« genannt, wahrscheinlich aufgrund ihrer angefutterten 120 Kilogramm und den damit einhergehenden katzenhaft-elfengleichen motorischen Kompetenzen) verfügen über einen weitaus diffizileren Verdauungsapparat als normale Heranwachsende und bekommen von frisch gepresstem Saft selbstverständlich Sodbrennen verbunden mit Durchfall und gleichzeitiger Verstopfung. Hätten Sie Saft aus Konzentrat gekauft,

ALLES IST GEFÄHRLICH!
BIO
NOTFALL-BOX

wäre alles gut gewesen, aber Sie mussten natürlich angeben mit ihrer frischen Plörre und dem Extra an Vitaminen, richtig?

Spätestens nach der ersten Pause haben Sie die Schnauze voll, was an K & K & Parents, gegebenenfalls auch am ersten von mindestens 20 Regenschauern liegen könnte, die trotz Wetterbericht (viel Sonne mit leichter Bevölkerung) die Landschaft und ihre Laune verflüssigen. Aber das dicke Ende kommt erst noch: Während der zweiten Pause geht es um Leben und Tod! Kilian, acht Jahre alt und nicht das hellste Licht am Baum, rennt wie ein Eichhörnchen auf Steroiden um den Stamm einer deutschen Eiche herum, freut sich, dideldum, lacht und kreischt, so wie es wohl jedem Menschen ergeht, der um einen Baumstamm latscht. Dann aber ein Schrei, gefolgt von »Mama«-Gebrüll gefolgt von »Bäh« und »Igitt.« Oje. Eine Leiche entdeckt? Mit Schwesterchen zusammengestoßen? Mit den Patschern in ein Bienennest gegriffen und den dortigen Hausfrieden gestört? Nein, zumindest Letzteres würde nicht das Igitt erklären. Vielleicht in Hundeexkremente getreten? Öffentliche Parks sind schließlich voll davon. Oder hatte sich der sympathische Schlaffi mit einer schleimig-glitschig-scheußlichen Nacktschnecke angelegt und in der nachfolgenden IQ-Challenge nicht bestehen können? Weder noch. Tatsache ist nämlich: Es ist noch schlimmer, als es sich anhört, viel schlimmer und ganz bestimmt nicht ohne Dramatik.

Der Baumstamm war nämlich – und hier zeigt sich, mit wie vielen gefährlichen Tricks und Hinterhalten die Natur, jenes Gegenprodukt zur Zivilisation, eigentlich arbeitet – auf einer Seite tatsächlich mit einem ominösen grünen Belag überwachsen – mit Moos. Nicht mit Glibber und Schleim oder Katzenfutter, sondern ganz lapidar mit Moos, Gottes erstem und gescheitertem Versuch, Gras herzustellen, welches sich, als kleiner Tipp für den kulinarisch interessierten Leser, prima auch zum Backen eignet, als Ersatzmaterial für Mehl oder Eier. Besagtes Baummoos (wobei es sich biologisch korrekt eigentlich um eine Flechte handelt) treibt Kilian jedenfalls

Tränen des Ekels in die Augen. Er ist aufgewühlt, verängstigt, fast schon hysterisch. Man möchte die kleine Megamemme eigentlich auslachen und ordnungsgemäß verspotten, doch seine erklärende Aussage relativiert die Sache und zeigt, dass wir nicht voreilig unsere Schlüsse ziehen sollten. Kilian ist, Zitat, »allergisch gegen Moos«.

Mama und Papa nicken, und »Katze« hat Lust auf Pistazientorte mit Sahne. »*Wenn er mit Moos in Kontakt tritt, bekommt er sofort Ausschlag auf Händen und Armen*«, erläutert Mama, und Papa nickt allwissend. »*Wir haben ihm beigebracht, in der freien Natur gut aufzupassen, damit so was nicht passiert*«, erläutert Mama, und Papa nickt. »*Wer weiß*«, flüstert Papa dann doch noch, um zu zeigen, dass er geistig präsent ist, »*so was kann auch schnell mal ins Auge gehen.*«

O ja. Oha. Kann es. Wer hat schließlich noch nicht davon gehört, dass eine Moosallergie auf direktem Weg – ohne Zwischenstopp in der Notaufnahme – ins Krematorium führt? Eben!

Im Verlauf des restlichen Tages findet man weitere bedeutsame gesundheitliche Einschränkungen heraus, zum Beispiel, dass Kilian außerdem gegen Hülsenfrüchte, Südfrüchte, Bratwürste, weißes Brot (siehe oben) und Hausaufgaben allergisch ist, »Katze« wiederum Magenbeschwerden bekommt, wenn sie zu viel rohes Gemüse isst. Kein Wunder – ihren Körper verlangt es nach Torte, und zwar ausschließlich!

Was nun tun mit Kilian? Es kann schließlich nicht sein, dass er sein ganzes Leben lang vor den Gefahren des bösartigen Baummooses davonläuft. Ja, berichten die Eltern, man habe auch schon über eine Desensibilisierungstherapie nachgedacht und hätte bereits mit einigen Ärzten konferiert, aber momentan würde in diesem Bereich leider nichts angeboten. Die Medizin kümmere sich eindeutig zu wenig um solch seltene ernste Krankheiten. Aber sobald es um Krebs und Aids geht, sprudeln natürlich die Forschungsgelder; Moosallergie hingegen ist offenbar eine Gossenkrankheit, nicht wert genug, genauer untersucht zu werden. Der arme, arme Junge. Nur Gott kann sagen, was passiert, wenn Kilian irgendwann auf einen dieser überall herumflatternden und seuchenbringenden Schmetterlinge trifft. Würde allein der Anblick nicht zu Atemstillstand und damit ins Abseits des Lebens führen? Viele Eltern, also diejenigen, die relativ normal sind, machen sich überhaupt keine Gedanken um die Gefahren für Leib und Leben, denen Kinder tagtäglich ausgesetzt sind! Vor allem natürlich am most dangerous place ever – der Schule!

»Sehr geehrte Frau Meyerhoff, aufgrund der dauerhaft schlechten Ergebnisse in den schriftlichen Lernkontrollen fühlt sich Ellen seit geraumer Zeit nicht mehr wohl in Ihrem Unterricht. Unter dem letzten Test fanden wir nun sogar die Worte ›Hättest du die Aufgaben 74–76 im Buch auf Seite 102 erledigt (Lösungsblatt lag bei!), wäre dieser Test bestimmt besser geworden‹. Natürlich fühlt sich Ellen nun von Ihnen gedemütigt. Wir haben zwar bereits einen Termin mit der Schulpsychologin vereinbart und hoffen, dass sich Ellens Gemütslage durch das anstehende Gespräch wieder verbessert, aber selbstverständlich werden Ihre brüsken Verhaltensweisen unserer Tochter gegenüber nicht ohne Folgen bleiben.«

Herrje! Da hatte die Frau Meyerhoff, offenbar eine Nachfahrin bösartiger rumänischer Vampirhexenbestien, alle Register diktatorischer Erziehung gezogen. Erschreckend, dass solche Leute allen Ernstes mit Kindern arbeiten dürfen. Tatsache ist: Die genannten Aufgaben (mit Lösungsblatt!) hätten einfach nur erledigt werden müssen. Dann wäre der Test erfolgreich(er) verlaufen. Dann wäre Ellen glücklich gewesen. Und nicht gedemütigt, erniedrigt, beschämt, gekränkt, heruntergeputzt, niedergemetzelt wie ein männliches Küken in der Eierfabrik. Unerquickliche Tatsache ist auch: Die Lehrkraft wirft hier, schriftlich und damit distanziert, mit brutalen und derben Worten um sich, die keineswegs im Einklang mit modernen Erziehungsmethoden stehen. Logisch also, dass Ellens Eltern psychotherapeutischen Handlungsbedarf sehen. Wie sonst soll das Mädchen mit der Schmach umgehen, von ihrer Lehrerin dermaßen niedergemacht worden zu sein?

Kilian und Ellen beweisen mit grandioser Klarheit, dass sich die Welt offenbar in einen Hühnerstall voller emotional und gesundheitlich destabilisierter Sensibelchen zu verwandeln droht – was sich auf Eltern und Kinder gleichermaßen bezieht. Es ist stark davon auszugehen, dass Kilian *nicht* gegen Moos allergisch ist. Auch ist es völlig unmöglich, dass sich Ellen in irgendeiner Weise gedemütigt fühlt – es sei denn natürlich, in ihrer Familie ist es Usus, aus Mücken eben Fliegen zu machen, aus Maulwurfskötteln eben Bergmassive.

Natürlich darf Henry nicht einfach ohne Jacke nach draußen, auch nicht im Sommer. Er könnte sich eine Erkältung holen. Erkältungen, Mediziner können ein Lied davon singen, führen immer zum Klimax von Fieber, Lungenentzündung, Tod.

Mareike ist es strengstens untersagt, mit Hunden in Kontakt zu kommen. Allein der Anblick von Weitem würde sie nämlich verstören. Sagen Mareikes Eltern. Also glaubt Mareike es inzwischen selbst. Nein, Mareike ist weder jemals von einem Hund gebissen worden, noch hat sie eine Hundeallergie. Der Punkt ist aber: Sie KÖNNTE eine haben! Sicherheit geht hier vor Übermut! Experten wissen schließlich schon längst, dass allein das theoretische Vorhandensein einer Krankheit die Entstehung derselben begünstigt und im Endeffekt lange Nächte auf der Intensivstation mit sich bringt.

Paul aus der 6e muss in Behandlung, weil er sich mit einem Honk aus der Parallelklasse geprügelt hat … Ihm ist körperlich außer einem blauen Fleck auf dem Oberschenkel nichts Schlimmes passiert. Trotzdem ist die Behandlung eine Notwendigkeit: Zuerst ins Krankenhaus – es könnte ja doch etwas gebrochen sein … Und dann diese Ärzte … nicht einmal ein Röntgenbild machen sie. Sagt dieser freche Arzt doch tatsächlich: »Ihm tut nichts weh, also ist auch nichts gebrochen.« – So jemand gehört angezeigt! Noch nie vom hippokratischen Eid gehört? Ist die Sondierung körperlicher Beschwerden abgeschlossen, braucht es auf jeden Fall, siehe Ellen, auch für Paulmann einen Therapeuten. Er hat den Kampf schließlich schändlich verloren, und als Eltern weiß man nie, was so eine Niederlage mit einem Kind eigentlich anrichtet ... Da schadet es also nichts, ihn zusätzlich mithilfe einer bachblütengestützten Aromatherapie wiederaufzurichten.

Wie jemand wie Paul jemals durchs Leben kommen will, und zwar einigermaßen erfolgreich, ist jedem Beobachter völlig schleierhaft. Noch nebulöser ist nur, welchen Sinn seine Eltern darin sehen, ihn konsequent Richtung Verweichlichung zu treiben. Weil die Eltern selbst verweichlicht sind und/ oder an einer Moosallergie leiden, die es schlichtweg nicht gibt? Natürlich handelt es sich hier wieder einmal um helikopterartige Überverwöhnungsverhütung von Menschen, denen es scheinbar viel zu gut geht.

Zu Beginn des 20. Jahrhunderts starben im damaligen Deutschen Reich noch um die 400.000 Kinder und Säuglinge, jährlich. Schaffte man es durch die ersten Jahre, stand für Familien vor allem aus der Arbeiterschaft die Frage nach dem reinen Überleben im Vordergrund – Wohnung und Nahrung galt das Hauptaugenmerk. Kein vernünftiger Vater hätte sich allen Ernstes gefragt, ob seine Kinder (immer im Plural) weißes Brot vertragen oder ob man doch lieber zu dem dunklen Dinkelgebäck greifen sollte. Hauptsache, es gab überhaupt Brot, ganz egal, welche Farbe und welche Inhaltsstoffe es hatte. Brot hatte exakt eine einzige Aufgabe: satt machen. Gleichsam gab es nie, absolut nimmer, irgendeinen Grund, sein Kind zu einer psychosozialen Gesprächssitzung zu schicken. Erstens, weil es so was praktisch gar nicht gab. Zweitens, weil die Kinder aufgrund ihrer Arbeit in Fabriken und Kohlezechen überhaupt keine Zeit dafür gehabt hätten. Drittens, weil Kinder, mit deren Lebensumständen es nicht zum Besten stand, genau wie ihre Eltern vor allem ein Dach über den Kopf wollten sowie hin und wieder auf dem Bolzplatz den Ball dreschen, essen und trinken und die eine oder andere elterliche Streicheleinheit.

Eltern und Kinder hatten schlicht und ergreifend andere, elementarere Probleme, als sich um die etwaige Möglichkeit einer theoretisch vorhandenen Hundehaarallergie überhaupt nur Gedanken zu machen. Sie wären nicht einmal auf den Gedanken gekommen, sich darüber Gedanken zu machen. In unserer modernen Wohlstands- und Wohlfühlgesellschaft reicht es nicht, dass die 14-jährige Caroline ein eigenes Bett hat: Viel entscheidender ist die Matratze: Sie muss rückenfreundlich sein, am besten bestehend aus druckentlastenden Materialien (Caroline steht nämlich schulisch und emotional sehr, sehr, sehr unter Druck und hat deshalb manchmal Schmerzen im Lendenbereich), weswegen es sich auch unbedingt um eine Komfortschaummatratze handeln muss; atmungsaktiv ist ebenfalls zwingend notwendig (da sie sehr anstrengende Tage hat, schwitzt Caroline nachts nämlich besonders viel), und natürlich, aber das bedarf eigentlich keiner Erwähnung, braucht es eine Ausführung speziell für Allergikerinnen mit Hang zum Veganismus.

Dass Carolines Eltern ihr etwas Gutes tun wollen, ist nicht das Problem. Dass Sie Caroline aber eintrichtern, all diese Dinge wirklich und wahrhaftig zu benötigen, um gesund zu bleiben, ist das eigentlich fatale Element. Caroline wird, genau wie Ellen, genau wie Kilian, in ihrer von luftigen Wattebäuschen gefärbten rosaroten Kuschelpädagogikwelt – bei allem Respekt vor elterlicher Mühe – das bleiben, wozu sie oder er erzogen wurde: ein verweichlichter, dauerjammernder Mensch mit Luxusallüren ohne Widerstandskraft.

Was übrigens »Katze« angeht: Sie hat, allen Befürchtungen zum Trotze, keine Sahneallergie entwickelt und federt somit auch weiterhin grazil durch moosbewachsene Eichenwälder.

SIE ALS ELTERN GEHÖREN DIESEM TYP AN, WENN ...

... Sie die Klassenfahrt Ihrer Teeniekinder aufgrund des geplanten Museumsbesuches boykottieren. Immerhin werden dort griechische Götterstatuen zur Schau gestellt, inklusive ihrer deutlich sichtbaren, gewaltigen Marmorpimmel. Viel zu verstörend für jugendliche Seelen!

… Sie darauf bestehen, dass Ihre Kinder nach jedem Essen (wobei die Zutaten dafür natürlich aus dem Reformhaus kommen) noch mindestens eine Handvoll Nahrungsergänzungsmittelchen zu sich nehmen. Man weiß schließlich nie, ob normale Nahrung den Körper wirklich mit allen wichtigen Vitaminen versorgt…

WAS SIE SO VON SICH GEBEN:

»Da hat doch dieser Lehrer zum Jonas gesagt, er wäre stinkend faul. Muss man sich mal vorstellen. Klar, dass der Junge am Boden zerstört ist …«

»Machen Sie sich denn keine Sorgen, wenn die Kinder im Garten spielen? Man weiß ja nie, welcher Käfer bösartige Viren in sich trägt … Aber bitte, müssen Sie natürlich selbst wissen …«

»Ach, und Ihre Tochter hat also nach dem Betrachten von Marmorpimmeln keine Albträume? Wer's glaubt …«

ALS LEHRER KÖNNEN SIE AM EHESTEN:

→ darauf hinweisen, dass Ihnen ihr orientalischer Aqua-Therapeut (staatlich lizenziert und nur original mit ätherischen Ölen) geraten hat, anstrengende Dauerjammer-Psycho-Laber-Eltern direkt wieder vor die Tür zu setzen (an dieser Stelle um Verständnis bitten)

→ sich ganz bewusst mal dahin gehend selbst hinterfragen, ob Sie nicht viel zu kritisch sind gegenüber all den mimosenhaften Moos- und Rasenallergikern. Vielleicht, weil Sie selbst schon längst dazugehören und es sich einfach nur nicht eingestehen wollen?

WIR HABEN EINEN KLAREN KOMPASS! GUT IST, WAS SINN UND INHALTLICHE TIEFE HAT UND SCHWIERIG IST. ALLES ANDERE IST EKLATANTE VERSCHWENDUNG WERTVOLLER LEBENSZEIT.

020

RAUBKATZEN

WEIL SIE AUSSER SCHNURREN AUCH NOCH BEISSEN KÖNNEN

Tiger sind, wie jedermann weiß, mittelalterliche Wesen, die immer dann gejagt wurden, wenn wieder mal ein dümmlicher Prinz irgendwie vor seiner Prinzessin angeben musste und kein böser Magier oder eine hässliche Hexe in der Nähe war. Es mag sich bei diesen zu jagenden Kreaturen allerdings, die Quellenlage ist hier ziemlich vage, auch um Drachen gehandelt haben. Weiß man nicht genau. Auf jeden Fall sind Tiger, ob nun mittelalterlich oder nicht, auf Menschen schlecht zu sprechen, was damit zu tun haben könnte, dass gewissenlose Rosettenwichser a) sie noch immer brutal abschlachten und b) ihnen jeglichen Lebensraum wegnehmen. Altbekannte Tatsachen.

Dass aber inzwischen sogar Menschen als Tiger bezeichnet werden, ist relativ neu, und dies führt uns direkt zu Amy Chua, chinesisch-amerikanische Juraprofessorin, also fast schon als basisgebildet zu bezeichnen, verheiratet mit einem Juristen und Bestsellerautor, und Mutter von zwei Töchtern, Sophia und Louisa. Diese beiden Mädels machte sie zum Thema ihres schon 2011 erschienenen Buches *Battle Hymn of the Tiger Mother*, oder, auf Deutsch, wie gehabt mit verändertem Titel für diejenigen, die zu blöd sind für

Elementarenglisch, *Die Mutter des Erfolgs: Wie ich meinen Kindern das Siegen beibrachte*, nicht zu verwechseln mit den leider noch unveröffentlichten Werken von zu Recht unbekannten Autoren *Wie ich meinem Kindern das Fliegen beibrachte: Eine Hochhaus-Reportage* bzw. der als Kurznovelle angelegten epischen Erzählung mit lyrischen Einschüben »Diätwahn: Wie ich meinen Kindern das Wiegen beibrachte«.

Chuas Buch wurde ein Bestseller (Auch Sie, liebe Leser, sind Eltern! Wandeln Sie also Ihre Erfahrungen mit den Rotzlöffeln in bare Münze um und zögern Sie nicht, Ihre Kinder auf literarischem Wege bodenlos zu blamieren!), und wie immer, wenn jemand irgendetwas auch nur ansatzweise Kontroverses über Kindererziehung schreibt, führte es landauf, landab zu lebhaften Debatten.

Viele Eltern jedenfalls können mit Chuas Methoden gar nichts anfangen, andere wiederum bekommen gar nicht genug davon. Ihre drangsalierten Töchter jedenfalls durften nie Freunde mit nach Hause bringen (was unglaublich hilft, das Haus sauber zu behalten), nie bei Freunden übernachten (so muss man diese Freunde auch nicht bei sich übernachten lassen), und das selbstständige Aussuchen eigener Hobbys stand auch nie zur Debatte, wäre ja wohl noch schöner, und trotzdem haben sich beide Mädchen (zumindest bislang) nicht in drogenabhängige Straßendirnen verwandelt. Sophia konnte mit 18 Monaten das Alphabet. Fairerweise sei gesagt: Normale Kinder können sich zu diesem Zeitpunkt auch schon verbal verständigen, allerdings lediglich durch Grunzlaute. Als andere Kinder noch die Zahlen von 1 bis 10 lernten, verfügten Chuas Töchter über Kenntnisse der vier Grundrechenarten, inklusive der Dezimalzahlen. Als Sophia drei war, las sie Sartre. Ob sie Sartre *verstand*, spielt dabei erst einmal keine Rolle! Hobbys waren, anders als Chuas Kritiker immer wieder einwenden, zu keiner Zeit verboten, nur wurden sie eben von der Mutter festgelegt. Die weiß schließlich am besten, was ihre Kinder zu mögen haben. Sie legte sich, da klassische Musik gerne mal als sinnvolle Antwort auf

Trägheit und Verwöhntheit gesehen wird, auf Klavier fest. Besser jedenfalls als Panflöte (führt höchstens zu einer Karriere in der Fußgängerzone) oder die stets etwas überschätzte Triangel (führt zu überhaupt keiner Karriere).

Eltern, die Chuas Ideen übernehmen und danach vorgehen wollen, und davon gibt es inzwischen so einige, müssen eine wichtige Kleinigkeit bedenken: Die im westlichen Kulturkreis übliche Praxis nämlich, wonach Kinder ihren eigenen Weg gehen sollen, hält Tiger Mum Amy für Kokolores und romantischen Unfug. Kinder, dämlich, wie sie eben sind, wissen nicht, was ihr Weg ist, und selbst wenn sie es wüssten, würden sie ihn nicht finden. Also muss man es ihnen zeigen. Elternjob eben! Auch typisch »westliche« Bemerkungen dem Kind gegenüber im Sinne von »Du bist perfekt, so wie du bist« oder »Du musst nicht gewinnen, ich liebe dich trotzdem« sind nicht in Chuas Sinne. Ihre Philosophie geht in eine radikalere Richtung: Hohe Erwartungen verbunden mit dem Gedanken, dass Kinder nur dann Spaß an etwas haben, zum Beispiel am Klavierspielen, wenn sie es wirklich bis ins kleinste Detail perfekt beherrschen. Es wird also geübt, bis die Finger abfallen, ohne Rücksicht auf physische (Toilette? Sobald du das Stück draufhast, darfst du gerne gehen) oder psychische (Ich bin emotional überfordert, Mama) Befindlichkeiten.

Wenn Ihre eigene Tochter in einer Chemiearbeit eine 1– nach Hause bringt, würden Sie sich als vernünftige Eltern einen Elefanten freuen und sie loben, richtig? Toll gemacht. Super. Wir sind richtig stolz auf dich. Du bist ja doch nicht so nutzlos, wie wir dachten. Etc. Etc.

Ist Ihr Sohn beim Vorlesewettbewerb der sechsten Klassen zweiter Sieger von immerhin über 100 Teilnehmern, wären Sie doch sicherlich ziemlich happy und würden jedem Menschen, der Ihnen in den nächsten Wochen über den Weg läuft, freudestrahlend von der Großtat des Lesekünstlers berichten, korrekt? Ach, wir haben es immer gewusst! Er hat zwar keine Ahnung von

Bruchrechnen, aber in Lesen ist er unschlagbar. Schade, dass es nur eine Urkunde und keinen Pokal für ihn gab … Freu! Umarm! Liebhab! Stolzsein!

Amy Chuas Anhänger würden nichts dergleichen tun, sondern gepflegt nach Luft schnappen und fragen, wie die Kinder überhaupt solche Katastrophenleistungen abliefern konnten.

Eine 1– mag schön und gut und für viele Kinder das Highlight ihres chemischen Lebens sein, ist aber, auch bei wohlwollender Auslegung der Notenstufen, eben keine 1+.

Zweiter Sieger? Eine Gazelle, die gerade vom Tiger in handliche Stückchen gerissen wurde, ist doch auch nicht zweiter Sieger. Sondern tot. Wer bitte kennt den zweiten Mann auf dem Mond? Noch nicht einmal der erste Mann auf dem Mond erinnert sich an den zweiten, obwohl der Typ in der Raumkapsel direkt neben ihm saß.

Urkunde? Pokal? Wofür denn bloß? Als Gegenstände, die dauernd nur daran erinnern, wie schändlich man eigentlich versagt hat? Und was heißt hier »Im Lesen unschlagbar«? Er ist doch geschlagen worden – von jemandem, der besser war. Genau dies ist die Person, die man zukünftig als Maßstab nehmen sollte.

Beste Ergebnisse erreicht man nur, wenn man wirklich sein Bestes gibt, und dafür muss man sich notfalls den Hintern platt sitzen und das Hirn dermaßen quälen, das es quasi von allein Höchstleistungen vollbringt. Ohne von den Eltern verordneten militärischen Drill läuft dabei gar nichts. Fragen Sie doch mal einen beliebigen Teenager, ob er, wenn er die Wahl hätte, lieber eine Stunde lang komplexe mathematische Gleichungen lösen oder sich eine Runde *World of Warcraft* reinpfeifen würde. Die Antwort brauchen wir nicht abzuwarten, sie ist eindeutig, außer bei kompletten Nerd-Freak-Kindern – deshalb sehen es Mütter wie Tiger Mum als ihre Pflicht an, tagtäglich die Peitsche zu schwingen.

Und was ist mit den typischen Ablenkungen, die Kinder so dringend brauchen? Fernsehen? Social Media? Knutschen und sonstige Drogen?

Amy Chua würde sich totlachen.

Im Schultheater mitspielen? Nette Sache, aber nicht zielführend. Was soll dabei herauskommen?

Stricken, Häkeln, Sticken? Schön und gut, aber wozu soll das gut sein?

Tigereltern haben einen klaren Kompass. Gut ist, was Sinn und inhaltliche Tiefe hat und schwierig ist, wie zum Beispiel Musizieren oder Mathematik. Alles andere ist eklatante Verschwendung wertvoller Lebenszeit. Tigereltern setzen auf Härte. Härte führt zum Erfolg. Erfolg führt zum Glücklichsein. Um also glücklich zu werden, braucht es Auswendiglernen und Pauken, bis der Arzt kommt.

Eltern, die ihren Kindern bei schulischen Misserfolgen zärtlich mitteilen, dass Zensuren nicht alles sind, sind romantische Irre und Naivlinge, erzieherisch fehlgeleitet, weil sie die falschen Fragen stellen: Lernen soll Spaß machen? Kinder müssen mitbestimmen können? Kinder haben das Recht, sich selbst zu entfalten?

Amy Chua würde wahrscheinlich mit einem einzigen Wort kontern: Wozu?

All das heißt nicht, dass Tigereltern ihre Kinder nicht lieben – sie lieben es dabei insbesondere, das wahre und noch unentdeckte Potenzial ihrer Kinder herauszukitzeln. Wenn es dabei nicht anders geht, und es geht normalerweise nie anders, mit Zwang und Rigorosität. Kindern wie Lulu oder Sophia wird viel abverlangt von ihren Eltern, und doch darf all dieses knallharte Fordern und Arschtreten und Antreiben nicht mit Kaltherzigkeit oder gar Terrorherrschaft gleichgesetzt werden. Asiatisch geprägte Pädagogik ist, auch wenn unser Bild anders geprägt sein sollte, nicht zwingend gleichzusetzen mit der Erschaffung seelenloser, gleichgeschalteter Roboter, die 18 Stunden täglich für die Schule lernen, danach zur Nachhilfe gehen und sich spätestens eine Woche vor dem Schulabschluss von einer Brücke stürzen.

Dieses trübe Bild deckt sich mit dem, was so mancher Bildungsforscher ebenfalls denkt: Enormer schulischer Drill und Leistungsdruck töten nicht nur jegliche Kreativität, sondern machen junge Menschen unglücklich und depressiv. Ob dem wirklich so ist, muss dahingestellt bleiben. Amy Chua, übrigens die Tochter chinesischer Einwanderer, logischerweise ohne Englischkenntnisse, hat es jedoch mit exakt dieser Arbeitsauffassung zur Juraprofessorin in Yale gebracht und zeigt sich noch heute dankbar Ihren Eltern gegenüber. Sophia, Tochter Nummer 1, gewinnt mit neun Jahren ihren ersten Klavierwettbewerb. Später tritt sie unter anderem in der Carnegie Hall auf. Kenner wissen: Dort spielen nicht die Dorfdeppen aus dem Tanztheater Neukölln. Der Drill hat sich also bezahlt gemacht. Dumm nur, dass Amy Chua noch eine andere Tochter hat, Louisa, genannt Lulu, die es tatsächlich wagt, gegen das Regime ihrer Mutter aufzubegehren. Mama gibt auf. Lulu darf mit dem Klavierspiel aufhören. Mama verordnet daraufhin Geige. Lulu rebelliert erneut – und gewinnt. Sogar Tigermütter müssen sich eben irgendwann eingestehen, dass man nicht immer Erfolg haben kann.

SIE ALS ELTERN GEHÖREN DIESEM TYP AN, WENN ...

... Sie ihrem Kind nach der ersten Klavierstunde eine Mozart-Kantate in die Hand drücken, es zwingen, so lange zu üben, bis das Ding sitzt (zum Abendessen wäre nett!), und währenddessen ganz bewusst und gerade laut genug, dass man es noch hören kann, in Wiederholung »sonst habe ich dich nicht mehr lieb« murmeln.

... Sie sich angesichts des blamablen Notendurchschnitts Ihres Kindes von 2,4 nicht mehr aus dem Haus trauen. Die Scham, ein derartiges Debakel zugeben zu müssen, würden Sie nicht überleben.

WAS SIE SO VON SICH GEBEN:

»Natürlich freuen wir uns über die 100 Prozent in der Mathearbeit. Aber da muss doch noch mehr drin sein, oder? Man muss sich nur richtig anstrengen, dann klappt's auch!«

»Kreativität fördern bei Kindern ist total wichtig: Im Museum letzte Woche haben wir Lisa erlaubt, eine ganze Gemäldesammlung abzuzeichnen, in Pastellfarben. Sie müsste gleich zurück sein…«

»Bitte, wenn Sie wollen, dass Ihr Sohn eine glückliche Kindheit hat, kann man das absolut nachvollziehen. Wundern Sie sich aber nicht, wenn er mit 20 unter einer Brücke wohnt.«

ALS LEHRER KÖNNEN SIE AM EHESTEN:

→ Verwunderung darüber zum Ausdruck bringen, dass Tiger-Kinder nur vier Stunden täglich für die Vor- und Nachbereitung des Unterrichts aufwenden, wenn doch Ihre eigenen Kinder (unabhängig davon, ob Sie welche haben) mindestens sechs Stunden …

→ die Eltern beglückwünschen und sich mehrfach bedanken angesichts der Tatsache, dass diese nicht bei jedem schulischen Misserfolg sofort Schule oder Lehrer verantwortlich machen, sondern zuerst einmal sagen: Da hat das Gör wohl nicht hart genug gearbeitet.

DIE ELTERN DER KLÜGSTEN UND BESTEN KINDER SOLLTEN EINDEUTIG DIE FÜHRUNGSROLLE ÜBERNEHMEN!

021

ANGEBER

WEIL MAN NUR MIT PROTZEN SIEGEN KANN!

Nur wenige Menschen sind so bescheiden und sich selbst genug, dass sie nicht zumindest gelegentlich mal so richtig schön einen auf die Kacke hauen und angeben, protzen und prahlen, bis die Schwarte kracht. Da sind die Hobbyangler, die aus unerfindlichen Gründen keine Fische fangen, sondern Blauwale und weiße Haie, welche sich rein zufällig im Gewässer 3. Ordnung tummeln (auch bekannt als nasser Graben); Hobbygärtner, die den dicksten Kohlrabi der Welt züchten, jedes Jahr aufs Neue, der aber komischerweise kurz vor der ersten Präsentation von einer mysteriösen Nacktschneckenplage heimgesucht wird; und Eltern, die sich dermaßen viel auf sich selbst – und ihre Kinder, die als verlängerter Wurmfortsatz der Großmannssucht dienen – einbilden, dass jeglicher Dialog für Gesprächspartner einfach nur noch unerträglich wird. Jegliches Handeln eines Angebervaters (und in der Tat müssen wir zumeist von Männern sprechen) ist einzig und allein auf Imponiergehabe ausgerichtet. Andere Väter und Mütter haben ihn zu bewundern. Er ist der, der wie ein eitler Gockel mit Minderwertigkeitskomplex im Mittelpunkt allen Geschehens steht. Wenn er weder Hobbygärtner noch Hobbyangler ist, ist er eben Vater, weit mehr als nur ein Hobby, und in dieser Profession, darauf kann man Gift nehmen, machen viele Menschen vieles verkehrt, er aber, so viel Bescheidenheit muss sein, liegt mit Sicherheit richtig – und zwar dauerhaft.

»Dem Joshua habe ich gestern das Schwimmen beigebracht. Wurde ja auch Zeit!«

»Aber er ist doch gerade mal zweieinhalb Jahre alt? Können so junge Kinder denn schon schwimmen?«

»Wenn ich es ihm zeige, dann kann er's. Ich selbst bin ja schließlich mit drei Jahren auch schon vom Zehner gesprungen …«

Genial, wie es Papa hier in einem höchst pfiffig argumentativen, verbalakrobatischen Geniestreich gelingt, die Fähigkeiten seines Söhnchens mit seinen eigenen zu verknüpfen, wie er sich aufplustert und aufbläht wie ein Waschbär mit den dicksten Klöten im Wald. Was er tut, macht er besser als besser – natürlich alles zum Wohl des Kindes. Geht er mit seinem Kind auf einen Spaziergang, werden die beiden unterwegs bestimmt Bambi oder ein anderes Stück Rotwild erlegt haben, mit bloßen Händen. Geht er paddeln, dann findet er die einzige Stelle im Baggersee mit wuchtigen Stromschnellen, die sein Sohn nur bezwingen kann, weil Papa ihm die entsprechenden Manöver in weiser Voraussicht längst beigebracht hat. Baut er ein Baumhaus, kommt ganz bestimmt kein Modell Jedermann dabei heraus, sondern wenigstens ein mittelalterlich angehauchtes, großzügig angelegtes, mehrräumiges venezianisches Stadtpalais mit integriertem Eiscafé und Lagunenlandschaft im Außenbereich.

»Joshua hat jetzt ein Baumhaus. Habe ich ihm mal eben nach der Arbeit gebaut. Ist für Kinder ja total wichtig, in der Natur zu sein.«

»Finden wir auch. Ist es denn gut geworden? War bestimmt kein Zuckerschlecken, oder?«

»Quatsch. Alles halb so wild. Man braucht dafür einfach nur handwerkliche Fähigkeiten und Kreativität. Damit haben die meisten Leute ja so ihre Schwierigkeiten. Kein Problem für mich. Ich kenn mich da aus.«

»Na ja …«

»Da braucht man vor allem die Fähigkeit zum logischen Denken. Allein die Baupläne ... erst einen Architekten beauftragt, dann aber doch lieber die Sache allein in die Hand genommen.«

»Architekt? Ist das nicht ein bisschen ...«

»Ist ja auch klar, dass viele Eltern gar nicht die Zeit haben, so ein Ding zu bauen ...« (Also **ich** *sehr wohl, ihr lächerlichen Witzwichtel!)*

»Bei den Arbeitszeiten heutzutage kann man denen aber eigentlich keinen Vorwurf machen ...«

»Und, muss man mal ehrlich sagen, ist natürlich auch 'ne Kostenfrage. Allein schon das Dämmschichtmaterial – für die Außenwand – kostet fast so viel wie ein Kleinwagen. Aber was soll man machen? Das Ding muss schließlich winterfest sein.«

Nee. Muss es nicht. Das ist ein Baumhaus, was du da in den Stamm rammst, keine mondäne Skihütte in den Tiroler Alpen.

Unbenommen ist es ziemlich toll, dass Joshuas Vater ihm ein Baumhaus hingezimmert hat. So mancher Junge würde ihn darum beneiden, und so mancher Vater muss sich die Frage gefallen lassen müssen, ob man sich nicht doch mehr Zeit nehmen sollte ...

Warum aber neigt Papa zu dieser lächerlichen Prahlerei? Soll doch froh sein, dass die Bude nicht zusammenstürzt. Aber nein – er muss sich zelebrieren und inszenieren wie ein Eltern-Superstar, und fast möchte man meinen, dass dies der einzige Grund ist, weshalb er sich überhaupt ein Kind angeschafft hat. Natürlich ist solch eine Sichtweise unfair – er kümmert sich offenbar sehr, was man ihm bei all seiner Angeberei immer zugutehalten muss. Andererseits – ob wirklich alles stimmt, was er z.B. bei einem Zusammentreffen mit anderen Eltern so von sich gibt, ist zumindest fragwürdig.

Auf jeden Fall ist er ein exzellenter Vater, was er auch nach außen trägt, auch an jene, die nicht die Bohne interessiert sind. *»Ach ja, Vater sein ist für viele Leute sicher nicht ganz einfach, aber für mich ist das ein Klacks. Bei so einem tollen Sohn wie Joshua ist das natürlich auch kein Wunder.«*

Herrje, der Joshua. Alles, was Joshua tut, ist definitiv großartig und das Ergebnis von überlegener Erziehung. Jede Großtat des Nachwuchses wird an jede große und größere Glocke gehängt und lautstark in die Welt geplärrt, obwohl sich wahrlich nicht einmal die Zeugen Jehovas dafür interessieren würden. Fachleute wissen: Die interessieren sich eigentlich sogar für eingelegte Gurken. Toll, dass Joshua schon mit fünf Jahren alleine aufs Töpfchen gehen kann und nur ganz marginal danebenpieselt. Wahrlich ein Zeichen gehobenen Intellekts – da kann man als Elternteil einfach nicht schweigen, sondern muss die Urinier- und Stuhlgangleistungen des Sohnemannes urbi et orbi gleichermaßen tösend mitteilen. Unnötig zu erwähnen, dass unser Angeber in regelmäßigen Abständen Fotos von Joshua postet, stets mit #JonasSiegt oder #SohnvonBesterDad, und zwar stündlich.

Natürlich spielt Joshua Fußball. Natürlich spielt der kleine Wirbelwind im Sturm. Nur als Stürmer steht man im Rampenlicht. Verteidigen kann selbst der Fettsack, der bei der Spielerauswahl im Sportunterricht wie gehabt als Letzter gewählt wird. Da kannste auch einen Pfahl nehmen, sagt Papa. Stürmer sind richtige Kerle, sagt Papa. Papa war früher selbst Stürmer. Heute leider nicht mehr, weil wegen »das verdammte Knie …«.

Natürlich war Papa besser, als es Joshua jemals sein könnte, aber ganz so übel ist er dann doch nicht. Talent, egal für was, schlummert schließlich in den Genen. Und wenn Sohnemann mal wieder auf äußerst geschickte Art den einen oder anderen seiner Gegenspieler in der F-Jugend der Unterkreisliga Schaumburg-Lippe inklusive des Schiedsrichters von den Füßen holt (Fachbegriff: Umsäbeln), dann handelt es sich freilich nicht um ein bösartiges mit einer Roten Karte zu ahnendes Foul, sondern um, wie Papa sich ausdrückt, »taktische Raffinesse« und »spielerisches Know-how«, ganz wie man es eben im Garten vor dem Haus eingeübt hat.

Die hohe Kunst des Angebens macht natürlich vor allem Spaß, wenn andere Eltern anwesend sind – solche Trauergesellen mit

»normalen« Kindern. Oder solche, deren Eltern sich nicht pausenlos aufpudeln und aufpumpen müssen, um glücklich zu sein.

»Ach, die Sina hat Probleme in Mathe? Versteht diese Sache mit den binomischen Formeln nicht? Ist ja auch nicht einfach. Joshua hat damit keine Probleme.« (Sprecher denkt: Sina ist dumm wie ein Kürbis.)

»Aber ist Joshua nicht jünger als Sina und eine Klasse unter ihr?«

»Ist er. Und was hat das jetzt mit den binomischen Formeln zu tun? (Sprecher denkt: Du auch!)

Vielleicht ist ja Joshua wirklich ein mathematisches Ass – noch lange kein Grund, ihn quasi als Zirkustier auszustellen. Was erwartet Papa denn jetzt? Dass ihm alle Anwesenden huldigen ob a) seines tollen Sohnes und b) seiner punktgenauen Erziehung, die einen solchen Sohn überhaupt erst kreiert hat? Möglicherweise ist Joshua aber auch eine mathematische Niete und würde binomische Formeln nicht mal erkennen, wenn sie ihm freudestrahlend ins Gesicht kotzen. In diesem Fall wird entweder die »Würde der Lehrer das besser erklären, dann hätte Joshua sofort alles durchschaut, denn er kann supergut mit Zahlen«-Karte gespielt. Oder das Thema wird blitzschnell ad acta gelegt in der Hoffnung, dass bloß niemand mehr nachhakt.

Im Olymp des gekonnten Aufplusterns landen hingegen nur die wenigsten Angeber, nämlich diejenigen, denen es gelingt, Wichtigtuerei mit gespielter Bescheidenheit zu kombinieren. Wenn der normale Angeber sich wenigstens die Mühe macht, ganz offen und gradlinig als kompletter Vollidiot rüberzukommen, geht der bescheidene Gockel einen anderen Weg:

»Sie können sich glücklich schätzen, dass Ihre Nicole nicht im Hochbegabtenkurs bei Frau Stradivari gelandet ist. Unsere Celine muss richtig viele Zusatzaufgaben machen, und die dauernden Fahrten zur Unibibliothek muss man auch mal bedenken … Da beneide ich wirklich so Leute wie Sie mit durchschnittlich begabten Kindern …«

Dieser Moment, wo man am liebsten zuschlagen würde … die Zähne des Gegenübers in ein weit, weit entferntes Paralleluniversum überführen möchte …

Angeber schaffen es sogar, andere Kinder in deren Gegenwart niederzumachen. Wenn Joshuas Kumpel zu Besuch ist, ist Papa sich nicht zu schade, mal ganz konkret nachzuhaken: »*Sag mal, Justin, und dein Vater hat dir also noch kein Baumhaus gebaut, ja?*«

SIE ALS ELTERN GEHÖREN DIESEM TYP AN, WENN …

… Sie auf dem Weg zum ultimativen und perfekten Elternteil all den bemitleidenswerten Durchschnitt um sich herum schon gar nicht mehr wahrnehmen.

… Sie sich um die Wahl zum Elternratsvorsitzenden mit den Worten »die Eltern der klügsten und besten Kinder sollten eindeutig die Führungsrolle übernehmen« bewerben und es schaffen, ohne mit rohen Eiern Bekanntschaft zu machen den Raum unbeschadet wieder zu verlassen – als Wahlsieger.

WAS SIE SO VON SICH GEBEN:

»Ich glaube, mit Laura stimmt etwas nicht. Sie ist eine eingebildete, arrogante kleine Kuh geworden – obwohl wir als Eltern ein ganz anderes Vorbild geben …«

»Bietet die Schule denn für Jungs wie Joshua gar keine Elite-Förderung an? Lohnt wahrscheinlich nicht für einen einzigen Schüler, oder?«

»Es sollte mich schon sehr wundern, wenn irgendjemand Joshua das Wasser reichen kann. In welchem Bereich? Völlig unerheblich. Da kommt er ganz nach dem Papa.«

»Ach, wenn Ihre Tochter nicht so helle ist, macht das gar nichts. Es kann doch nicht jeder sein wie Joshua … aber er hatte natürlich auch von Anfang an viel elterlichen Input …«

ALS LEHRER KÖNNEN SIE AM EHESTEN:

- → den Prahlhans mit einem alten französischen Zitat konfrontieren: »Gravitätisches Auftreten ist ein Geheimnis des Körpers, erfunden, um die Mängel des Geistes zu verbergen.« (François VI Duc de La Rochefoucauld).
- → das Können, das Genie, die Perfektion – all die Qualitäten und Eigenschaften des Angebers nicht kritisch oder neidvoll betrachten, sondern vielmehr versuchen, die geballte Großkotzigkeit für die Schule nutzbar zu machen: *»Sagen Sie mal, hätten Sie nicht Lust, einen neuen Spielplatz zu entwerfen? Und ihn, wenn Sie dann schon dabei sind, auch gleich zu bauen? Wir hatten schon so viel Pech mit all den Firmen … und da haben wir vom Joshua gehört, dass sein Vater ein Allround-Talent ist … Für jemanden, der schon die Niagara-Fälle bezwungen hat, müsste so was doch ein Witz sein … Ich traue mich ja kaum, mit einer solchen Petitesse an Sie heranzutreten, aber in der Not …«*

WENN WIR KÖNNTEN, WÜRDEN WIR PASCAL ZU HAUSE BESCHULEN ...
DER UNTERRICHT

022

VERWEIGERER

WEIL MAN SCHULE BESSER SELBST MACHEN SOLLTE

Aus dem ertragreichen und erhellenden Monolog eines Systemkritikers:

Jetzt sollen sich die Kinder im Geschichtsunterricht mit dem Konflikt zwischen Kirche und Kaiser im Mittelalter beschäftigen? So ein Unsinn! Das ist doch jetzt schon fast 1.000 Jahre her. Da geht's doch eh nur wieder um den Papst. Die meisten Kinder sind ohnehin nicht mehr religiös heutzutage. Clarissa findet es sowieso nicht gut, wenn dauernd über Konflikte gesprochen wird! Ach, in Religion wird gerade der Islam thematisiert? Braucht es nicht. Erstens gehört der Islam zu Deutschland, oder eben auch nicht, zweitens muss man sich doch nun wirklich nicht mit jeder Weltreligion beschäftigen. Diesem Religionszeugs wird viel zu viel Bedeutung beigemessen. In Biologie geht es um das Ökosystem Wald? War das nicht schon letztes Jahr? Wer interessiert sich denn bitte für den Wald? Kinder in diesem Alter jedenfalls ganz bestimmt nicht. Einen Ausflug in den Wald soll es auch noch geben? Bin mal gespannt, was der Spaß wieder kosten wird! Im Rahmen der Waldjugendspiele? Donnerwetter, das ändert natürlich alles! Wer hat sich denn diesen Schwachsinn schon wieder ausgedacht? Bestimmt die Nieten in der Behörde, oder der Biolehrer. Der kann schließlich noch nicht mal Moos von Schuppenflechte unterscheiden. Und in Mathe … natürlich mal wieder Geometrie, ein ganzes Halbjahr lang. Schön und gut, wenn Kinder lernen, Raute oder Parallelogramm oder Kreis mit Ecken zu zeichnen, aber mit richtigem Rechnen hat das wohl kaum etwas zu tun. Sieht Clarissa ganz genauso. Sie hat sowieso Schwierigkeiten, auf dem Millimeterpapier so genau zu arbeiten, wie der Lehrer es fordert. Was macht denn schon ein Zentimeter mehr oder weniger? Typisch Schule, voller Korinthenkacker. Regeln werden gebogen bis zum Erbrechen, aber beim Messen einer Linie muss auf einmal alles total präzise sein. Haben die sich eigentlich mal Gedanken gemacht, was so ein Blatt Millimeterpapier kostet? Wir hatten doch so was früher auch nicht. Außerdem – wie kann man bloß auf die bekloppte Idee kommen, im Englischunterricht ein Buch zu lesen? In der 7. Klasse? Viel zu früh, das Ganze! Sieht doch ein Blinder mit Krückstock. Als ob die Kinder, kein Wunder bei dem erbärmlichen Zeitvertreib, den man heutzutage so Fremdsprachenunterricht nennt, auch nur ein Wort von den Inhalten verstehen … Müsste man nicht erst einmal genau überprüfen, ob die Grammatik sitzt? Clarissa sagt, dass ihre Mitschüler sowieso keinen Bock auf den Scheiß haben. Nachvollziehbar! In dem Buch soll es wohl um Freundschaft und so gehen. Als ob es keine wichtigeren Themen gäbe. Wahrscheinlich sollen wir wieder die teurere Ausgabe anschaffen … wie jedes Jahr. Klar, Eltern als Melkkühe der Nation. Ha, und jetzt will die Lehrerin auch noch, dass die Kinder regelmäßig Vokabeln lernen? Lernen! Auswendig sogar! Muss man sich mal vorstellen – in der heutigen Zeit. Gibt's nicht Google Translator für so was? Völlig sinnlose Beschäftigungstherapie. Apropos sinnlos … Sport! Noch so ein Fach ohne Sinn und Verstand. Da haben die letzte Woche fast eine ganze Stunde lang Völkerball gespielt. Einfach mal so. Kann man gar nicht glauben. Spaß hätten die Kinder gehabt … Als ob es darum ginge, Spaß zu haben. Die sollen gefälligst was lernen. Da könnte man die Zeit besser nutzen. Jetzt machen die auch noch Versuche im Physikunterricht, mit richtigem Strom. Gleichstromschaltungen sollten die Kinder bauen. Für die Jungs kein Thema, aber Clarissa mag so was gar nicht. Das ist einfach nichts für Mädchen. Wissen die Lehrer, dass man sterben kann, wenn man mit Strom arbeitet? Vor allem Kinder? Sind Physiklehrer eigentlich ausgebildet dafür? Welcher Sesselpupser ist eigentlich auf die Idee gekommen, die 5-Minuten-Pause abzuschaffen? Da haben die Kinder überhaupt keinen Raum mehr, sich zu bewegen. Studien sagen ganz klar, dass Kinder und Jugendliche sich beim Lernen unbedingt bewegen müssen. Man geht komplett über deren Bedürfnisse hinweg. Ist ja nichts Neues. Typisch, typisch. Auch die Sache mit den Klassenarbeiten … drei pro Woche! Steht sogar in den Vorgaben. Eine Zumutung. Was für Unmenschen kommen denn auf so was? Ich laufe doch auch nicht dreimal die Woche einen Marathon. Ist einfach nicht möglich. Aber den Lehrern ist das natürlich egal … Anders als die Kinder sind die ja schließlich auch direkt nach Schulschluss auf dem Golfplatz und lassen sich die Sonne auf den Bauch scheinen. Faule Bande! Man müsste das System Schule mal komplett umkrempeln.

Ende des Auszuges.

Reicht auch. Führt auf Dauer zu Ohrendiarrhö und Autismus.

Es geht, wie man als aufmerksamer Leser bemerkt haben dürfte, in der hier vorgebrachten, natürlich rein fiktiven, sympathischen Litanei dem Nörgelschlumpf nicht darum, auf ein Problem aufmerksam zu machen. Es geht vielmehr darum, auf *alle* Probleme gleichzeitig aufmerksam zu machen. Noch viel mehr geht es darum, dass das System Schule krank ist. Verrottet. Vermodert. Verlottert. Schrott. Dass man Schule von Grund auf neu denken müsse. Nur so lässt sich die Zukunft unserer Kinder retten – und damit unsere zukünftigen Rentenzahlungen.

Hier haben wir also Eltern, die sich Sorgen machen, was natürlich in Ordnung ist. Leider haben sie aber keine, absolut keine, Lösungsvorschläge für irgendwas parat. Es wird genörgelt bis zum Jüngsten Gericht, Rezepte zur Verbesserung gibt es nicht. Stattdessen hört der Gesprächspartner stets das Wörtchen »man«, denn

»man« müsste mal, »man« sollte mal, »man« könnte mal. »Man« impliziert Politiker (Synonym für Lügner) aller Parteien, Vertreter von Verbänden (Lügner und Faulpelze), die irgendwas mit Schule zu tun haben, Lehrkräfte sowieso (Lügner, Faulpelze, außerdem Burn-out-gefährdet und mehr als nur latent inkompetent) und Eltern (Wichtigtuer), gerade diejenigen, die sich um nichts kümmern außer um scheinbaren Schwachsinn wie Anti-Mobbing-Konzepte oder gesundes Mensaessen mit Früchten der Saison.

Nun könnten, rein theoretisch natürlich nur, Nörgeleltern einfach mal hingehen und sich gefälligst engagieren, z.B. schulischen Gremien beitreten, in denen »man« (Eltern, Schüler und Lehrer) sitzt und sich im gemeinsamen Austausch Gedanken darüber macht, wie sich – ganz konkret – die tatsächlich vorhandenen schulischen Defizite eventuell beheben ließen. Aber, dies war zu erwarten, für Eltern in kompletter Verweigerungshaltung sind solche schulischen Gremien reine Zeitverschwendung; Sitzungen von Gutmenschen, die nichts auf die Kette kriegen und abgesehen vom Schaffen eines Haufens Papiermüll für die Schublade der Belanglosigkeit keinerlei produktiven Wert haben. Eltern, die so denken, glauben wahrscheinlich auch, dass demokratische und freie Wahlen ohnehin nur die Erfindung von korrupten Politikereliten sind, um dem blinden Volk da unten wenigstens hin und wieder mal die Illusion zu bieten, irgendetwas entscheiden zu dürfen.

»Wozu soll ich mich denn in der Schule engagieren? Die machen doch eh, was sie wollen.«

Zugegeben, ganz blöde ist diese Feststellung nicht. »Die«, vor allem Schulleitung und Lehrer, haben meist ganz klare Ideen davon, wie Dinge gestaltet werden sollen. Eltern werden lediglich ins Diskussionsboot geholt, nicht um wirklich deren Meinungen zu hören, sondern weil es politisch einfach opportun ist. Schule ist, vielleicht haben Sie es als geübtes Elternteil längst gemerkt, eine Art pseudodemokratische Veranstaltung. Als Elternratsvorsitzende werden sie zwar zu Konferenzen eingeladen, haben aber zum Teil überhaupt kein Stimmrecht. So gesehen könnte man die Zeit besser nutzen und genauso gut den Rasen mähen, selbst, wenn man keinen hat. Sie können, auch ohne von irgendwas den Vorsitz zu haben, weiterhin in verschiedenen Gremien und Gruppen mitarbeiten, nur um im Endeffekt zu merken, dass die Schulleitung eigentlich längst ein festes Ziel hat, an dem festgehalten wird, komme, was da wolle. Elternmeinungen (Wir danken Ihnen sehr herzlich für Ihre konstruktive Mitarbeit!) interessieren da eher bedingt und allerhöchstens dann, wenn diese mit den bisherigen Planungen übereinstimmen.

Aber – es gilt die alte orientalische Weisheit: Wer nicht Lotto spielt, muss sich auch nicht wundern, dass er nie sechs Richtige hat. Egal also, wie unbedeutend meine Mitarbeit auch sein mag, wie wenig Mitspracherechte ich tatsächlich habe – einbringen, deutlich besser als sich dauernd zu verweigern, kann ich mich trotzdem.

Oder es natürlich lassen und lautstark weiternörgeln und »das System« angreifen und beschimpfen, wann und wie laut ich nur kann. Diesem »System«, ominös, nicht greif- oder sichtbar, undurchsichtig, korrupt bis in die Knochen, gleich einem Sonnenkönig mit Alabasterhaut, wird die Schuld gegeben an allem, was auch nur ansatzweise schiefläuft in der Schule und in der Welt generell: Arbeitslosigkeit, Klimawandel, schlechtes Wetter und Millimeterpapier.

Das System, auch bekannt als »die da oben« oder »the system«, ein kaum übersetzbarer angloamerikanischer Terminus, trägt die alleinige Verantwortung, auch für Clarissas schlechte Noten, ihre null qualifizierten Lehrerinnen und Lehrer, zerfallende, zerbröselnde Schulgebäude, in denen der Putz von der Decke rieselt, sobald man das Licht anmacht und nicht versehentlich in eine aus der Wand hängende Steckdose greift, Stuhlganggerätschaften (arg euphorisch als Toiletten bezeichnet) auf dem hygienischen und technischen Stand von vor Stalingrad und als »Konzepte« deklarierte dauernde bildungspolitische Fehlentscheidungen. Der Einzelne kann da nichts bewegen, und wenn er es doch versucht, ist er am Ende der Dumme und wird ausgelacht.

Warum dann nicht Nägel mit Köpfen machen und Schule einfach Schule sein lassen? Warum nicht einfach den bisherigen Job aufgeben und die Kinder auf eine Art und Weise erziehen und unterrichten, die wirklich etwas taugt? Auf die eigene Weise nämlich. Und zwar dort, wo nicht die Bude auseinanderfällt und es außerdem weitaus ruhiger zugeht. Im Eigenheim!

Das Zauberwort dabei ist: Heimunterricht. Home-Schooling! Endlich die Bildungsmisere bekämpfen, bevor sie überhaupt entsteht. Kellerraum, Garage oder Opas Luftschutzbunker eignen sich ganz vorzüglich als neues Klassenzimmer. Installieren Sie eine Tafel, stellen Sie einen Röhrenfernseher hinein, kaufen Sie uralte Sitzmöbel auf dem Flohmarkt – und fertig ist das authentische Schulerlebnis des 21. Jahrhunderts. Clarissa wird nicht einmal merken, dass sie nicht im üblichen Umfeld lernt. Wenn Sie außerdem noch Kaugummis unter den Tisch kleben, ist die Illusion perfekt. Unterrichten Sie – wer sonst wäre besser für Unterricht geeignet als die eigenen Eltern? – als hochgradig bildungsambitioniertes und didaktisch-methodisch perfekt geschultes Elternteil, gerne auch mit oder ohne Ihren Lebenspartner, dann einfach blindlings drauflos. Tipp: Es schadet nichts, sich vorher eine Art Unterrichtsplan zu machen.

Wenn das normale Schulsystem stellenweise massive Schwächen aufweist, wovon eigentlich jeder überzeugt ist, der auch nur mal eine Schule von außen betrachtet hat bzw. tapfer genug war, sich länger als fünf Minuten in einer solchen aufzuhalten, müssen diese Unzulänglichkeiten nunmehr ausgemerzt werden. Man bedenke nur all die Vorteile, die eine solch dringend benötigte Bildungsinnovation für Ihr Kind mit sich bringen könnte: Endlich einmal Unterricht in einer kleinen Gruppe, wo der Lehrer individuell auf die individuellen Bedürfnisse jedes einzelnen Schülers individuell eingehen kann! Endlich wird die Möglichkeit geboten zum angstfreien Lernen! Ihre Kinder bekommen endlich das, was sie verdienen: Sie nämlich! Lehrer ohne Furcht und Tadel, die sich nicht mehr länger vom System kleinhalten lassen.

Gut, das verdammte System sitzt am längeren Hebel und verweist eventuell auf die Anforderungen der als Schulpflicht bekannten Zwangsmaßnahme zur Einpferchung der Kinderpersönlichkeit und droht aus ebendiesem rechtlichen Widersinn gerne mal mit Erzwingungshaft, wenn Sie Ihrer Pflicht nicht nachkommen, Ihre Kinder in die vorgesehene Anstalt zu schicken. Aber Pustekuchen! Setzen Sie sich einfach darüber hinweg oder ziehen Sie in die USA – dort können Sie home-beschulen, was das Zeug hält, und sich über all die anderen Blindgängereltern totlachen, die nach wie vor an staatliche Erziehungsinstitutionen glauben, die zwar viel jammern und nörgeln, aber nie das Heft selbst in die Hand nehmen.

Tatsächlich gibt es auch hierzulande so einige Eltern – und es handelt sich dabei nicht ausschließlich um komplett Irre –, die am liebsten heute als morgen mit der Heimbeschulung beginnen würden, und sei es nur, um Kinder so zu unterrichten, wie es sich gehört – nach den von den Eltern vorgegebenen Wertvorstellungen, die, allseits nachvollziehbar, die einzig richtigen sind. Sobald man diese Leute allerdings fragt, wie sie sich die ganze Heimunterricht-Sache praktisch vorstellen, findet man meterdicke Fragezeichen in den Gesichtern der gerade noch euphorischen Pseudopädagogen – und schon ist der Spuk vorbei.

SIE ALS ELTERN GEHÖREN DIESEM TYP AN, WENN …

… Sie es seit Ewigkeiten schon bedauern, nicht selbst Lehrer geworden zu sein (schließlich wären alle Qualifikationen vorhanden gewesen), und in Heimbeschulung eine Chance sehen, finally, Ihren Selbstverwirklichungsprozess auf Kosten Ihrer Kinder abzuschließen.

… Sie arbeitslos sind, folglich über ein Höchstmaß an Zeit verfügen, um Ihrem Kind Heimunterricht angedeihen zu lassen, und die Arbeitsagentur Sie doch ohnehin zwingt, demütigende Tätigkeiten auszuführen, um wieder in den Arbeitsmarkt re-integriert zu werden.

... Sie sich seit jeher als Do-it-yourself-Typ sehen: Da Sie also ohne Probleme Ihren tropfenden Wasserhahn reparieren, können Sie eigentlich beim Schulsystem gleich weitermachen. Sie sind kein Nörgler, sondern ein Anpacker!

WAS SIE SO VON SICH GEBEN:

»Wir glauben nicht daran, dass die Orientierung an Gleichaltrigen gut ist für Gesa.«

»Wenn wir könnten, würden wir Pascal zu Hause beschulen.« (Na, dann tun's Sie's doch ...) »Ach nein, doch lieber nicht.«

»Bildungspolitisch läuft alles falsch in diesem Land! Alles. Da möchte man am liebsten 'ne Bombe draufwerfen.«

»Da müsste man dringend was tun.«

ALS LEHRER KÖNNEN SIE AM EHESTEN:

→ Ihr Gegenüber motivieren, verstärkt in schulischen Elterngremien mitzuwirken, und dabei bauchpinselige Floskeln benutzen wie »Die Schule braucht Eltern wie Sie«, »Eltern, die wirklich Ahnung haben, werden immer seltener ...«

→ spätestens beim Thema Home-Schooling erkennen lassen, dass Sie selbst auch zu Hause unterrichtet wurden und die besten Erfahrungen damit gemacht haben. Bevor Sie dann in die Psychiatrie für Verhaltensgestörte eingewiesen wurden, in die Sie nach dem Gespräch auch wieder zurückmüssen. Setzen Sie zur Beweisführung ihren debilsten Blick auf und tuten Sie auf Ihrer Clownsnase herum.

023

NOSTALGIETRÄUMER

WEIL FRÜHER EINFACH GEIL WAR!

Wenn Sie Eltern kennen und mit selbigen Kontakt haben, inklusive Ihren eigenen, wissen Sie, dass in jedem Gespräch, in absolut jedem, in dem es sich um Schule, Lehrer und Kindererziehung dreht, ziemlich bald die Begrifflichkeiten »früher« und »damals« auftauchen, stets in Kombination mit »alles besser« oder wahlweise auch »viel besser«.

Früher. Welch wundersames Adjektiv, mehr als ein Adjektiv sogar, eine kosmische Zustandsbeschreibung, angefüllt mit zart schimmernder Magie, eingehüllt in den mysteriösen Sternenstaub einer vergangenen, gescheiteren, lebenswerteren Welt des Damals.

Früher bauten deutsche Kanzler, bewaffnet nur mit Eimer und Schaufelchen, noch höchstpersönlich Autobahnen. Anders als heute hatten diese dann keine Schlaglöcher und boten perfekten Fahrkomfort insbesondere für Panzer des Typs Panther.

Früher flogen autofahrende Menschen bei abrupten Bremsmanövern noch geschwind durch die Windschutzscheibe – heute holt man sich dank des Anschnallgurts lästige Blessuren und Rippenbrüche.

Früher wurde nach Sendeschluss der öffentlich-rechtlichen Fernsehsender noch die Nationalhymne gespielt, eine ideale Möglichkeit, sich kurz vorm In-die-Kiste-Hüpfen noch mal mit Gänsehaut auf den Armen und Bierflasche in den Armen grölend als

FRÜHER HATTEN DIE KINDER ELAN. HEUTE WLAN. TRAURIG!
FRÜHER GAB'S GOETHE. HEUTE WIRD ER GEFUCKT.

wahrer Staatsbürger zu fühlen. Heute nimmt das Fernsehen kein Ende, sendet rund um die Uhr und wird offenbar von lethargisch unsympathischen Praktikanten mit neurologischen Störungen und kreativem Brechdurchfall auf Endlosschleife geschaltet.

Neben all den anderen Dingen, die früher besser waren, derer wir alle uns mal wieder kontemplativ besinnen sollten, war natürlich auch Schule besser. Sagen zumindest all jene Eltern, die früher offenbar live und direkt dabei waren, allerdings keinerlei konkrete Architektur dieses »früher« im Kopf haben: So sind sie sich hundertprozentig sicher, dass Schule in ihrer eigenen Kindheit auf jeden Fall besser war als heute – was typisch ist: Je weiter sich Menschen vom »früher« entfernen, umso mehr neigen sie zur romantischen Verklärung. Auch mischen sich in ihre Äußerungen immer wieder eigene Erfahrungen mit denen ihrer eigenen Eltern und wiederum deren Eltern. So entsteht ein Konzept von »früher«, das irgendwo wandelt zwischen einmal den Modesünden der 1980er-Jahre, Walkmen, Frisuren im Grenzbereich des guten Geschmacks und Anti-AKW-Bewegung, dann der spießig-miefigen, aber stabilen Adenauer-Ära der 1950er, verbunden mit Wirtschaftswunder und biedermeierlichem Heimatschmalz, und schließlich dem rigoros disziplinorientierten Geist des deutschen Kaiserreichs im ausgehenden 19. Jahrhundert.

Die Eltern heutiger Schülerinnen und Schüler meinen mit »früher war alles besser« oft ihre eigene Schulzeit, meist beziehen sie sich aber auf die hohe und deutlich anspruchsvollere Kunst des Damals, nämlich auf jenes kaum definierbare »ganz früher«. In diesem »ganz früher«, da hatte, so sind sich Nostalgieeltern sicher, die Welt noch einen klaren Kompass. Und Schule war definitiv nicht das von immerwährenden politischen Reformen geprägte Kinderversuchslabor der Republik.

Was übrigens eine korrekte Feststellung ist.

Bildung im deutschen Kaiserreich, historisch einzuordnen zwischen besagtem »ganz früher« und »ach, wie war das schön«, bestand zuerst einmal aus Tugenden wie Gehorsam, Fleiß, Ordnung und Sauberkeit. Bezüglich Letzterer finden wir in einem Regierungsbericht von 1896 folgende Anmerkung: »*Gerade bei den Landbewohnern der Oberpfalz ist es notwendig, dass durch ein gutes Beispiel der Sinn für Reinlichkeit und Ordnung geweckt werde. (…) Viele Familien verabscheuen die rechte Pflege der leiblichen Reinlichkeit ihrer Kinder.*«

Na also. Damals kümmerte sich der Staat wenigstens noch um Körperpflege. Man muss sich nur mal umschauen, wie unansehnlich und schmutzig heutige Jugendliche in der Schule herumlaufen. Wir hätten uns geschämt! Viele moderne Kinder stinken wie Knoblauchfabriken und haben ganze Kartoffeläcker unter ihren Fingernägeln. Da sollte man sich mal ein Beispiel an früher nehmen! Damals herrschte noch Zucht! Noch so ein schönes, immer wiederkehrendes Wort im Nostalgiker-Vokabular. Zucht! Herrlich – abgeleitet von Zuchthaus und Züchtigung. Genauso ein herrlicher Begriff wie Disziplin. Nostalgie-Eltern wissen: Disziplin und heutige Schulen? Eine Gleichung, die nicht aufgeht. Dass Kinder früher bei jedem noch so winzigen Verstoß körperlich gezüchtigt wurden, mit Rohrstöcken, Weidenruten oder notfalls auch mal mit der Schiefertafel auf die Glocke, wird entweder billigend in Kauf genommen, als akzeptables Vorgehen deklariert oder komplett ausgeblendet.

»*Aber Sie können doch nicht ernsthaft wieder zur Prügelstrafe zurückwollen.*«

»*Will ich auch nicht. Ich meine nur: Es gab damals klare Regeln, die im Extremfall auch mal geahndet wurden.*«

»*Ja, mit Hieben auf die Handflächen oder den Hintern. Das kann man doch nicht ernsthaft befürworten.*«

»*Ach. Aus denen ist auch was geworden.*«

Erstklassiges Totschlagargument. Zu überbieten höchstens durch den allseits beliebten Knalltütenkalauer aus dem pädagogischen Entertainmentkeller: »*Uns hat das auch nicht geschadet.*«

Fragwürdig. Zumindest hat's auch nicht geholfen.

Von rabiaten Schlägermethoden mal abgesehen – Disziplin wurde früher natürlich in der Tat größer geschrieben. Sogar die richtige Sitzstellung war haargenau geregelt: So haben die Füße mit der ganzen Sohle auf dem Boden zu ruhen. Die Oberschenkel haben mit dem größten Teil ihrer Länge auf der Bankfläche aufzuliegen. Der Oberkörper darf nur sehr leicht nach vorne geneigt sein – anscheinend hatte man Angst, dass die Schüler ansonsten schlicht nach vorne umkippen und direkt mit der Nase im Tintenfass landen würden. Eine nicht zu unterschätzende Sorge! Die Rübe hat man gerade zu halten; das Kinn soll nicht die Brust berühren – sicherlich eine anstrengende Kiste für eher vollschlankere Schüler. Die Schultern haben auf einer Ebene zu liegen. Kann ja auch nicht angehen, wenn eine Schulter höher hängt als die andere. Sieht einfach asymmetrisch und scheiße aus! Und die Hände, logisch, haben sich auf dem Tisch zu befinden, am besten gefaltet. So haben Lehrmeister im Kaiserreich der unproduktiven Nebentätigkeit des Eierkraulens vorgebeugt – eine vor allem bei Jungs den eigenen Konzentrationsfluss störende Handlung. Wenn man sich dann aber heutige Schüler ansieht … da hat man keine Fragen mehr!

Für Erziehungsnostalgiker geht es natürlich nicht um das Stillsitzen per se. Vielmehr glauben sie, wie eben auch die damaligen Lehrmeister, dass die äußere Form des Sitzens (Füße am Boden, Kopf gerade, Klappe zu, Ohren auf) sich positiv auf die innere Disziplin (Aufmerksamkeit, Lernbereitschaft, Aufgabe des Selbstwertgefühls) auswirke. Was möglicherweise sogar stimmt, sich aber nicht mehr beweisen lässt. Erstaunlicherweise plant kein auch nur halbwegs nüchterner und intelligenter Bildungspolitiker die Rückkehr zu Uropas Schulsystem, obwohl, wie Nostalgieeltern nicht müde werden zu betonen, auch viel Gutes passierte. Anstatt nämlich die Schüler heutzutage mit einem Sammelsurium von Fächern zu foltern, gab es den klassischen Dreiklang von Lesen, Schreiben und Rechnen, zumindest an den meisten Schulen, zusätzlich eine Ladung Religion, denn natürlich sollte der Untertan in erster Linie zum braven Christenmenschen erzogen werden, der niemals auf die Idee käme, die herrschende Ordnung auch nur schief anzugucken; außerdem gab es ein Kreativangebot für Mädchen, das herrlich crazy Fach Handarbeit nämlich – welches dringend wieder in den modernen Fächerkanon gehört: Moderne Mädchen haben nämlich tatsächlich keine Ahnung davon, wie man einen Knopf annäht, und suchen im Windows App Store verzweifelt nach irgendwas zum Downloaden. Aber auch an Jungs wurde gedacht – mit Leibesertüchtigung, einem Wort wie Poesie – angesichts der »Verdicklichung der deutschen Jugend« (O-Ton Nostalgieeltern) sollte man über die Reintegration von Leibeszucht (wie man es keck und frisch in der Gegenwart nennen könnte) in den Fächerkanon zwingend mal wieder nachdenken.

Hier ist zu entgegnen: Hat man längst getan und nach langem Hin und Her den Sportunterricht erfunden. Nachteil: Anders als damals bereitet der gegenwärtige Sportunterricht mit seinen Volleyballturnieren und Barrenturnaktivitäten nur noch sehr bedingt auf den Kriegsdienst vor und ist, kurz gesagt, eine Veranstaltung für Turnbeutelvergesser aller Art. Sogar die unterrichtenden Lehrkräfte sind stellenweise ungelenk wie Brathühnchen.

Vorteil: Heutiger Sportunterricht ist (wegen irgendwelcher nicht ganz nachvollziehbarer Gleichberechtigungsaspekte) auch für Mädchen geöffnet. So manches Teeniemädchen mag diesem »Vorteil« jedoch eher kritisch gegenüberstehen.

Nostalgieeltern betrachten vor allem die Qualität des modernen Unterrichtsgeschehens mit großer Skepsis. Früher lernte man noch brav die Namen der preußisch-deutschen Kaiser auswendig, chronologisch korrekt, mitsamt Ehefrauen, Lieblingsessen und Haustieren sowie Namen derselben, inklusive, für besonders pflichtbeflissene Schüler, sämtliche Länder, die besagter Kaiser ordnungsgemäß überfallen hat. Und heute? Welcher Lehrer verlangt denn noch das bloße Auswendiglernen von Fakten? Stumpfes Pauken gilt vielerorts als pädagogische Vergewaltigung der empfindsamen jugendlichen Seele. Wozu soll man denn bitte noch die deutschen Kanzler oder Präsidenten oder Hauptstädte der Erde lernen? Dafür gibt's schließlich Google. Wissen ist egal – Kompetenzen sind das neue bildungspolitische Jerusalem. Statt »richtigen Lernens« also Gruppenarbeiten in allen Farben und Formen, die man sich nie vorzustellen vermochte und bei denen, wir wussten es doch schon immer, ohnehin nichts Gescheites herauskommt.

Lehrer nennen sich heutzutage Lernbegleiter oder -berater und tragen diesen Titel auch noch mit Stolz; Frontalunterricht gilt als out of date und wird nur noch von wenigen Lehrern hinter vorgehaltener Hand praktiziert aus Angst vor Entlassung aus dem Beamtenverhältnis. Moderne Pädagogik, und hier greifen Nostalgie und Realität ineinander, hat sich vom Leistungsgedanken und grundlegender Disziplin tatsächlich verabschiedet – eine Tatsache, die nicht nur Nostalgieeltern auffällt. Ihnen sicherlich auch! Man muss den gegenwärtigen liberalen und konzeptorientierten Unterricht nicht reflexartig niedermachen, ihn als Kuschelpädagogik etikettieren und ins Lila-Laune-Land verfrachten, sollte aber wenigstens schon mal die Fahrkarte buchen.

Früher war der Unterricht zwar langweilig, aber man hat wenigstens was gelernt, sagt der Nostalgiker, wobei ihm zu entgegnen ist, dass »ob man was gelernt hat« immer auch vom Empfänger abhängt. Wenn man also über den eher durchschnittlichen IQ einer herkömmlichen Salamistulle nicht hinwegkommt, sind die Aufnahmekapazitäten nun mal endlich. Da kann man auch mit einer Mischung aus Gruppenpuzzle und Plakatbasteln sowie Einsatz von Sprechsteinen nichts machen.

Aber ist es nicht so, dass früher wenigstens die Lehrer mehr auf der Pfanne hatten? Guter Punkt – Treffer versenkt. Man kann über frühere Lehrer sagen, was man will, aber – mit Ausnahmen natürlich – ihr Fachgebiet beherrschten sie. Meistens aber auch wirklich nur das; vom Blick über den Tellerrand hatten früher nur wenige je gehört. Von Pädagogik sowieso keinen Schimmer. Die Idee, dass Unterricht auch mal abwechslungsreich und interessant gestaltet werden und im Endeffekt sogar »Spaß« machen könnte, kam ihnen gar nicht erst; Spaß und Schule passten ihrer Meinung nach genauso wenig zusammen wie Volk und Demokratie. Lachen durfte man als Schüler höchstens beim Anblick des Rohrstocks, meist aber nur kurz.

Kurzum: Treffen Sie auf »Früher war Schule einfach besser«-Eltern, werden Sie zweierlei feststellen: Erstens, die haben eine veritable Meise. Zweitens, die Meise kann sich bei näherem Hinsehen auch als Eule entpuppen; und Eulen sind bekanntlich ganz schön weise.

SIE ALS ELTERN GEHÖREN DIESEM TYP AN, WENN ...

... Sie dem Klassenlehrer Ihres Kindes ein Bildnis von Lehrer Lämpel schenken mit der Bitte, selbiges im Klassenraum aufzuhängen, direkt unter das Porträt von Kaiser Wilhelm – ebenfalls eine Ihrer Stiftungen.

... Sie Aspekte wie das Entwickeln von selbstständigem Denken, Individualität, Teamfähigkeit, Kritikfähigkeit, Kreativität oder eigenen Ideen für utopische Theorien einer von ideologisch verbohrten Gummibärchen gelenkten Bildungspolitik halten.

WAS SIE SO VON SICH GEBEN:

»Früher hatten die Kinder Elan. Heute WLAN. Traurig!«

»Früher spielten vier Kinder im Sandkasten und hatten eine gute Zeit. Heute hat eines eine chronische Sandallergie, das andere darf aus religiösen Gründen nicht rein, das dritte ist sowieso hypersensibel und allergisch gegen »draußen«, und das vierte weiß nicht, was Sand ist.«

»Früher gab es nicht jeden Monat eine Schulreform, und der Laden funktionierte trotzdem. Heute funktioniert nicht mal mehr der Schweigefuchs.«

»Früher gab's Goethe. Heute wird er gefuckt.«

ALS LEHRER KÖNNEN SIE AM EHESTEN:

- → das Spiel einfach mal mitspielen und kurzerhand Ihrem Gesprächspartner gegenüber alles verteufeln, was Schule heutzutage ausmacht, beginnend bei interaktiven Tafeln bis hin zur funktionierenden Klospülung.
- → den österreichischen Lehrer und Dichter Ernst Ferstl zitieren: »Das Beste an der guten alten Zeit ist, daß sie längst Vergangenheit ist.«
- → zuhören. So wie Menschen das früher gemacht haben, als es noch nicht Usus war, alle drei Minuten auf Bildschirme zu starren und Smileys zu verschicken. Früher gab's eh keine Smileys. Lachen musste man noch ganz selbsttätig …

NEIN, TRISTAN HAT NICHT ZUERST ZUGESCHLAGEN. DER ANDERE IST EINFACH IN SEINE GEBALLTE HAND GELAUFEN ...
EGAL WAS – ES WAR EIN ANDERER ...

024

IGNORIERER

WEIL NICHT SEIN KANN, WAS NICHT SEIN DARF

»Mein Kind tut so was nicht.« – Mit exakt diesem Satz könnte dieses Kapitel bereits sein Ende finden. Um noch etwas Platz zu füllen und weil dieses Büchlein nicht gerade billig war, legen wir aber, quasi als Dienst am Leser, noch etwas Inhalt drauf.

»Karlotta soll jetzt eine Strafarbeit schreiben, weil sie anscheinend auf dem Schulhof geraucht hat.«

»Ach, das haben wir doch früher mit 16 auch getan. Ist meist nur eine Phase.«

»Klar haben wir das früher auch getan. Aber doch nicht Karlotta. Nein, da kann irgendwas nicht stimmen.«

Da stimmt bestimmt so einiges nicht. Die süße, brave Karlotta soll sich an stinkendem Tabak schadhaft gehalten haben wie eine beliebige Unterschichtengöre? Zwar ist die gesundheitsgefährdende Wirkung von Zigaretten nach wie vor umstritten, doch haben Schulen in vorauseilendem Gehorsam bereits vor Jahrzehnten auf dem gesamten Gelände unsägliche Rauchverbote ausgesprochen. Somit wird an Schulen einzig und allein noch im Hausmeisterkeller gequalmt, zwischen Kunststoffgestühl aus der Ära Kohl, noch nie geleerten Aschenbechern und Bildern leicht bekleideter Damen aus der horizontal orientierten Unterhaltungsbranche, was im Endeffekt dazu führt, dass Lehrerzimmer quer durch die Republik immer weniger Nutzer haben.

Selbst wenn … und diese Einschränkung ist wichtig … selbst wenn Karlotta tatsächlich geraucht haben sollte, immer den Konjunktiv beachten, dann wahrscheinlich nur, um mal zu probieren, was ja wohl noch erlaubt sein dürfte und auf keinen Fall gegen sie zu verwenden wäre. Realistischer ist aber, dass Karlotta die Zigarette nur für eine Freundin festhielt, während diese aufs Klo musste. Zweifellos besteht auch die Möglichkeit, dass, während Karlotta mit ihrem Vokabelkasten (eine Art Vokabelheft für Streberkinder) über den Schulhof wanderte und englische Fachbegriffe zu Moral und Ethik reflektierte … dass sie also im Verlaufe dieses Schlenderprozesses auf einmal, mir nichts, dir nichts, über einen auf dem Asphalt liegenden brennenden Sargnagel stolperte, hinfiel, sofort begutachtete, ob der Vokabelkasten zu Schaden gekommen war, sich erst dann um sich selbst kümmerte, um ihre blutenden Knie und ausgefallenen Schneidezähne, um dann, auch um jüngere Mitschüler zu schützen, das noch immer gefährlich glimmende und ätzende Dämpfe ausströmende Inhalationsgerät in verantwortungsvoller Manier einem im Umgang mit Drogen geschulten Erwachsenen oder Lehrer zu geben. Rauchen jedenfalls, um diese Erkenntnis festzuhalten, würde Karlotta nie und nimmer! Sex haben aber ganz bestimmt auch nicht:

»Unser Yves ist jetzt mit der Jelena aus seiner Klasse zusammen, seit fünf Monaten schon, und jetzt hatten sie letzte Woche das erste Mal Geschlechtsverkehr …«

»Viel zu früh! Viel zu früh!«

»Hat Karlotta nicht auch 'nen Freund? Den Typen, der aussieht wie ein Armleuchter?«

»Stimmt schon, der Junge ist ein Trottel, aber was soll man machen? Die beiden feiern bald schon ihren Jahrestag.«

»Haben Sie kein Problem mit Sex und dem ganzen Zeugs? Haben Sie mit Karlotta über Verhütung gesprochen?«

»Natürlich haben wir das, ist ja wohl selbstverständlich. Aber sie hat ohnehin noch keinen Sex. Das hätte sie uns erzählt. Wir haben da vollstes Vertrauen zu unserer Tochter.«

»Na ja, manchmal erzählen Kinder ihren Eltern …«

»Wie gesagt: Da geht kein Blatt dazwischen! Karlotta würde uns niemals anlügen.«

Oje. Dieses Elternteil scheint es wirklich ernst zu meinen! Es wäre auch wirklich eine schöne Vorstellung, wenn das Eltern-Kind-Verhältnis dermaßen absolut intim und vertrauensvoll wäre, dass moralische Verfehlungen wie Lügen niemals vorkämen. Würde Karlotta tatsächlich Sex haben wollen, würde sie, wie es sich für einen vernünftigen Teenager gehört, vorher, und daran gibt es nichts zu zweifeln, ihre Eltern um Erlaubnis bitten bzw. wenigstens mit Mama am »Mädels-Abend« die Pros und Kontras ausdiskutieren mit dem Ergebnis, dass Karlotta viel zu reif ist, um sich körperlichen Gelüsten hinzugeben – und dann auch noch mit einem nachweislichen Deppen, dessen Hirninhalt dank täglicher Klebstoffschnüffelaktionen nur noch rudimentär vorhanden ist.

Und Tristan soll auf der Klassenfahrt das Hochbett abgefackelt und dabei die Worte »Tod den Tyrannen« gemurmelt haben?

Sicherlich eine spontane Selbstentzündung, denkt sich der Ignorierer. Kommt zwar selten vor, wenn, dann aber ausschließlich in Jugendherbergen.

Lea soll Cybermobbing betrieben und ihre ehemalige BFF Carolin mit der Veröffentlichung von erotischen Schlafzimmerbildern direkt in die geschlossene Psychiatrie getrieben haben? Erstens: Carolin ist ohnehin ein Flittchen, denkt sich der Ignorierer. Zweitens: Lea benutzt das Internet ausschließlich, um sich Informationen zu unterrichtlichen Themen zu holen bzw. sich politisch auf dem Laufenden zu halten und ganz bestimmt nicht, um irgendwelche Leute an den virtuellen Pranger zu stellen. Drittens: Lea würde so was nie tun! Viertens: Cybermobbing wird sowieso maßlos überschätzt.

Und Rodrigo soll sich letzte Woche auf der Geburtstagsparty von Emil die Birne dermaßen zugeschüttet haben, dass man ihm in der Notaufnahme den Magen auspumpen musste – dreimal? Sogar ins Aquarium soll er gegöbelt haben? Uriniert außerdem in die Kakteenfarm von Emils Mutter? Auf der Wohnzimmerfensterbank? Sich dann noch entblößt und Mädchen an Busen und Hintern gegrapscht und obszöne Sprüche gemacht?

Alles sehr, sehr unwahrscheinlich! Man fragt sich als Mutter von Rodrigo schon, wie es bei Emil so zugeht und was dessen Eltern, offenbar nicht vom Fach, so alles zulassen. Von Aufsichtspflicht noch nie etwas gehört, diese Leute. Was nun das Trinken angeht: Rodrigo trinkt nicht, schon gar keinen Alkohol. Alkohol verträgt er nicht. Alkohol steht auf dem Index. Alkohol ist böse und abartig. Vor allem Bier oder Pflaumenlikör. Selbst wenn er tatsächlich trinken würde, bitte erneut Konjunktiv beachten, was er aber niemals täte, schon gar nicht in der Öffentlichkeit oder mit verantwortungslosen und unerzogenen Gleichaltrigen, würde er niemals den Respekt vor dem Eigentum anderer Menschen verlieren oder jemals frech und machohaft gegenüber Mädchen auftreten. Rodrigo ist da ganz anders – er ist noch gar nicht alt genug, um mit Mädchen umzugehen … Die meisten dieser Teenie-Girls sind ihm viel zu unreif und tragen viel zu kurze Sachen. Mit solch einer Zurschaustellung nackter Haut kann Rodrigo nichts anfangen. Allerdings, Rodrigos Eltern leben schließlich nicht komplett hinter dem Mond, ist es natürlich möglich, dass seine sogenannten Kumpels ihn abgefüllt haben, ohne dass er es gemerkt hat. Muss ja! Wie sonst sollte der Alkohol in seinen Körper gelangt sein? Wenn man nie trinkt, wirkt Alkohol bekanntlich sofort und geht ins Gehirn. Dass er dann, vorausgesetzt, er war überhaupt anwesend auf dieser Party – das ist noch völlig unbewiesen, denn eigentlich geht er nicht auf Partys, weil er so was für infantilen Unsinn hält, oder weil er schlicht und einfach nie zu einer eingeladen wird –, … dass er dann vielleicht tatsächlich mal für Bruchteile von Sekunden leicht die Kontrolle verloren haben könnte … geschenkt! Über solche Albernheiten brauchen wir nicht zu debattieren.

Die Zusammenfassung solcher Elternberichte geht schnell und läuft immer gleich ab: Mein Kind tut das nicht. Bestimmt eine Verwechslung. Unfaire Behandlung. Das war ein anderer.

Und wird Rodrigo nächste Woche von zwei Polizeiobermeistern sturzbesoffen vor der Haustür angeliefert, lautet die erste Frage nicht »*Wie konntest du nur?*«, sondern freilich »*Wer hat dir das nur angetan, mein kleiner engelsgleicher Bub*«.

Brennen demnächst auch zu Hause die Hochbetten, wird Tristan immer noch nicht beschuldigt. Das Bettchen muss aus demselben hochgefährlichen Holz gezimmert worden sein wie das Ding in der Jugendherberge. Ärgerlicher Zufall, aber wenigstens ist Tristan unverletzt.

Falls Lea zweifelsfrei überführt werden kann bezüglich der Mobbing-Aktionen gegen BFF Carolin, weiß ein kluges Elternteil natürlich, dass Lea trotzdem unschuldig ist an der Sache. Jemand muss sich über Leas Account eingeloggt haben! Wahrscheinlich Carolin selbst. Passt zu ihr! Von solchem Identitätsdiebstahl hört man jeden Tag – war also nur eine Frage der Zeit, bis es auch Lea erwischt. Sie selbst könnte niemals auch nur einer Fliege was zuleide tun. Sogar Spinnen trägt sie nach draußen! Meistens sogar noch an ihrem Hausschuh klebend.

Eltern, die ihre Kinder lieben, gibt es jede Menge. Eltern, die ihre Kinder dermaßen bedingungslos lieben, dass sie ihnen alles zutrauen – nur nichts auch nur ansatzweise Böses, allerdings auch. Sex, Drogen, Gewalt – all dies mag bei anderen Kindern völlig klar auf der Hand liegen, aber nie beim eigenen.

Wird die 14-jährige Tochter beim Klauen erwischt, und sei es nur ein Lippenstift, hat auf jeden Fall das Geschäft Schuld – eine Anzeige ist selbstverständlich. Entdeckt der 16-jährige Sohn seine Vorliebe fürs Kiffen, bekommt die Schule einen auf den Deckel: Traurig, dass man sich dort a) nicht um Drogenprävention kümmere und b) offenbar zulässt, dass auch unbeteiligte Schüler zu Opfern werden.

Doch es muss sich nicht immer alles gleich um Sex und Drogen und Gewalt handeln – im schulischen Alltag, auch bei relativen Kleinigkeiten, stellen Eltern, die alle »Schandtaten« der lieben Kleinen dauerignorieren, Lehrerinnen und Lehrer immer wieder vor Probleme, die es eigentlich gar nicht geben dürfte. Falls Sie im folgenden Dialog keinerlei Sinn finden, liegen Sie richtig:

»Also, Frau Walther, ich wollte mich gerne persönlich mit Ihnen treffen, um über Leas Betrugsmanöver in der Mathearbeit zu sprechen. So was können wir als Schule natürlich nicht durchgehen lassen.«

»Also, ob es sich da wirklich um Betrug handelt … da müsste man erst einmal den Begriff genauer definieren. Lea betrügt nämlich nicht.«

»Also, äh, doch. Hat sie. Betrogen. Klarer Fall!

»Sie brauchen gar nicht weiterzureden. Finden Sie lieber erst einmal den wahren Schuldigen.«

»Also bitte, Frau Walther, Lea wurde vom Mathelehrer direkt erwischt, als sie unter dem Tisch mit ihrem Handy …«

»Mit dem Mathelehrer hatte sie schon immer Probleme. Der mag sie einfach nicht.«

»Das ändert nichts daran, dass sie beim Betrügen erwischt wurde. Sie hat ja auch bereits zugegeben, gespickt zu haben. Damit müssten wir nur noch über die Art der Sanktionierung reden … und natürlich muss Lea die Arbeit wiederholen.«

»Man sollte sich lieber mal fragen, warum soziales Engagement bestraft werden sollte.«

»Soziales … Bitte?«

»Es ist ja wohl klar, dass sie nur gespickt hat, wenn wir mal diesen bösen Begriff verwenden wollen, um jemanden zu schützen. Ich nenne hier natürlich keine Namen, bin schließlich keine Denunziantin. Aber fragen Sie doch mal das Mädel, das direkt neben ihr sitzt im

Unterricht ... Wie heißt sie noch gleich? Carola? Carina? Ich komm nicht drauf ...«

»Carolin?«

»Genau die! Sehen Sie, wie sozial Lea ist? So was sollte auch die Schule mal berücksichtigen.«

Sollte sie unbedingt! Mädchen wie Lea und Jungs wie Tristan oder Rodrigo dürfen nicht an den Pranger gestellt werden, vielmehr sind sie gefälligst mit dem neu zu erschaffenden »Unschulds-Award« auszuzeichnen, und zwar sofort. Selbiger Preis müsste dabei stets doppelt vergeben werden: an Kind und Eltern gleichermaßen.

SIE ALS ELTERN GEHÖREN DIESEM TYP AN, WENN ...

... Sie über die positiven und negativen Eigenschaften und Aktivitäten Ihres Kindes genauestens Buch führen. Für Ersteres haben Sie mehrere Aktenordner, für Letzteres exakt einen leeren Post-it-Zettel.

... andere Eltern und/ oder Lehrkräfte sie andauernd fragen, ob Sie wirklich so unsäglich gutgläubig sind oder ob es sich dabei um einen erziehungstechnischen Geniestreich handelt.

WAS SIE SO VON SICH GEBEN:

»Nein, Tristan hat nicht zuerst zugeschlagen. Der andere ist einfach in seine geballte Hand gelaufen.«

»Karlotta raucht nicht! Bei ihr raucht höchstens der Kopf vom ganzen Nachdenken über ziviles gesellschaftliches Miteinander.«

»Wir vertrauen unserer Tochter unser Leben an. Nur nicht unser Geld.«

»Egal was – das war jemand anders.«

»Es ist wirklich schlimm, dass andere Eltern bewährte Werte wie Ehrlichkeit in keiner Weise mehr vermitteln.«

ALS LEHRER KÖNNEN SIE AM EHESTEN:

→ zustimmen. Es sei denn, Sie legen Wert auf stundenlange Diskussionen über all das, was dieses besagte Kind niemals tun würde.
→ dem in jeder Hinsicht unschuldigen Kind (das weder Sex auf dem Schulklo hat noch ebendort Haschkekse verkauft noch digitale Wandtafeln anzündet noch den Wodkavorrat des Mathelehrers entwendet), ungeachtet aller Vorteile von Gewaltfreiheit, vor aller Augen eine schallende Ohrfeige geben und den Eltern erzählen, dass es sich, obwohl es Fotobeweise auf dem Handy gibt, um eine Verwechslung handelt, Sie selbst nämlich gar nicht vor Ort waren und ohnehin eher zum Benutzen der ganzen Faust neigen.

025

HYPERENGAGIERTE

WEIL'S SONST EH KEINER MACHT!

Wer sich in irgendeiner Form engagiert, egal für was, tut etwas für sich selbst und die Gesellschaft gleichermaßen. Engagement – ein Wort, das nur die besten Rechtschreibspezialisten auf Anhieb richtig schreiben können – war und ist und bleibt ein wesentlicher Motor des Fortschritts. Ohne Menschen, die nicht hin und wieder mal ihren Arsch von der Couch bewegen und sich für die Gesellschaft abrackern, und zwar ehrenamtlich, würden viele Dinge nicht funktionieren. Ohne freiwillige Feuerwehr müsste man im Notfall die Berufsfeuerwehr anrufen – wie jeder weiß, sind die dortigen Retter noch häufiger betrunken als die freiwilligen oder sowieso auf einem Bollerwagenausflug. Ohne freiwillige Eltern müsste man alles, wirklich alles, den Lehrern und der Schule überlassen – was zum sofortigen Zerfall des Ladens führen würde; eine ganze Generation von Kindern unrettbar verloren.

Doch, Glück gehabt, es gibt sie ja. Eltern, die unter Engagement nicht bloß verstehen, hin und wieder dem Kind mal ein Pausenbrot mitzugeben oder tatsächlich mal neue Buntstifte zu kaufen. Eltern, die fest daran glauben, dass ihre Mithilfe und Mitarbeit in der Schule nicht nur gewünscht, sondern regelrecht gefordert wird. Wozu sonst gibt es all die wunderbar ineffektiven Gremien, in denen man als Mutter (schulisches Engagement ist tatsächlich

SIE ARBEITEN ALSO IN KEINER EINZIGEN ARBEITSGRUPPE MIT? NA JA. WENN IHNEN DIE ZUKUNFT IHRES KINDES EGAL IST ...

im Wesentlichen eine weibliche Angelegenheit) nach der Arbeit, vor der Arbeit oder statt der Arbeit so richtig schön die Zeit totschlagen kann?

Es ist zwar nicht zwingend notwendig, doch hilft es dem eigenen Einfluss und Ego merklich auf die Sprünge, wenn man wenigstens eine Funktion als Elternvorsitzende vorzuweisen hat. Dazu muss man gewählt werden, was standardmäßig kein Problem ist, da viele Eltern aus purer Bocklosigkeit keinerlei Anstalten machen, sich auf solch elementar wichtige Positionen zu bewerben, beinahe so, als wäre all das nur verlogener Schnickschnack. Eine Wahl zu gewinnen, als einziger Bewerber, geht also im Regelfall ziemlich fix, und schwups, schon ist man Chefin. Als Vorsitzende der Klassenelternschaft kann man a) dauernd darauf hinweisen, dass man sich (als Einzige!) für die Interessen der Kinder stark macht und b) bereit ist, aus genau diesem Grund Freizeit, Freude und Leben – die Übernahme des Elternratsvorsitzes verlangt, so steht es geschrieben, eine keusch-koschere Existenz im Sinne jüdisch-orthodoxer Moralvorstellungen – fortan hintanzustellen. Falls an einem Elternabend »Wahl des Elternvertreters« erst am Ende der Tagesordnung steht, wird der oder die Auserwählte bereits vor Punkt 1 dringend anregen, die Prioritäten entsprechend zu verändern, sodass man sich, nach erfolgreichem Gewähltworden-Sein bereits, mit dem imaginären Zepter unendlicher Macht gesalbt und gesegnet, viel intensiver und qua Amt in die anstehenden, für die Zukunft des eigenen Kindes (zuweilen werden auch die Interessen anderer Kinder in den Blick genommen) relevanten Diskussionen einzubringen vermag. Um nicht als reine Karrierepolitikerin wahrgenommen zu werden, der es einzig und allein um Reputation geht, wird noch am selben Abend die Gründung einer Arbeitsgruppe bzw. Kommission zur »Steigerung der Qualitätsstandards« eingerichtet. Interessierte Eltern mögen alsdann bitte in naher Zukunft bei ihr, der Initiatorin, vorstellig werden, um, Zitat, »das weitere Vorgehen zu besprechen«. Im Regelfall werden zwar im kommenden Schuljahr überhaupt keine Qualitätsstandards gesteigert, was aber kaum die Schuld der Protagonisten ist: Es habe sich leider kein anderes Elternteil gemeldet, und man könne schließlich nicht alle Aufgaben nur auf einer Schulter verteilen.

Womit sie natürlich richtig liegt. Es ist stets für andere Eltern und auch Lehrkräfte traurig zu sehen, wie einige wenige Eliteeltern sich für die Gemeinschaft aufopfern, sie aber kontinuierlich von faulen Schmierlappen und sonstigen Rübengesichtern im Stich gelassen werden. Skandalös, fällt einem da als Erstes ein. Aber, das gehört zur Wahrheit dazu, im Ehrenamt sind die ehrlichen ehrlich allein!

Eine weiterführende Schule mit bis zu 1.000 Schülern verfügt wenigstens über 100 verschiedene Grüppchen und Stuhlkreise, in denen man effektiv das Schulsystem – oder wenigstens diese eine Schule – wenn auch nicht retten, dann doch zumindest ein klein wenig nach vorne bringen kann. Natürlich gibt es, so was darf einfach nicht fehlen, irgendein Gremium, das sich mit dem Mensaessen befasst, bzw. mit derjenigen im Überfluss dargebotenen Menge an Hühnerinnereien, die jeden Tag serviert wird und dabei täglich unter einem neuen Namen fungiert. Dieselbe raffiniert zerkochte Pampe heißt am Montag noch Hühnerfrikassee und geht am Dienstag schon als Wiener Schnitzel durch. Jede Schule, von Baumschulen abgesehen, hat ein solches Gremium, selbst Schulen, die überhaupt keine Mensa ihr Eigen nennen und wo noch der Hausmeister in den Pausen gammelige Bockwürstchen bulgarischer Billigproduktion aus irgendeinem Wandfenster heraus an die gierige Horde der auf Laktoseintoleranz und »doppelt Tsatsiki mit voll viel scharfe Sauce«-gedrillten Schüler- und Lehrerschaft für teuer Geld verscherbelt, um mit dem eingenommenen Schmerzensgeld endlich mal Putzmittel zu kaufen, die zur Abwechslung einmal nicht nach Leichenhalle müffeln.

Sogar Namen haben diese Fressgremien: Von »Schule auf Esskurs« (fragt sich bloß, in welche Richtung) über »Regional und lokal – wie wir die traditionelle Landwirtschaft unterstützen« (seit wann stellt die denn Döner her?) bis hin zur »Kommission zur Verbesserung der Anziehungskraft der schulinternen Nahrungsaufbereitungsanlage unter Verschleierung tatsächlicher Herstellungsbedingungen«.

Wenn sich Eltern in solchen Gremien engagieren wollen, bitte schön! Wir leben bekanntlich in einem freien Land, und hin und wieder kommen tatsächlich gute und tolle Ergebnisse dabei herum, z.B. dass bestimmte Getränke, also vor allem Limos mit hohem Zuckergehalt, aber auch Bier und Milch, sowie zahnschmelzgefährdende Schokoriegel ab sofort nicht mehr verkauft werden dürfen, was logischerweise dazu führt, dass die Schüler ihren Bedarf anderweitig decken, entweder beim mit jeder Menge Akne gesegneten Zuckerdealer um die Ecke, dessen Baggy Pants bis zu den Kniekehlen hängen, und der außerdem Haschkekse im Sortiment hat, oder bei der gegenüberliegenden Tankstelle. Die Kinder müssen zwar, um dort hinzukommen, nur einigermaßen geschwind eine vierspurige Straße mit Schwerlastverkehr überqueren, aber Hauptsache ist: In der Schule wird ab sofort gesund gelebt. Da freuen sich dann vor allem die eigenen Kinder. Die Mensabetreiber und -angestellten nicht so sehr, sie haben nämlich bald viel Freizeit und können nach einer Anschlussverwendung Ausschau halten, da der Laden aufgrund von »keine Kunden« dichtmachen muss.

Sitzen Sie, liebe Leserin, lieber Leser, auch in einem schulischen Gremium? Hat sich daraufhin irgendetwas Relevantes tatsächlich geändert? Wenn ja – herzlichen Glückwunsch! Ihre Arbeitskraft und Ihre Anstrengungen haben offenbar dazu beigetragen, den tagtäglichen Aufenthaltsbereich Ihres Kindes ein wenig besser, angenehmer, gesünder, ungefährlicher, interessanter oder auch stressfreier zu gestalten.

Leider hat dies Seltenheitswert; viel zu häufig ist das Resultat einer Arbeitsgruppe lediglich, dass man selbige Arbeitsgruppe im folgenden Jahr fortsetzt, um die bislang erledigte Arbeit (die zu nichts führte) ausgiebig zu evaluieren, am besten unter Begleitung und Anleitung eines externen Experten (der sich als »Coach« vorstellt), den die Schule aus dem Budget für sanitäre Maßnahmen bezahlt, um dann, nach einer expansiven Phase des Reflektierens über die eigene Wichtigkeit, deduktive und induktive Zielsetzungen des Projektes im gemeinsamen, kritischen Gespräch, wozu auch Mitglieder der Schulleitung und des städtischen Kulturbüros geladen sind, neu zu verhandeln, gegebenenfalls zu hinterfragen, um zu guter Letzt zu einer Übereinkunft darüber zu kommen, dass man sich schlicht und einfach den Arsch umsonst aufgerissen hat.

So richtig hammermäßig engagierte Eltern sitzen nicht nur in jeder noch so absurden Arbeitsgruppe zu allen möglichen Themen, sondern wissen auch sonst über alles Bescheid, was mit Schule und ihren Insassen zu tun hat:

»Wussten Sie schon, dass Frau Sülze-Sauron nun doch nicht die Schule verlässt?«

»Keine Ahnung, wer ist denn …?«

»Sie hat's ja mit dem Mittelstufenkoordinator getrieben, sie wissen doch … dem Helmut. Mehrfach sogar, in der Abstellkammer, beim Kopierpapierlager, aber jetzt will er sie wohl doch nicht mehr heiraten …«

»Ach … Helmut?«

»Helmut hat sich nun trotzdem auf den Posten des Schulleiters beworben. Richard leidet ja so schlimm an der Bandscheibe … Alles nur ein Vorwand … Er trinkt gerne mal einen … wenn Sie verstehen, was ich meine …«

Wie gesagt, diese Leute wissen über alles und jeden Bescheid, sind mit beachtlichen Teilen des Lehrerkollegiums, auch mit Helmut und Richard, per Du und sich nicht zu schade, auch die wenig anmutige Frage nach neu anzuschaffendem Klopapier ausführlich mit anderen Eltern, Lehrern und Schulleitung zu debattieren. Dreilagig oder vierlagig oder doch das bisherige Schmirgelprodukt? Rosa für die Mädchen und blau für die Jungs oder andersrum oder wie gehabt farblos? Einweg oder Mehrweg, der Umwelt zuliebe? Fragen universeller Relevanz, die sich hier auftürmen; um also mit professioneller Expertise vorzugehen, werden sogar, im Rahmen einer frisch gegründeten Arbeitsgruppe, Busausflüge zu Toilettenpapierfabriken unternommen, notfalls auch auf eigene Kosten.

Engagement, davon können gerade die Hyperengagierten unter Ihnen ein langes, trauriges Lied singen, bezieht sich nicht nur auf die scheinbar »großen« und massenkompatiblen Themen wie Mensaessen, sondern auch auf das Endprodukt dieses Essens.

Manche Eltern verbringen weniger Zeit mit ihren eigenen Kindern als bei irgendwelchen Ausschusssitzungen, Podiumsdiskussionen, Klassenkonferenzen – sie sind zu 150 Prozent aktiv, merken aber nicht, dass all ihr Einsatz meist nur sehr wenige Früchte trägt. Anstatt sich aber auf *ein* Themengebiet zu stürzen (z.B., ganz simpel: Verschönerung des Klassenraums), drehen sie sich immer mehr im Kreis, jammern gegenüber anderen Eltern, wie belastend doch diese ganzen Sitzungen sind, und nerven Lehrer mit immer neuen oder alten Kinkerlitzchen. Hinzu kommt, dass so mancher hyperengagierte Elternteil sich eigentlich einen feuchten Furz um Schule oder Qualität oder Sonstiges schert – es geht ihm einzig und allein um sein eigenes Kind.

Indem man sich also durch tausendfache Gremienarbeit unersetzlich macht, glaubt man, Lydia oder Sebastian oder Tobias oder Elisa-Jane im korrupten schulischen Geflecht einen besseren quasi aristokratischen Stand zu ermöglichen. Was naturgemäß nur in einer Gesellschaft von hinterfotzigen Schleimbeuteln möglich ist – eine Bezeichnung, von der sich Schule bislang distanziert. Noch jedenfalls.

SIE ALS ELTERN GEHÖREN DIESEM TYP AN, WENN ...

... Sie noch vor Fertigstellung des »Schulprogramms« bereits mindestens zwei überarbeitete, erweiterte und verbesserte Versionen vorstellen können.

... Sie drauf und dran sind, Ihren Job zu kündigen, um sich voll und ganz auf Schule konzentrieren zu können. Was Sie von Ihrem Kind erwarten, können Sie selbst schließlich am besten!

... Sie wirklich jedes Mitglied jeder Arbeitsgruppe kennen, die an einer durchschnittlich großen öffentlichen Schule mehr oder minder tätig ist, und außerdem bei jeder dieser Arbeitsgruppen den Vorsitz innehaben, das Protokoll führen und das Catering übernehmen – mit schmierigen Bockwürsten, die Sie, genau wie neuerdings der auf den Öko-Zug aufgesprungene Hausmeister, souverän als mit Radieschenschnitzereien garnierte »überaus schmackhafte, gebrühte katalanische Salatstangen« anbieten; garantiert glutenfrei!

WAS SIE SO VON SICH GEBEN:

»Ich kann Ihnen sagen, in all diesen Gremien zu sitzen ist kein Kindergeburtstag. Aber ich tue das schließlich nicht für mich ...«

»Sie arbeiten also in keiner einzigen Arbeitsgruppe mit? Na ja. Wenn Ihnen die Zukunft Ihres Kindes egal ist ...«

»*Herrje, herrje, am Montag Klassenkonferenz, Dienstag Sitzung des Schulausschusses und Donnerstag Schulvorstand ... und zwischendurch noch die eine oder andere Sitzung mit dem Schulelternrat.*« (Sind Sie Lehrerin?) »*Hä? Nein, Mutter!*«

ALS LEHRER KÖNNEN SIE AM EHESTEN:

- → durchaus mal Bewunderung und Anerkennung für all diese Leistung zeigen; immerhin tun solche Eltern meist mehr als Sie selbst …
- → mit leicht flehender (und heuchlerischer) Stimme anfragen, ob jemand, der sich »so unglaublich für die Belange der Schule und der Kinder einsetzt«, nicht zusätzlich noch bereit wäre, ein (an sich komplett überflüssiges) Partnerschulprojekt mit Ghana, Äquatorialguinea oder Sachsen-Anhalt in Angriff zu nehmen und die dortigen Gegebenheiten mal für einige Monate oder Jahre genauer in Augenschein nehmen zu können …

WER SIND DENN BLOSS DIE KLEINEN DINGER, DIE IN MEINEM HAUS WOHNEN UND DEREN NAMEN ICH DAUERND VERGESSE?

026

WORKAHOLICS

WEIL KINDER ALLEINE AUCH NICHT GLÜCKLICH MACHEN

Workaholics sind relativ einfach zu beschreiben: Es handelt sich um Menschen, die der Tätigkeit des bruttoinlandsprodukt-sichernden sogenannten »Arbeitens« nachgehen, eine in verschiedenen Kulturkreisen der Erde ausgeführte Beschäftigung, mit deren Ertrag, dem als Lohn bekannten Obolus für das Verkaufen von Leib und Seele, sich Haus, Auto, Nahrung, Kinder und Kirchensteuer je nach Einkommen mehr oder minder passabel bezahlen lassen.

Viele Menschen gehen also arbeiten, um leben zu können. Ein zusätzliches, aber gänzlich zu vernachlässigendes Extra ist die Möglichkeit der Selbstverwirklichung durch Arbeit, was aber nicht bei allen Berufen infrage kommt. Sicherlich befindet sich der ältere Herr, der beim Discounter die Einkaufswagen zusammenschiebt, nicht in einer Selbstrealisierungsphase. Andererseits: Mit hoher Wahrscheinlichkeit ist der Mann eigentlich Autor von sozialkritischen Novellen oder studierter Germanist, hat also vom Prinzip Arbeit noch keine größere Kenntnis. Immerhin: Er arbeitet. Womit er die wesentliche Forderung des Staates an einen Untertanen erfüllt.

Workaholics nun sind Menschen, die auch arbeiten, aber viel, viel mehr als andere Leute; Workaholics sind scharf auf Kohle, und finden ihre Arbeit meistens ebenfalls scharf. Ihr Blick auf Arbeit ist nicht vergleichbar mit dem von normalen Menschen wie Sie und ich, die wir Arbeit lediglich als unnötige Unterbrechung der Freizeit betrachten. Für Workaholics ist Arbeit Lebenselixier, genauso notwendig wie Sauerstoff oder jegliche Form koffeinhaltiger Brühe.

Warum nun aber Menschen, die am liebsten vor sich hinknüppeln in den Produktions- und Dienstleitungsplantagen der modernen Welt, auch noch unbedingt den Enthusiasmus haben, Kinder in die Welt zu setzen – auch wenn der reine Herstellungsprozess sicherlich eine angenehm horizontal-entspannende Veranstaltung ist –, bleibt relativ unklar, wobei wir, demografisch und zukunftsorientiert gesehen, dankbar sein müssen, denn man kann davon ausgehen, dass Workaholic-Kinder in gesicherten finanziellen Verhältnissen aufwachsen, inklusive eines Bildungsüberbaus. Dumm nur, dass Workaholic-Eltern ihre Kinder häufig nicht als das sehen, was sie sein sollten, nämlich oberste Priorität, und zwar immer.

Nicht alle Workaholics stinken vor Kohle! Muss einfach mal gesagt werden. Denn nur, weil sich auf so manchen Elternabenden Menschen in Designeranzügen oder eleganten Kostümen tummeln, heißt das noch lange nicht, dass sie reich sind wie Onkel Dagobert, täglich ein Talerbad nehmen, mit Diamantenwasser die goldenen Beißerchen putzen und ihre Kinder in einem Eliteinternat in der Schweiz zwischenparken, bis sie reif genug sind, um entweder die elterliche Firma zu übernehmen oder wenigstens irgendwo als Investmentbanker mit Schwerpunkt Geld-Verjubeln tätig zu werden.

Soll heißen: Viele Workaholic-Eltern sind relativ normale Arbeitnehmer bzw. Beamte oder Freiberufler in Bank, Versicherung, Behörde, Medizin, Wirtschaft, Journalismus, Bildung, Politik, Industrie, Wirtschaft oder Bordellgewerbe. Sie arbeiten entweder unsagbar viel, weil sich Überstunden bezahlt machen, weil sie Karriere machen wollen und/ oder weil sie tatsächlich Spaß an ihrem Job haben. Alles gut eigentlich. Zwei Dinge stören:

Erstens, viele Workaholic-Eltern arbeiten nicht nur viel, sondern nehmen sich auch viel zu wichtig, womit sie ihrer Umgebung ganz gehörig auf den Zeiger gehen können.

Zweitens, ihre Arbeitsleidenschaft oder -wut geht nicht selten auf Kosten der Kinder, oder, wie der professionelle Workaholic sagen würde: die kleinen Dinger, die in meinem Haus wohnen und deren Namen ich dauernd vergesse.

Ein Workaholic-Vater hat drei Milliarden Telefonnummern von irgendwelchen Geschäftspartnern im Kopf, kann sich aber partout nicht daran erinnern, dass er um fünf Uhr mit Marie-Louise zum Zahnarzt muss, geschweige denn, um welchen Zahnarzt es sich handelt, ob es sich um einen reinen Termin zur Prophylaxe oder ein markerschütterndes Bohrfeuerwerk handelt, ob Marie-Louise Angst vorm Zahnarzt hat oder der Zahnarzt vor ihr, ob Marie-Louise täglich die Zähne putzt und wer Marie-Louise eigentlich ist.

Er leistet pro Woche einen unsagbar wichtigen Termin nach dem anderen ab, kann sich dabei an jede noch so geringfügige Aktennotiz erinnern, vergisst aber Christophs Theateraufführung. Gut, die war zwar mit Sicherheit genauso beschissen wie letztes Jahr, und Christoph spielte ohnehin nur einen Laternenpfahl in Lampukistan, oder *wie* ein Laternenpfahl in Lampukistan, ganz genau ließ sich dies aus dem von befreundeten Eltern (anwesend!) gedrehten Video nicht ersehen, aber man hätte vielleicht doch hingehen sollen. Hingehen *müssen* sogar. Insbesondere schulische Termine sind für Workaholic-Eltern die Hölle auf Erden, handelt es sich doch einerseits um Veranstaltungen oder Gespräche, denen man, will man nicht als Rabenvater oder Hurenmutter bezeichnet werden, dringend beiwohnen muss, und weil es sich einfach so gehört, auch aus Respekt gegenüber der Institution Schule, andererseits jedoch um Verschwendung wertvoller Zeit, die sowieso schon nicht ausreicht für all die tausend Dinge, die einem das Berufsleben tagtäglich abverlangt.

»Nun erwarten die auch noch, dass ich da nächste Woche zum Elternsprechtag hingehe. Von drei bis sieben Uhr – da kriege ich doch nie bei jedem Lehrer einen Termin.«

»Das lässt sich bestimmt organisatorisch nicht besser regeln. Man kann sich für die einzelnen Lehrer inzwischen aber per Internet anmelden.«

»Das hilft mir auch nichts! Vier Stunden – alles auf meine Kosten. Kann mir mal irgendwer verraten, wo ich diese vier Stunden hernehmen soll?«

»Aber so ein Elternabend ist doch höchstens zweimal im Schuljahr ... ich gehe meist ein paar Stunden eher von der Arbeit weg, wenn's geht ...«

»Bei mir ist das nicht drin! Einfach mal früher weggehen, das funktioniert vielleicht bei normalen Arbeitnehmern. Keine Chance bei mir. Ich kann nicht alles stehen und liegen lassen, nur weil irgendwelche Pädagogen wieder mal Hof halten wollen ...«

»Na ja, dann telefonieren Sie doch mit den Lehrern. Bei Bastians Lehrern klappt das super.«

»Wäre ja noch schöner. Wie viele Fächer hat denn Bastian?«

»Genauso viele wie Marie-Louise. Sie sind in derselben Klasse.«

»Und wie viele Fächer hat Marie-Louise?«

»Müssten zwölf sein.«

»Aha. Zwölf also. Das wären dann also zwölf langwierige und anstrengende Telefonate. Zwölf! Fast ein Dutzend ... das lässt sich beim besten Willen nicht in meinen Arbeitstag integrieren. Vielleicht am Wochenende, aber da liegt auch immer so viel an ...«

»Was machen Sie eigentlich beruflich, dass sie so sehr beschäftigt sind. Ist ja kein Leben, so was, oder?«

»Lehrer. Deutsch und Sport. Sie wissen schon ...«

Workaholics sind nicht zwingend grenzsympathische Angeber, die ihr Gegenüber ständig und mit arrogantem Blick auf »mein Haus, mein Auto, mein Furunkel« hinweisen müssen und dabei selbstgefällig und herablassend grinsen in der Gewissheit, dass besagtes Gegenüber all diese Dinge nicht besitzt. Workaholics sind vielmehr Leute, die einfach nicht wissen, wann es genug ist mit der Schufterei. Sie sind ehrgeizig (dabei auch meist erfolgreich) und streben nach Anerkennung durch Leistung. Immer einen Tick besser sein. Ist ein Ziel erreicht, wird sogleich das nächste Projekt in Angriff genommen. Sie finden Stress nicht störend, sondern stimulierend und geil – eine Eigenschaft, die modernen Teenagern ziemlich abgeht –, jammern aber trotzdem rum wegen all des Stresses. Stressjammern können moderne Teenager wiederum ganz hervorragend und geradezu inbrünstig, dies aber natürlich nur, um ihre Wichtigkeit zu betonen.

Zuweilen neigen Workaholics dazu, ihr Lebensmotto »Schneller, höher, weiter« auch auf ihre Kinder zu übertragen, selbst auf diejenigen, die sich schon bei den erbarmungswürdigen Sportveranstaltungen in der Kinderkrippe immer als Letzte ins Ziel flennten. Ein gewisser Hang zum Perfektionismus ist arbeitswütigen Eltern also nicht abzusprechen; sie sind folglich regelrecht angepisst und seelisch gekränkt, wenn sie an ihren eigenen Ansprüchen scheitern oder wenn sie all die Arbeit nicht an ihr gewünschtes Ziel bringt. Glücklicherweise können sie auf diese Weise entstandenen Frust am Nachwuchs auslassen, sofern man clever genug war, sich rechtzeitig welchen anzuschaffen.

Wenn das Familienleben normaler Menschen ziemlich stark durch Schule bestimmt wird, es gibt schließlich dauernd irgendwas am Kind zu kritisieren, geht es bei Workaholics eben um diese selbst, um ihren Terminkalender, dem sich alles andere (Marie-Louises Dentistendebakel, Christophs Lattenpfahlschauspielerei) unterzuordnen hat. Zeit ist dann, wenn Zeit gemacht werden kann.

Workaholics sind dermaßen eingespannt in ihren Job, dass sie sogar im persönlichen Gespräch mit anderen Eltern oder auch Lehrern gezwungen sind, ihr Handy stets im Blick zu behalten, wofür sie sich sogar zu Beginn eines Treffens entschuldigen: *»Ich werde hin und wieder mal meine Mails checken müssen, da kann ich leider* *nichts machen. Könnte was von der Firma dabei sein. Bitte verzeihen Sie, wenn das irgendwie unhöflich rüberkommt.«*

Nein. Kommt gar nicht unhöflich rüber. IST unhöflich. So etwas sollte man als Gesprächspartner nicht verzeihen. Verzeihen sollte nicht mal in Erwägung gezogen werden.

Andererseits ist das Handy für arbeitswütige Mamas oder Papas ein zwingend notwendiges Instrument, um überhaupt noch Kontakt mit ihren Kindern zu halten. In so mancher Familie wird mehr über WhatsApp miteinander gesprochen als beim gemeinsamen Abendessen, welches ohnehin als Relikt vergangener Zeiten gesehen wird. Wer 60 Stunden die Woche arbeitet, hat für derlei Familiengedöns keine Zeit – und keinen Platz. Der Esstisch ist längst zur Arbeitsablage für Laptop und Aktenberge mutiert, wo Albernheiten wie Teller und Töpfe nur noch als Miniaturen Platz fänden.

Apropos Miniaturen: Kinder hat man ja auch noch. Aber wohin damit? Und wann? Ein gemeinsamer Urlaub wäre nett … Geld ist genug da. Doch wäre man am Urlaubsort wirklich erreichbar für Firma oder Büro? Dann aber wenigstens mal ein Ausflug in einen Freizeitpark. Andere Eltern machen das schließlich auch. Oder Zoo. Oder ganz einfach nur Kino. Da müsste sich doch nächsten Monat irgendwas machen lassen, denkt sich der Workaholic, vertieft sich wieder in die Arbeit und hat im nächsten Moment alle Unternehmungsplanungen mit Kind und Kegel wieder vergessen. Was er jedoch nicht vergisst, ist sein Standardspruch: Mein Kind soll es mal besser haben als ich!

Da ist es also! Alles, was man tut, tut man einzig und allein für die Kinder. Finanzielle Voraussetzungen schaffen, damit Marie-Louise und Christoph in ihrem späteren Leben nicht so hart malochen müssen. Dafür müssen eben Opfer gebracht werden. *Gut, momentan sehe ich die Kids eher nicht so häufig, aber irgendwann werden sie mir dankbar sein für all das, was ich für sie getan habe.*

Es könnte natürlich sein, aber dies ist reine Spekulation, dass diese Kids einfach dankbar wären, wenn *jetzt* etwas passieren würde.

Hier, ganz nebenbei, wäre für Eltern, die gar nicht so viel arbeiten wollen, aber *müssen*, z.B. alleinerziehende Mütter mit drei Jobs und Tagen, die aus 20 Stunden Arbeit, Hausarbeit und Kindererziehung bestehen, vielleicht auch einfach mal die Politik gefragt. Irgendwer hat nämlich mal behauptet, dass in der Politik auch gearbeitet wird … Beweisführung steht allerdings noch aus.

SIE ALS ELTERN GEHÖREN DIESEM TYP AN, WENN …

… Sie andere Eltern, die andauernd bei allen möglichen Schulveranstaltungen auftauchen und am besten sogar noch die Organisation übernehmen, für Faulpelze und Spinner halten, die offenbar nichts wirklich Wichtiges in ihrem Leben zu tun haben.

… Sie an visuellem Tinnitus leiden und beim Anblick von normalen Eltern nur noch Pfeifen sehen.

… Sie nicht den Hauch einer Ahnung haben, wann Ihre Kinder Geburtstag haben, und ehrlich gesagt auch kein elementares Interesse verspüren, diese Wissenslücke in nächster Zeit zu schließen.

WAS SIE SO VON SICH GEBEN:

»Elternabend? War der nicht erst letztes Jahr?«

»Marie-Louise, die Zettel, die ich für die Schule unterschreiben soll, schickst du mir dann bitte wie gehabt ins Büro, ja?«

»Christoph, also wirklich. Was heißt denn hier ›Du hast nie Zeit‹? Wer war denn bei deiner Geburt fast die ganze Zeit dabei?«

»Klar kann Mareike bei Marie übernachten. Rufen Sie einfach meine Sekretärin an, die klärt dann den Rest.«

ALS LEHRER KÖNNEN SIE AM EHESTEN:

- → darauf verweisen, dass von innen auch ein Hamsterrad verdächtig nach Karriereleiter aussieht.
- → zugeben, dass auch Sie mal ein ehrgeiziger, erfolgsorientierter Sack waren mit dem Job als einzigem Lebensinhalt. Bis Sie sich dann entschieden, an einer Schule zu arbeiten.

027

HIPPE

WEIL MAN AUCH MIT KINDERN NOCH NICHT TOT IST

Einige Eltern sind, obwohl sie sich Kinder zugelegt haben, so dermaßen cool, dass sie den Eindruck erwecken, auch an heißesten Sommertagen problemlos Eiswürfel scheißen zu können. So sagenhaft hip, dass sie jede Kritik nicht mit Gegenkritik, sondern mit Witz parieren. So unbeschreiblich lässig, dass man sie als normaler Mensch, im Regelfall weniger lässig, in all ihrer Lässigkeit am liebsten lässig gegen die Wand klatschen möchte. Wahrscheinlich ist man auch nur neidisch – denn für hippe Leute ist das Leben eine einzige Veranstaltung in Sachen Style und Spaß. Oder es wirkt zumindest so, denn hip sein – und auch bleiben – ist alles andere als Urlaub auf dem Ponyhof.

Alles, was hippe Eltern tun, ist chic, trendy, angesagt, was logischerweise auch für ihre Kinder gilt. Zwar kann Leonie noch nicht mal laufen und verständigt sich ausschließlich über steinzeitliche Lautmalereien, aber sie trägt mit Sicherheit schon individuelle Höschen, kreiert von individuellen Designern. Mit spätestens drei Jahren kann man Leonie dann auch schon in Röhrenjeans stecken und ihr eine Oversize-Brille im Antlitz platzieren – soll schließlich in der Kinderkrippe keiner denken, sie hätte keinen Modegeschmack,

WENN DICH DAS LEBEN FICKT, WARTE AB. VIELLEICHT WILL ES DANACH KUSCHELN!

oder, noch schlimmer, ihre sündhaft coolen Eltern wären fashiontechnisch fehlgeleitet. Natürlich darf dabei – selbstredend auch bei Mädchen – die obligatorische Lederjacke nicht fehlen, ebenso wenig wie für Jungs, ganz gleich welchen Alters, das T-Shirt mit leger-modebewusstem V-Ausschnitt für den Hipster von morgen.

Auch wenn Sie diese Bezeichnung vielleicht nicht mögen und noch weniger damit anfangen können – im Endeffekt sind solche Eltern genau das: Hipster. Was nun wie die urban-mondäne Bezeichnung für neoliberale Sprücheklopfer klingt, ist eigentlich halb so wild. Hipster sind, mit frappierenden Einschränkungen, insgesamt recht normale Personen, nur halt immer eine Spur lässiger, auch und vor allem in ihrer Eigenschaft als Eltern.

Leonie hat zum Beispiel das große Glück, schon mit sieben Jahren in der Starbucks-Filiale von nebenan nicht mehr nach ihrem Namen gefragt zu werden. Mit abgebrühtem Charme haut der Barista ihres Vertrauens den Becher voll mit Leonies Lieblingsgetränk, einem doppelten Mocha Cookie Crumble Frappuccino mit Low-Carb-Sahnehaube oder, nach besonders hektischen und trubeligen Tagen im knallharten Einerlei der 1. Klasse, zur Entspannung und um, Zitat Papa, »wieder runterzukommen«, auch mal einen eher konservativ gestalteten Iced Chai Latte.

Hipstereltern sind optisch jederzeit und überall zu identifizieren anhand ihres wichtigsten Accessoires: Sie tragen stets, auch zum Elternabend, in der Sauna oder in der Achterbahn einen Kaffee »to go« mit sich herum, selbst wenn sie gar nicht gehen, sondern liegen oder auf dem Abort sitzen. Falls neben erwachsenen Hipstern eine kleinere und jüngere Gestalt in Vintage-Klamotten aus dem Secondhandladen herumkrebst, handelt es sich dabei im Regelfall nicht, wie manchmal fälschlich angenommen, um einen verkümmerten Zwilling mit Wachstumsstörungen, sondern eben um das relativ gelungene Produkt relativ misslungener Verhütung. Dieses Kind trägt übrigens auch einen Kaffee mit sich herum. Irgendwas mit doppelt Mocha Crumble Latte, weil, laut Elternmeinung, normaler Filterkaffee (den es, so sagen Gerüchte, immer noch in einigen wenigen Cafés unter der Hand zu kaufen gibt) zu sehr nach dem Mief der Nachkriegsjahre schmeckt und folglich nur von Spießern, alten Säcken und sonstigen verknöcherten Holocaustleugnern mit AfD-Bezug getrunken wird.

Eigentlich sehen Hipster eher stark bevölkerte Gegenden als ihre primäre Spielwiese an, finden sich inzwischen aber auch immer häufiger in Dörfern und Kleinstädten der Provinz, wo sie insbesondere aufgrund ihres mühelos wirkenden, städtischen Boheme-Looks durchaus immer noch auffallen; je nach Sichtweise positiv oder negativ. Dieser Look wird selbstverständlich auch auf ihre Kinder übertragen, was allerdings keinen Schaden für diese bedeutet. In Sachen Stil haben sie ihren Altersgenossen, die, mit oder ohne Eltern, einzig und allein Läden wie Pimkie, H&M, Zara und New Yorker sowie in Einzelfällen auch Kik frequentieren, einiges voraus.

Für Hipster ist alles, was mit Mainstream zu tun hat, grandioser Schwachsinn – was sie wiederum nicht hindert, stets das neueste iPhone zu besitzen. Ansonsten hören sie Musik, die noch nie zuvor gehört wurde. Wird der entsprechende Musiker berühmt, wird ein Song zum Hit, wendet man sich von ihm ab und sucht nach neuen Bands. Hipster tragen Klamotten von Designern, die bis gestern noch unter Brücken schliefen. Sobald diese Leute auf irgendeiner Fashion-Week (Mainstream!) auftreten, sucht man den nächsten Trend. Interessanterweise merken mode- und stilbewusste Mainstreamverabscheuer gar nicht, dass sie eigentlich ironischerweise durch ihr Hipstertum selbst einen neuen Mainstream geschaffen haben.

Von Mode abgesehen ist Hipstertum, auch und vor allem, eine Geisteshaltung. Selbstständiges Denken wird großgeschrieben. Individualität sowie Fortschritt, Progression und Innovation sind zentrale Stichwörter. Toleranz bildet den gedanklichen Überbau, und zwar gegenüber jeder Kultur, jeder sexuellen Orientierung, jeder religiösen oder sonstigen Denkweise, ausgenommen derjenigen von bereits genannten Spießern.

Gott sei Dank! Es gibt sie also doch noch! Eltern, die ihren Kindern grundlegende und universelle Werte wie Toleranz und Selbstständigkeit und Individualität vermitteln, die sich außerdem für Kunst, Kreativität und Bildung stark machen und nichts mehr lieben als geistreiche Diskussionen bei einem guten Glas Rotwein aus ökologischem Anbau und freilich aus der Region. Nicht so wie all die anderen bemitleidenswerten Elterngestalten auf der Welt, die ihre Kinder rücksichtslos mit reaktionärem Gedankengut vollstopfen, ihnen jegliche Ansätze eigener Ideen aus dem Kopf prügeln, mit Rohrstock, Rohrzange oder Rohrzucker, ihnen sämtliche Kunst und Kultur verbieten, bei Zuwiderhandlungen mit Sanktionen drohen und sie optisch und intellektuell gnadenlos auf Standardmaße von Barbie und Ken hinunterpimpen.

Wenn Hipstereltern mit ihren Kindern verreisen, dann bedeutet das zumindest für Letztere brutalen Stress. Ganz bestimmt wird kein vor allem von Teenagern sehr beliebter entspannender Strandurlaub gebucht. Macht ja jeder, diese Pauschalpampe. Stattdessen geht's zum »Backpacking«, und ganz bestimmt nicht ins Sauerland, Münsterland oder nach Mecklenburg, sondern standesgemäß in die ärmsten Viertel Südostasiens; Tsunamiwarnungen hin oder her. Hipsterkinder spielen auch nicht Fußball in einem Verein oder gehen zum Reiten wie die Kids aus der Nachbarschaft. Sie sind im Töpferkurs oder bauen in ihrer Freizeit gern was mit Zement. Wird ein Hipsterkind geschlagen, fordern seine Eltern es auf, dem anderen Kind mitzuteilen, dass »man das jetzt nicht so toll findet«. Hipsterkinder föhnen niemals ihre Haare – dafür gibt's schließlich jenen geheimnisvollen Wind, der gerade an Herbsttagen auch mal etwas böiger um die Ecke schaut. Hipsterkinder nehmen auch die von einer freundlichen Metzgereifachangestellten dargebotene obligatorische Scheibe Wurst nicht einfach an (man soll schließlich von Fremden keine Sachen nehmen) – noch bevor das Kind überhaupt ans Zugreifen denken kann, wird schon von Papa gegengesteuert: *»Guevera-Ferdinand nimmt ausschließlich in wolkenlosen Vollmondnächten geerntetes glutenfreies Dinkeltofu zu sich. Aber, danke trotzdem, können Sie ja nicht wissen.«* – Und verdreht dabei die Augen angesichts so erschreckender Ignoranz.

Alles, was Hipsterkinder besitzen, ist organic, vintage und sustainable, inklusive ihrer Schulsachen.

Hipsterkinder laufen nicht wie gleichaltrige Lemminge jedem Medien- oder Modetrend hinterher: Sie *setzen* die Trends! Würde Leonie, die eigentlich Leonie-Eleonora heißt, inzwischen zwölf Jahre alt, sich morgen entschließen, mit ausgebleichten gelben Leggins, Omas alten Winterstiefeln aus dem Wirtschaftswunderland, einer Secondhandbluse aus original andalusischer Schafswolle und einer mit Mottenlöchern durchzogenen braunen Baskenmütze (garantiert ohne Kinderarbeit hergestellt) zur Schule gehen – spätestens am Folgetag hätte sich dieser Trend auf den halben Schulhof ausgeweitet, auch bei Jungs, was für Leonie bedeutet – und hier sehen wir das Problem eines Hipsterkindes –, wiederum am Folgetag einen neuen Trend setzen zu müssen. Der alte ist ausgelutscht, hat ausgedient und erst in einigen Wochen vielleicht wieder retro.

Dass alle Hipstereltern von zu Hause aus arbeiten (Stichwort: Home-Office) und / oder von dort ihr gerade gegründetes Start-up lenken (irgendwas mit Bike-Sharing oder Craft Beer), ist jedenfalls ein Gerücht. Kein Gerücht ist, dass sich hippe Eltern auffallend viel Zeit nehmen für schulische Belange und sich nicht zu schade sind, auch mal Sachen anzustoßen, sei es der Bau eines Insektenhotels oder die Leitung einer AG zum Thema »alternativer Lebensstil ohne Ausbeutung«. Zusammen mit Schülerinnen und Schülern eine Filmcollage über Kinderarbeit in Afrika erstellen? Kein Problem. Vorbereitung einer Kunstausstellung (Malen mit Erdfarben)? Geht klar.

Anderen Eltern auf die Nerven gehen? Ebenfalls – Keine große Sache. Gern geschehen.

Womit aber eigentlich? Manchmal mit übertriebenem Geschwafel über organic, vintage, sustainable. Manchmal mit einer leicht klugscheißerischen Erziehungsattitüde, die immer einen etwas vorwurfsvollen, gleichsam ätzend arroganten Unterton hat und tatsächlich meint: Ihr Normalos, ihr Mainstreamer, Ihr DIN-Verehrer, ihr Traditionalisten und Problemwegseher – fangt mal an zu leben und lasst eure Kinder ebenfalls leben. Und wo ihr schon dabei seid: Rettet verdammt noch mal endlich den Planeten!

Leonie hat damit übrigens längst angefangen. Bei der tagtäglichen Double-Frappuccino-Aufnahme in ihrer Lieblingskaffeehauskette benutzt sie inzwischen einen Becher aus reiner Jute! Noch mehr sustainability geht einfach nicht, auch nicht für Hipsterelternkids.

Viele Hipstereltern vermitteln den Eindruck, dass Kindererziehung eigentlich eine total simple Veranstaltung ist, was wiederum der Grund ist, warum sie von vielen anderen Eltern abgrundtief gehasst werden. Erstens: Erziehung *ist* kompliziert, wie jeder weiß, der schon mal ein Kind gesehen hat. Zweitens: Der Eindruck, den Hipster vermitteln, oder vermitteln wollen, ist ebenfalls nicht korrekt. Tatsächlich hat nicht jede Mutter, die irgendwie trendy unterwegs zu sein scheint, als Latte-Macchiato-Mami verschrien ist und als Hobby »Laubsägearbeiten« angibt, ein eigenes Start-up; ebenfalls plant sie vermutlich keineswegs, mit ihrem Kind zum spirituellen Erkenntnisurlaub nach Tibet zu fahren; auch die Klamotten fürs Söhnchen werden nicht persönlich genäht, es wird kein eigenes perfektes Biogemüse angebaut, und einen Lifestyle-Blog über die »Freuden des Elternseins« gibt's auch nicht.

Grund genug für uns alle, Hipstereltern und normale Eltern, dass wir nicht jeden Trend sofort in Schablonen und Stereotype packen und damit dem Mainstream folgen, sondern vielmehr, ganz bewusst, ein klein wenig de-hipsterisieren.

SIE ALS ELTERN GEHÖREN DIESEM TYP AN, WENN ...

... Sie mit ihrem Kind niemals einen »Origami-Kurs für Teenager« verpassen, allein schon, weil Sie dort die Leitung haben.

... Sie Mitglied bei den Grünen sind. Und bei Amnesty. Und Greenpeace. Und Sea Shepherd. Und Robin Wood. Und Rettet den Regenwald. Und Ärzte ohne Grenzen. Und Oxfam, Oxford, Osram.

... Ihr Kind ebenfalls Mitglied all dieser Organisationen ist sowie die jeweilige Mitgliedschaft vom eigenen Taschengeld bezahlt, welches es sich natürlich selbst erarbeitet.

WAS SIE SO VON SICH GEBEN:

»People change, shit happens, things go wrong, life goes on.«

»Freiheit für Gummibärchen – Weg mit Plastiktüten.«

»Wenn dich das Karma fickt, zieh die Hose wieder an und mach weiter.«

»Tut mir leid, Nina, aber die Leonie kann heute nicht mit dir spielen. Sie geht gleich zum ›Betonmischen für Mädchen‹.«

ALS LEHRER KÖNNEN SIE AM EHESTEN:

→ erfreut sein, einen Hipster oder eine Hipsterin vor sich sitzen zu haben. Hipster sind nämlich deutlich ungefährlicher und deutlich weniger bekloppt, dafür aber viel sympathischer als Nipster – der eher dümmlichen Nazi-Variante des Hipstertums.

→ in das Start-up der Eltern investieren und sich schon bald an einer Strandbar auf Hawaii, in der kinderfreien Zone, für alle Zeiten zur Ruhe setzen. Vorausgesetzt, Bike-Sharing oder Craft Beer werden sich irgendwann durchsetzen und einen weltweiten Trend auslösen.

028

POLITISCH BEKLOPPTE

WEIL NORMAL VIEL ZU DEMOKRATISCH WÄRE

Vorangestellt sei gesagt: In einem demokratischen Rechtsstaat mit leichten Tendenzen zur Bananenrepublik wie dem unsrigen hat ein jeder Mensch, gleich welcher Herkunft, gleich welchen Geschlechts, gleich welchen BMIs oder IQs, das Recht, zu denken, zu sagen, zu schreiben und zu glauben, was er für richtig hält. Prinzipiell jedenfalls. So steht es auf einer steinernen Tafel, welche vor ewigen Zeiten uns geheimnisumwitterte Gründerväter überließen und das gemeinhin als »Grundgesetz« bekannt ist.

Nachdem nun diese elementare Wahrheit verkündet wurde, widmen wir uns also denjenigen Personenkreisen, denen man weder Hund noch Katze noch Goldfisch oder Bonsai anvertrauen würde, die aber dennoch, aufgrund einer selten dämlichen und nie geschlossenen Gesetzeslücke, ohne Probleme den Berechtigungsschein zum Kinderkriegen und zur Kindererziehung ausgestellt bekommen haben, den in jeder Hinsicht Irren und Fehlgeleiteten in unserer Gesellschaft, den Debilen, Bescheuerten und Beknackten, kurzum: Menschen, deren Restintelligenzfunzelfunke sich politisch gesehen Richtung völkisch-rechtsnational, sehr völkisch-rechtsnational oder meschugge-rechtsnational justiert hat. Diesen Leuten ist das Grundgesetz natürlich ebenfalls bekannt, allerdings scheint es mit dem Verständnis für die dort thematisierten Inhalte, die sie

WIR HABEN NICHTS GEGEN AUSLÄNDER, ABER ...

allerhöchstens als Anregungen interpretieren, doch noch ein klein wenig zu hapern. Die Schwierigkeiten beginnen bereits mit dem so ulkigen und unsympathisch klingenden Terminus »Demokratie«.

Es ist erstaunlich, aber wir müssen den Tatsachen an dieser Stelle ins Auge blicken: Nicht alle Kinder, so fanden Bildungsforscher der Baldur-von-Schirach Fernuniversität Chile erst kürzlich wieder heraus, wachsen in Elternhäusern auf, die sich demokratischen Grundwerten verschrieben haben, allein schon, weil besagte Eltern intellektuell gar nicht erfassen können, was genau es damit auf sich haben mag. Mit Sicherheit aber nichts Gutes, da ist man sich sicher. In einigen Elternhäusern ist das einzige Symbol des Rechtsstaates das wöchentliche Schreiben der Arbeitsagentur mit der dringlichen Aufforderung, endlich vorstellig zu werden. Freilich ohne Erfolg. Manche Kinder werden diesen Menschen nur versehentlich geboren, weil man entweder an »Hitlers okkulten Mondkalender« glaubt, oder mit voller Absicht gezeugt, um das allseits berüchtigte und häufig völlig überschätzte Arier-Gen in die nächste Generation zu befördern. Derartiges Denken führt dann auch zu einem Wisch wie diesem:

»Sehr geehrtes Fräulein Koslowski. Nach langem Hin und Her bin ich zu der Entscheidung gekommen, dass unser Sohn Siegmund, 4a, an dem geplanten Ausflug ins Freibad nicht teilnehmen wird; es sei denn, Semir und Mustafa und die anderen Muselmanen bleiben zu Hause, wovon wir, als besorgte Eltern eines wohlerzogenen Kindes, wohl kaum ausgehen können aufgrund eines von Ihnen als Lehrerin bedauerlicherweise falsch verstandenen Verantwortungsbewusstseins.«

Puh! Da fällt der besorgten Lehrerin aber ein Stein vom Herzen, hatte sie doch fälschlich angenommen, Siegmunds Eltern hätten sich dem Wasserauftriebseminar lediglich verweigert aus purer Sorge, dass ihr Sohn untergehen könnte. Aber, Gott sei Dank, die Eltern haben nur latente rassistische Neigungen – und dass Siegmund nicht mit Semir und Mustafa planschen gehen darf, ist natürlich aus erzieherischer Sicht ein akzeptables Anliegen. Und ja, natürlich, die Lehrerin muss falsch gehandelt haben. Sie weiß zwar nicht, wie oder warum, aber falsch war's trotzdem.

Auf die schriftliche Replik des »Fräulein Koslowski«, in der sie deutlich machte, dass sie solch rassistische Kommentare und abwertend gemeinte Begrifflichkeiten wie »Muselmanen« nicht akzeptieren könne, wurde nicht ohne eine gewisse Keckheit geantwortet, dass in einem »freien und nationalen« Deutschland jedermann das Recht habe, »minderwertiges Leben« zu bezeichnen, wie immer man dies für richtig halte, und man sich »nicht an die Leine nehmen lassen« werde. Was auch immer Letzteres bedeuten mag.

Die Mail, dämlich und erschreckend wie sie ist, vermittelt zumindest einen kleinen Eindruck in die diffizil-subtile Art und Weise, wie Mama und Papa ihren zukünftigen Gauleiterschatz, respektive ihr Heimchen am Herd, erziehen. Immerhin, möchte man fast sagen, werden in dieser Familie offenbar noch politische und moralische Werte vermittelt, wenngleich bei einem entsprechend arg gedehnten und frappierend korrupten Wertebegriff. Eine Art staatliche Belobigung – man könnte sich Erzwingungshaft, Ausweisung, oder, bei Männern, Amputation wertvoller Gliedmaßen (rechter Arm, Sonstiges) vorstellen – wäre die Mindestanforderung einer adäquaten Anerkennung für solch hochklassige pädagogische Anstrengungen.

Problematisch ist, neben der zur Schau gestellten »Denk«weise, dass die obige Lehrerin bis zu jenem Zeitpunkt nicht den Hauch einer Ahnung hatte, dass es sich bei Siegmunds Eltern um rechtsextremen Mob handelt. Ganz im Gegenteil sogar kam sie mit beiden Elternteilen bis dato hervorragend zurecht. Wer hat sich denn als Elternvertreter zur Wahl gestellt? Wer hat denn kürzlich bei der Ausrichtung der Waldjugendspiele geholfen? Und als es darum ging, beim Schulfest für Kaffee und Kuchen zu sorgen – anders als viele andere Eltern waren sie stets zur Stelle, freilich nicht ohne Hintergedanken, sind Sinn und Zweck Ihrer Aktionen doch hauptsächlich darin verankert, die entsprechende Bildungseinrichtung regelrecht zu infiltrieren, sich dabei als Eckpfeiler der Gesellschaft zu präsentieren, sich langsam, aber sicher eine Hausmacht zu sichern.

Beim gelegentlichen Plausch – man kennt sich eben in kleinen Ortschaften – wirkte vor allem Siegmunds Vater wie ein ganz normaler Typ. Doch wenn die Lehrerin jetzt darüber nachdenkt … hatte er nicht mal darüber geklagt, dass im Musikunterricht viel zu wenig »Komponisten aus der Heimat« thematisiert würden? Und dass man seine Kinder auch nicht mehr, wie früher, einfach mal so ins Zeltlager schicken könnte wegen der ganzen »anderen Kinder«, mit Betonung auf »anderen«, die von »Zucht und Ordnung« keinen Schimmer hätten?

Der Nazi von heute ist bekanntlich nicht mehr so einfach zu erkennen wie noch vor 20 Jahren; er ist nicht mehr unbedingt der im Kopf luftdurchflutete, kahl geschorene, in jeder Hinsicht bildungsresistente Heckenpenner mit Springerstiefeln und stets ausgestrecktem rechten Arm, der, vollgedröhnt mit billigem Bier, noch billigere Wutparolen in die Welt grölt. Inzwischen kommt er meist daher wie ein ganz normaler billiger Heckenpenner, zumindest optisch, der in gepflegter bürgerlicher Kleidung zum Elternabend erscheint und durchaus weiß, sich zu artikulieren. Was die Sache freilich nicht besser macht. Auch sind rechtsextreme Eltern heutzutage, wie die obige Mail beweist, sogar der Grammatik und Orthografie mächtig. Oder haben sich den Text von einem integrierten ausländischen Mitbürger aus dem Nazideutschen ins Richtigdeutsche übersetzen lassen.

Schulisches Engagement kann man diesen Eltern jedenfalls häufig nicht absprechen; sie sind bei allen Veranstaltungen ihrer Kinder anwesend, auch bei den stets nur mit viel Wohlwollen zu ertragenden Musikabenden unterer Grundschuljahrgänge, achten darauf, dass sich die Kinder arisch vernünftig kleiden (Thor Steinar, wahlweise auch Masterrace Europe), sie Frühstücksbrote (Deutsches Urkorn) dabeihaben, liebevoll verpackt in einer modernen, runenartig geformten Brotdose (Typ Endsieg) in sympathischen Brauntönen, sie problemlos deutsches Volksliedgut rezitieren und singen können (insbesondere den Heimatkracher *Unsere Fahne flattert uns voran*) und den Holocaust nur noch leugnen, wenn sie danach gefragt werden. Dann aber, ganz wie es zu Hause, natürlich ohne erst lästig ernsthaft darüber nachzudenken, mit Verve, Leidenschaft und einem debilen Grinsen in der Fressluke.

Wenn Sie irgendwann auf Eltern treffen, deren zwölfjährige Tochter auf die Frage »Was sind denn deine Hobbys?« mit a) »mich aufs Muttersein vorbereiten« und b) »Heim und Hof hüten« antwortet, und zwar in exakt dieser Wortwahl mit dem Zusatz »als Mädel brauche ich keine weitere Bildung«, könnte man als Fragesteller eventuell davon ausgehen, dass irgendwas in dieser Familie nicht ganz stimmig ist. Trällert Magdas jüngerer Bruder Arwin wiederum kontinuierlich deutsche Marschmusik der 1930er Jahre vor sich hin und freut sich auf die kommenden Ferien nicht wegen des langen Ausschlafens, sondern des anstehenden HJ-Zeltlagers (»nur für deutsche Knaben«) in der »nationalbefreiten Zone« der Mecklenburgischen Schweiz, jener idyllischen Landschaft, die einst schon Theodor Fontane durchwanderte, der, in der Interpretation von Nazieltern, sofern sie die Geheimnisse des Lesens beherrschen, ein urdeutscher Dichter deutscher Herkunft mit deutschen Idealen war – auch dann besteht Grund zur Sorge.

Freya-Liselotte bezeichnet Pizza als Gemüsetorte? Thore-Arminius kennt Weihnachten nur unter der »korrekten« Bezeichnung Julfest? Und an Feiertagen gibt es, wie es sich gehört, Wikingerbrot und Steckrübeneintopf oder irgendwas anderes »traditionell Deutsches« (also mit Grünkohl), weil man damit sogar Kriege gewinnen kann? Freya-Lotte und Thore-Armin, deren eigentliche Namen hier aus Gründen des Schutzes der Privatsphäre nicht genannt werden sollen (eigentlich heißen sie Eva-Xanthippe und Adolf-Baldur), wissen außerdem spätestens seit dem Tage ihrer Geburt (siehe Hitlers Mondkalender), dass sie als ordnungsgemäße Arierzöglinge irgendwie (und tatsächlich) besser sind als der ganze andere Abschaum, der durch unsere Volksstraßen schleicht wie rattenartiges Ungeziefer? In ihrer Freizeit lesen sie nicht *Bravo* oder *Girl* (was, fairerweise, heutzutage ohnehin kein Teenager mehr tut), sondern die gesammelten Ausgaben des *Völkischen Beobachters*, jenes stimmungsvolle und mit ganz viel Fantasie fast schon als objektiv zu bezeichnende immer leicht gereizt und wütend auftretende Hetzblatt der NSDAP?

All diese Dinge könnten eventuell Ihnen, sofern Sie aufmerksam zuhören und hinschauen, als Beleg dafür dienen, dass die Eltern dieser Kinder, auch wenn Sie es vorher nie geglaubt hätten, allen Ernstes einer pseudohumoristischen Vereinigung namens »Neonazis« angehören, heutzutage besser bekannt als »Alternative für Deutschland«.

Prinzipiell gilt: Den Kindern kann noch immer geholfen werden. Man müsste sie lediglich von ihren Eltern entfernen. Dass selbstverständlich die Eltern-Kind-Beziehung durchaus auf Liebe und Zuneigung basieren kann, ist irrelevant, sofern die bunte und vielfältige Welt, die Kinder verdienen, von den Gestalten, die sich Eltern schimpfen, durch Dumpfheit, Kulturpessimismus und, im Endeffekt, erschreckende Verbohrtheit, kombiniert mit einem nicht einmal ansatzweise tragfähigen »Zukunftsentwurf«, kaputt gemacht wird, bevor sie überhaupt Farben entwickelt hat.

Freilich, nicht alle Eltern, die ihren Kindern die häufig so negativ konnotierten »traditionellen« Werte inklusive eines ebensolchen Familien- und Bildungsbegriffes vermitteln, sind gleich in die rechtsnationale Ecke zu stellen. Dass viele Menschen Ressentiments gegen »die da oben« haben, aus verschiedensten Gründen der Ansicht sind, konsequent vom Staat beschissen zu werden, und nicht zuletzt deshalb gegebenenfalls nach Sündenbücken (»Schuld ist immer der Mehmet«) suchen, ist Fakt. Fast schon erheiternde lyrische Ergüsse wie der einstige Slogan der souverän immer danebenliegenden NPD »Ist der Ali kriminell – in die Heimat, aber schnell« sind somit ein gefundenes Fressen für viele Menschen, die sich entweder irgendwie abgekoppelt sehen vom gesellschaftlichen Fortschritt (Stichwort: Lohnentwicklung) oder schlicht und einfach zu blöde und/oder zu faul sind, Herz und Verstand zu öffnen.

Solange mit diesen Menschen aber noch ansatzweise konstruktive Dialoge über Recht und Unrecht, Richtig oder Falsch, auch bezüglich der Kindererziehung, möglich sind, besteht Grund zur Hoffnung, wenn auch nicht für die Eltern selbst, so doch zumindest für ihre Kinder.

Apropos: Nicht jeder Teenager, der sich in irgendeine rechtsextreme Ecke verlaufen hat, ist automatisch auch rechtsextrem erzogen worden. Die Gründe für den Eintritt in den CFA, den »Club fanatischer Arschlöcher«, sind vielfältiger, als es den Anschein haben mag. Gründe, wieder auszutreten, sind hingegen noch vielfältiger. Allein schon, weil ein vernünftiger Döner immer (!) besser schmeckt als Steckrübeneintopf.

ALS ELTERN GEHÖREN SIE DIESEM TYP AN, WENN …

… Sie sogar Wiener Schnitzel als undeutsches Gericht verschmähen.

… Sie in Ihrer Erziehung besonderen Wert legen auf die drei H: Hitler, Hetze, Hirntot.

… Sie die im Deutschunterricht Ihrer Kinder zu lesende Lektüre *In Stahlgewittern* von Ernst Jünger als unsägliches und zu pazifistisches Pamphlet kurzerhand ablehnen.

… Sie die relativierende Bedeutung des Wörtchens »aber« ganz besonders zu schätzen gelernt haben, ganz im Sinne von: »Ich habe nichts gegen Ausländer, aber …«

WAS SIE SO VON SICH GEBEN:

»Wenn das der Führer wüsste …«

»Ansgar, wir hatten doch darüber gesprochen! So einen Schund wollen wir nicht im Haus haben – Das Grundgesetz wird bitte sofort verbrannt.«

»Natürlich darfst du einen ausländischen Freund haben, Adelgard. Wir haben kein Problem mit einem Jungen aus Österreich.«

»Ach, da wird vieles unnötig schlechtgeredet: Im Dritten Reich hatte niemand etwas zu befürchten, außer man hatte zufällig die falsche Hautfarbe oder Religion oder Meinung, aber dann hat man halt Pech gehabt.«

»Wir machen uns eben Sorgen …«

ALS LEHRER KÖNNEN SIE AM EHESTEN:

→ Anzeige erstatten, wegen Volksverdummung, Volksverhetzung, chronischer Arschlochhaftigkeit (bislang allerdings traurigerweise noch kein Straftatbestand) sowie, sehr wohl Straftatbestand, Gefährdung des Kindeswohls. Wahrscheinlich werden Sie scheitern – tun sollten Sie's trotzdem.

→ auf die Unvereinbarkeit von Intelligenz, Anständigkeit und Nationalsozialismus hinweisen: Man kann ein intelligenter Nazi sein. Dann ist man nicht anständig. Man kann ein anständiger Nazi sein. Dann ist man nicht intelligent. Und man kann anständig und intelligent gleichermaßen sein. Dann ist man kein Nazi (zitiert nach dem österreichischen Komponisten Gerhard Bronner).

→ im Hintergrund das Lied *Democracy* von Leonard Cohen laufen lassen, richtig schön laut wie eine Normandie-Invasion, sodass Sie vor dem Gefasel des fremdenhassenden, völkisch deutschen Gutmenschenkasperls entsprechend geschützt sind.

WÄRE MEINE TOCHTER EIN MANN,
WÜRDE ICH SIE SOFORT HEIRATEN.

029

BEST FRIENDS

WEIL FREUNDSCHAFT WIE EINE TASSE TEE IST …

… sie muss klar und durchscheinend sein, und man muss ihr auf den Grund schauen können.

Trotzdem: Noch lange kein klarer Grund, um als zumindest körperlich erwachsener Mensch mit Kindern oder Jugendlichen befreundet zu sein. Mal ehrlich: Die kleinen Dinger sind, bei allem Respekt und voller Objektivität selbstverständlich, insgesamt, auch wenn sie physisch und psychisch bereits angewachsen sind, als Modellentwurf einfach noch nicht ausgereift, sind eher eine Vorstufe für wahre Qualität.

Wenn sie klein sind, bescheißen sie sich. Als ob es so schwer wäre, eigens dafür entwickelte Örtlichkeiten aufzusuchen! Werden sie dann größer, was definitiv immer der Fall und scheinbar eine biologische Unabänderlichkeit ist, beschmieren sie sich am liebsten mit moderig anmutender Pickelcreme und benutzen, sofern es sich um Mädchen zwischen zwölf und 17 handelt, eine speziell für die pubertäre Schminkprozedur entwickelte Spritzpistole! In exakt diesem Alter bescheißen sie ausnahmsweise nicht sich selbst, sondern dich und jeden anderen, der nicht schnell genug wegrennen kann. Sie gaukeln vor, dich umarmen zu wollen. Was sie aber wirklich wollen, sind Taschengeld, Klamotten und Handys. Und zwar mehr. Und dauernd. Im Minutentakt wechseln sie ihre Stimmungen; gerade noch heiterkeitsverzweifelt und jetzt schon zu Tode betrübt; sie jauchzen und jubeln dermaßen vor Freude, als würde die Sonne in ihren Ärschen zur Miete wohnen, nur um Sekunden später von wahlweise Eisenbahnbrücke, Hochhaus oder Bananenkiste springen zu wollen, es aber komischerweise nie tun. – Ausnahmen gibt's immer und sollen hier nicht thematisiert werden.

Sie kosten alles, was man sich selbst hart erarbeitet hat, Tausende und Abertausende von Euros nämlich, und geben außer Albernheiten wie Liebe und der gelegentlichen manipulierenden Umarmung nichts zurück. Stattdessen bringen sie Ärger, davon aber viel und unangenehm regelmäßig – man denke nur an Elternabende. Bereits einfachste Tätigkeiten bringen sie aus dem Konzept und stören Karma und Chill-Faktor. Nicht mal zum Einräumen der Spülmaschine sind sie zu gebrauchen, weil sie partout nicht checken, wie das Ding geöffnet wird. Behaupten sie wenigstens. Auch nur hypothetische elterliche Überlegungen, den Schwierigkeitsgrad zu erhöhen (Stichwort: Waschmaschine, Toaster etc.), sind schlichtweg absurd. Dafür können moderne Kids selbst Apps downloaden, die es noch gar nicht gibt. Sie haben, höflich gesagt, große Klappen, wenig dahinter, außer funkelnde Zahnspangen, zu allem eine Meinung, trotzdem keine Ahnung von nichts, stehen auf Ponys und Pferde, finden aber den Gedanken an Pferdewurst abstoßend; stehen auf riesige Autos mit 1.000 PS, fallen aber beim kleinsten Windhauch bereits vom Fahrrad. Sie unterhalten sich in Abkürzungen und Emoticons und beherrschen von Letzteren mehrere Hundert gleichzeitig, vergeigen aber souverän jeden Vokabeltest in Französisch. Außerdem riechen sie irgendwie nach alten Bratkartoffeln, zurückzuführen auf jene nur Teenager zu befallen scheinende Krankheit namens Pubertät, irgendwo vergleichbar mit Gehirnschluckauf und emotionalem Durchfall.

Und, mal ehrlich jetzt, mit solchen Menschen soll man eine Freundschaft aufbauen? Als Erwachsener? Soll man nicht. Kann man aber. Oder es lassen.

Freunde, diejenigen Leute, ohne die eine als Freundschaft definierte Beziehung im typischen Sinne nicht oder zumindest nur bedingt realisierbar ist, sind alles in allem ganz akzeptable Wesen, mit denen man, anders als zum Beispiel mit dem Postboten oder der Bäckereifachangestellten, auch mal über intime Sachen reden kann.

»Sag mal, Marie-Charlotte, denkst du, ich sollte mal alternativ versuchen, das Vorspiel hinauszögern, um mehr Schwung ins Bett zu bringen?«

»Ach, Mama …«

»Der Papa macht das immer viel zu schnell und ist dabei manchmal ganz schön unsensibel … Kennt man ja … Männer und Zärtlichkeit; rein und raus, so schnell es geht. Typisch Papa.«

»Mama, echt jetzt, ich will jetzt nicht …«

»Würde unserem Sexleben bestimmt guttun, meinst du nicht?«

»Verdammte Scheiße, Mama, das reicht jetzt wirklich.«

»Na toll. Vielen herzlichen Dank, Marie-Charlotte. Wenn du mich enttäuschen wolltest – jetzt hast du es geschafft. Aber wenn DU was von mir willst, soll ich immer da sein, ja?«

Warum Marie-Charlottes Mama ihren innovativen Pimperfantasien hier gegenüber Marie-Charlotte freien Raum lässt, ist leicht zu beantworten. Sie hat sich ihre Tochter als BFF ausgesucht, als Best Friend Forever – womit wir dann auch schon beim Problem wären.

Ernie und Bert, um ein altmodisches BFF-Beispiel zu geben, waren richtig dufte Typen, und dicke Freunde obendrein – und leben bis heute, fern von der Fernsehöffentlichkeit, in einer Art homoerotischer Beziehung auf Arte im Nachtprogramm, ohne sich jemals das Jawort gegeben zu haben, was freilich auch für die sympathischen Westernwummen Winnetou und Old Shatterhand gilt, die beide nach wie vor, majestätisch wie erschossene Büffelherden, Manitus Gartenanlagen – auch bekannt als »ewige Jagdgründe« – auf der Suche nach schauspielerischem Anspruch durchstreifen.

Asterix und Obelix, Dick und Doof, Marx und Engels, Goethe und Schiller, Tom und Huck, Schröder und Putin, Bibi und Tina,

Brot und Wurst, Pommes und Majo, Bahn und Verspätung – all dies bedeutende Freundespaare der Geschichte, BFF quasi, Best Fucking Friends, und doch wären sie (abgesehen von Winnetou und Schmetterhand) niemals auf den Trichter gekommen, miteinander über die Dauer des Pettings zu konferieren. Mama und Tochter tun jenes sehr wohl, ungeachtet der Tatsache, dass Marie-Charlotte mit hoher Wahrscheinlichkeit keinerlei Interesse an Mamas Sexleben hat. Mama ist's schnurz – sie kichert die »Bedenken« ihrer peinlich berührten Tochter einfach hinweg oder, wie in unserem Beispiel, äußert ihre Enttäuschung ob der töchterlichen Motivationslosigkeit, in die Diskussion einzusteigen. Aber keine Sorge, das Drama ebbt bald schon ab, denn Mama hat einen Vorschlag: »*Nachher machen wir einen schönen Mädelsabend, nur du und ich, und dann können wir über alles sprechen, was dich bedrückt, Marie-Charlotte. Bei einem schönen Glas Prosecco und einer Rucola-Pizza sieht die Welt schon wieder anders aus. Ach so, hm, schade, du bist schon mit Annika und Nina verabredet … ihr wollt also mal wieder so richtig schön miteinander quatschen … Na, da kann ich doch einfach mitkommen?*«

Nee, kannst du nicht! Deine Tochter möchte Zeit mit ihren *richtigen* Freundinnen verbringen und in aller Ruhe über weiß-der-Teufel-was reden: Jungs. Schule. Jungs. Körper. Schminke. Wieder Jungs. Marie-Charlottes Gedankengänge könnten folgendermaßen aussehen:

Du, liebe Mama, so gern ich dich auch habe, bleibst verdammte Axt zu Hause, haust dir eine schöne Folge Sex & The City *rein, leerst eine Flasche Rotwein, oder zwei oder drei oder vier davon, und pimperst dann Papa. Und von Letzterem erzählst du mir – nichts. Absolut nichts.*

Gerade Mütter sind von der BFF-Krankheit betroffen, stets in Bezug zu ihren Töchtern. Dies sind Mütter, die manchmal schon optisch kaum noch von den jüngeren Versionen zu unterscheiden sind. Trägt Marie die engsten Jeans einer gerade angesagten Marke, trägt Mama logischerweise dasselbe. Die pinken Turnschuhe? Hat Mama ebenfalls im Schrank stehen. Die Frisur: identisch bis aufs Haar. Bluse? Top? Jacke? Keine großen Unterschiede erkennbar.

Kein Wunder – BFF-Mütter lieben es, mit ihren Töchtern ausgiebig shoppen zu gehen, wobei sie bevorzugt einen Partnerlook-Stil anstreben. Vielleicht, weil man hofft, von Töchterchens Modebewusstsein zu profitieren und sich wieder eine Spur jugendlicher zu fühlen. Vielleicht auch, um sich bei besagtem Töchterchen beliebter zu machen. Denn: Wer den ganzen Kram bei solchen Einkaufsorgien bezahlt, ist logisch. Vielleicht aber auch nur, weil einige Mütter glauben, dass ihre Kinder Derartiges von ihnen wollen, es geradezu verlangen und sich ohne Mamas dauernde Präsens, ohne ihr dauerndes Einmischen, ihr dauerndes Interesse an allem, irgendwie ungeliebt fühlen.

Kann durchaus sein. Kann aber auch sein, dass Kinder, sobald sie das Teenageralter erreichen, einfach nur in Ruhe gelassen werden und eben nicht jedes noch so private Detail unbedingt teilen wollen. Teenager brauchen das Gefühl, sich ihren Eltern anvertrauen zu können, sich jederzeit, bei jedem noch so lapidaren Problemchen, z.B., wenn wieder einmal die Welt untergeht, weil »der Jonas« irgendein Flittchen, »die Suse«, in der Schule viel süßer findet, an sie wenden zu können, ohne Angst zu haben, dass diese Vertrauensperson sich entweder totlacht oder schreiend wegrennt. Dies heißt aber wiederum definitiv nicht, dass a) sie das *dauernde* Bedürfnis haben, sich ihren Eltern mitzuteilen, und b) dass im Umkehrschluss Erwachsene, zu denen wir an dieser Stelle auch Eltern zählen, das Recht haben, ihren Emotionalmüll bei den Kindern abzuladen.

Nun sind, was wissenschaftliche Studien bestätigen, Kinder und Jugendliche keine Idioten – man kann mit ihnen reden, auch ernsthaft, auch über wirklich und wahrhaftig wichtige Dinge, welche die Welt als Ganzes und die Familie im Speziellen betreffen. Darf man definitiv tun – ohne sich aber einzubilden, auf einer Stufe mit dem Kind zu stehen. Eltern sind Eltern, Kinder sind Kinder, und Blaukraut bleibt Blaukraut.

Wenn Eltern nämlich zu sehr auf der BFF-Welle reiten (ungeachtet der Frage, ob der Nachwuchs darauf überhaupt Wert legt), ist die Gefahr groß, sich anzubiedern, was dann dazu führt, dass Papa mit den Kumpels seines 15-jährigen Sohnes auf der Couch herumlümmelt, den Jungs das gekonnte Drehen eines Joints beibringt, das gedrehte Dings dann kreisen lässt, dafür sorgt, dass der Nachschub an Bier, Whisky und Haschkeksen nie einbricht, und sich mit dezidierten Kommentaren zu wegweisenden Themen wie Penislängen, Knutschen oder Titten in keiner Weise zurückhält. In diesen Momenten ist Papa nicht Papa, sondern ein Kumpel – und sicherlich ist auch Ihnen dieser Typ schon begegnet. Er will cool sein, lässig rüberkommen, nicht wie all die anderen Spießerväter. Ein wahrer Held eben, der es nur leider maßlos übertreibt mit seiner neu gewonnenen Jugendlichkeit, den Sohnemanns Freunde vielleicht in der Tat für extrem locker halten, von dem Sohnemann selbst allerdings nur will, dass er sich endlich verpisst. Papas größte Sorge indes ist, aus dem Leben seines Sohnes ausgeschlossen zu sein, und sei es auch nur für ein paar Stunden oder Tage.

Für Lehrer gestaltet sich der Umgang mit BFF-Eltern schwierig, verfügen Letztere doch als Einzige über die Fähigkeit, sich in das Kind hineinfühlen zu können. Meine Tochter ist meine beste Freundin, sagt die Mutter beim Elternsprechtag, was alleine schon Anlass zur Sorge gäbe. Mamas tief empfundene Freundschaft führt nämlich dazu, dass sie, wie es sich für eine gute Freundin gehört, nichts Schlechtes auf ihr Gegenstück kommen lässt, auch keine berechtigte Kritik. Kritik am Kind wäre Kritik an der Mutter und ist folglich nicht satisfaktionsfähig.

ALS ELTERN GEHÖREN SIE DIESEM TYP AN, WENN ...

... Sie mit einer Mischung aus Traurigkeit und Stolz die Eltern anderer Kinder betrachten. Traurig, weil die nicht sind wie Sie, stolz, weil Sie nicht sind wie die, sondern viel, viel chilliger.

... (als Vater) Sie mit Ihrem Sohn regelmäßig in der Disco »abhotten« und – in seinem Sinne – junge Mädels »abchecken«.

... (als Mutter) Sie inzwischen sogar mit den anderen, weniger wichtigen BFF ihrer Tochter regelmäßige Mädels-Abende veranstalten, freilich ohne Ihrer Tochter Bescheid zu geben.

WAS SIE SO VON SICH GEBEN:

»Mit meiner Tochter kann ich über alles sprechen, was mich bedrückt und bekümmert. Sie ist die Einzige, die mich voll und ganz versteht.«

»Auch im sexuellen Sinne.«

»Wäre meine Tochter ein Mann, würde ich sie sofort heiraten.«

»Und dann hab ich Niklas noch mal eben gezeigt, wie das so läuft mit dem Saufen. Als Vater musst' halt auch mal Vorbild sein, sonst respektiert er dich nich' mehr.«

ALS LEHRER KÖNNEN SIE AM EHESTEN:

→ darauf verweisen, dass Sie dem besagten Kind, gleichgültig ob Junge oder Mädchen, nun auch endlich eine Freundschaftsanfrage auf Facebook geschickt haben und sich wundern, warum die Antwort bislang ausgeblieben ist. Ist da etwa ein Elternteil neidisch geworden???

→ einen Keil zwischen die »Freunde« treiben, einfach nur aus purer Boshaftigkeit.

LOL
ROFL
ASAP
WTF

030

SOCIALMEDIA-ISTEN

WEIL DIGITAL EINFACH IDEAL IST

Falls Sie zu den Menschen gehören, die sich tierisch darüber aufregen können, mit absoluter Berechtigung übrigens, wenn Ihr Gegenüber ohne Unterlass, als ginge es um Leben und Tod, auf seinem Handy herumwischt und es dabei zu keiner Zeit schafft, auch nur ansatzweise in eine Art Gespräch einzusteigen (»Augenblick, bin sofort fertig … muss nur mal schnell tweeten …«), dann gehören Sie inzwischen zu einer Minderheit.

Die meisten Menschen beschweren sich zwar durchaus (»das ist einfach unhöflich«), kommen aber nicht umhin, im exakt selben Moment sich mal eben schnell (»Sekunde nur, ganz kurz …«) auf Instagram irgendwas unglaublich Witziges oder Wichtiges ansehen zu müssen – und es teilen zu müssen (»Hier, guck mal, klasse oder?«). Als ob jemand danach gefragt hätte und sich von einem weiteren Foto des in Online-Netzwerken längst schon berühmt-berüchtigten Nachwuchses auch nur peripher tangieren lassen würde. Was Menschen dazu bringt, andauernd sich selbst und, heutzutage ein beliebtes Hobby, ihre Kinder online in Szene zu setzen, ist genauso wenig nachvollziehbar wie Einsteins Trunkenheitsfantastereien über Raum und Zeit und fliegende Einhörner.

Es gibt Eltern, die legen direkt bei der Geburt einen Facebook-Account an, »für die Zwillinge«, schließlich hat die gesamte digitalisierte Welt ein Recht darauf, ab sofort regelmäßig an den ach so spannenden und ulkig-verzückenden Abenteuern und Erlebnissen von Jasinda-Neela und Dean-Jeturo teilzuhaben. Nur das bloße Recht? Nein – Pflicht muss es sein! Bekannte, darunter auch Eltern, die nicht sofort jedes Foto mit dem Klicken des Like-Buttons ehren, werden anfangs noch belächelt und, im Wiederholungsfall, »ungefriended«. Worauf viele Betroffene durchaus hoffen, auch wenn sie dann offenbar als desinteressierte Rabeneltern dastehen.

Wenn Sie es als Elternteil frühmorgens in der täglichen Hektik noch schaffen, Ihrem Kind ein Käsebrot zu schmieren und einige Bröckchen Karotte ins Frühstücksdöschen zu klatschen, sind Sie bereits stolz auf sich. Kein Grund, ihren bemerkenswerten Sieg zu feiern. Schließlich sind Sie nicht über das Wasser gewandelt, sondern haben lediglich eine Stulle fabriziert und etwas Gemüse zerkleinert, welches, mit etwas Glück, ausnahmsweise vielleicht und eventuell, nicht in der nächsten Mülltonne, sondern wahrhaftig im Magen des angedachten Empfängers landet. Trotzdem, insgesamt eine ordentliche Leistung Ihrerseits. Machen Sie im Verlaufe des Tages jedoch den Fehler und schauen mal eben bei Facebook rein, wissen Sie auf jeden Fall, dass Sie als Elternteil, einmal mehr, komplett versagt haben. Ihre Lebensuntüchtigkeit, ihre unerträglichen Defizite allein schon bezogen auf die morgendliche Schulbeköstigung ihrer Kinder, ist, man muss es einfach festhalten, schändlich, kindeswohlgefährdend, hochnotpeinlich. Was nämlich sehen Sie online? Gepostet von den Eltern »der Zwillinge« mit den am Rande der Legalität herumlaufenden Namensverirrungen? Ein Lunchpaket in nagelneuer Tupperdose mit denjenigen Comic-Helden-Motiven, die gerade mal wieder total in sind. In selbiger Dose zwei Dinkelbrote (steht drunter, nicht, dass noch jemand denkt, es würde sich um »normales Vollkorn« handeln), beide in Herzchenform geschnitten (steht auch drunter, nur zur Sicherheit, damit auch wirklich jeder Stümper kapiert, dass hier die Kinder wirklich geliebt werden!), und natürlich ohne Rand, der zärtlich hinfortgeschnitten wurde. Ach ja, in einer zweiten Dose befindet sich Salat: … Diese verfickte, geöffnete Dose starrt aus dem Foto direkt in das Herz des Betrachters – jene offenbar ihre Kinder nicht liebende Käsebrot-Mutter – und bricht es. Wahrscheinlich kommt das Kroppzeug darin auch noch aus dem eigenen Biogarten. Wenn ja, wird selbiger mit Sicherheit auch noch gepostet werden. Das nächste Foto, dieses Mal von Jasinda-Radieschen, oder wie auch immer die Göre heißt, wie sie freudestrahlend mit ihren perfekten blonden Haaren und ihren perfekten kleinen Fingerchen ihren von Papa eigens hergestellten Smoothie in die Handykamera hält. Smoothie! Darunter dann ist Papa so freundlich, noch mal eben, soll bestimmt auch gar nicht eingebildet rüberkommen, die Zutatenliste für die Fruchtglibbergrütze anzugeben. Kiwi, Banane, Orange, ein wenig Melone, eine Spur Quitte und zur Abrundung noch Naturkräuterextrakte aus den grünen Streifen. Auf die Zugabe von Zucker wird selbstredend verzichtet.

Sie als normales Elternteil haben auch diesbezüglich einen Fehler gemacht: Was haben Sie denn Ihrem Kind als Getränk in die Schultasche geworfen? Sehr richtig – eine Flasche Apfelschorle! Muss man sich mal vorstellen. Sie als kluge, weise, verantwortungs- und ernährungsbewusste Erziehungsperson sollten nun wirklich besser wissen, dass solch eine erbärmlich wie Eigenurin aussehende und nach selbigem schmeckende gepanschte Zuckerplörre jedes Kind mit sofortiger Wirkung Richtung Notaufnahme befördert, im schlimmsten Fall mit Leberversagen, Darmverschluss oder ganz schlimm Bauchweh.

Der größte Fehler jedoch, ungeachtet Ihrer mangelnden Sorgfalt und ihres offenkundigen Desinteresses am Wohl des Ihnen anvertrauten Kindes … (*»Mama hat mir schon wieder kein reichhaltiges Frühstück gemacht, Frau Schmidt-Katze.«* – *»Dann hat Mama dich nicht lieb, Anna-Sophie, das tut mir leid. Schau doch mal, was der Dean-Jeturo alles von seiner Mama eingepackt bekommen hat. Lecker Dinkelbrot … toll! Schade, Anna-Sophie, dass nicht jedes Kind* *solche Eltern hat.«*) ... ungeachtet also Ihres Desinteresses liegt ihr größtes Versäumnis darin, nicht gepostet und damit der Welt etwas vorenthalten zu haben. Gar nichts online! Wie bitte, die Frage wird hoffentlich erlaubt sein, wollen Sie denn jemals richtige Erziehung lernen, wenn Sie nichts posten? Wenn Sie nichts posten, hierin liegt die bestechende Logik, berauben Sie sich doch jeder Chance, von klügeren und besseren und liebevolleren Eltern auf all ihre Defizite hingewiesen zu werden.

Wahrscheinlich – man mag es gar nicht aussprechen – sind Sie auch nicht Mitglied einer Elterncommunity, oder? Dann müssen Sie sich auch nicht wundern, dass Sie immer noch so geistesgestört sind, Ihrem Nachwuchs lapidare Käsestullen mit Rand zu schmieren, wahrscheinlich sogar mit Butter und nicht, wie nun wirklich hinlänglich empfohlen (in allen Communities!), mit zart schmelzender Halbfettmargarine aus dem irischen Hochland.

Aber gut. Sie sind weder Mitglied bei »Eltern werden – Eltern sein«, »Elterntratsch«, »Elternsein leicht gemacht« oder all den anderen tausend national, international und global vernetzten Gemeinschaften von Profis oder solchen, die es werden wollen, noch sind Sie auch nur ansatzweise interessiert daran, mit anderen Eltern Kontakt aufzunehmen? Ach so, Sie besprechen solche Sachen ganz steinzeitlich noch mit Freunden aus der Nachbarschaft? Und warum haben Sie und besagte Freunde noch nicht längst eine Community gegründet? Zu faul? Unfähig? Uninspiriert?

Um wirklich ein wirklich guter Vater, eine wirklich exorbitant geniale Mutter zu werden, müssen Sie lernen, zu teilen, vor allem Fotos Ihrer Kinder. Posten Sie, bis die Finger abfallen, aber posten Sie.

Wenn Anna weint, warum auch immer, und sei es nur, weil sie sich den Zeh am Stuhl gestoßen hat, sofort das Handy raus! Foto schießen! Am besten zwei – aus unterschiedlichen Perspektiven, mit Stuhl! Dann sofort hochladen, verbunden mit der berechtigten Frage: »Was tut ihr in so einer Lage?«

Schon bald kommen Antworten, die in ihrer Kongenialität fast schon als konstruktive Lösungsansätze dienen könnten:

Mammabär77	Hatte my Joaquin auch mal. Du solltest sft. nachschauen, ob iwo weh tut (+(:-)
Gast_X-Hamburg	;) hab ich scho gmacht: Nix.
Nana	Willkommen im Chat @ Gast_X-Hamburg
Gast_X-Hamburg	Danke, »Nana« *fg*
The__Goddess:	muss :-! Arzt gehen. Weißt?
Mammabär77	weiss net, was sie hat. @ The__Goddesss: Gute Idee mit Doc. Iss vlt. ansteckend. Viral ist möglich.
Nana	Guck mal: #DiseaseControl od. www.NoFearKids.org
BatesMotel	looool!
Some&Any199	*huhu*
Nana	*huhu*@ Some&Any: Coole Pics auf deineer Seite. Wie alt is?
BatesMotel	@ Gast_X-Hamburg: Wie geht's der kleinen nu?
Mammabär77	yolo

Genau – You Only Live Once! Und genau deshalb sind Eltern, die sich ihren Erziehungsbrei online zusammenrühren, ganz schön fehlgeleitet. Diese Eltern kennen jede Social-Plattform des Universums und chatten mit jedem, der irgendwie eine Tastatur zu bedienen weiß, was auch überhaupt nicht schlimm ist. Schlimm wird es, wenn sie ihre Kinder mit hineinziehen in ihre dämlichen Unternehmungen, der Welt von sich zu erzählen.

Normale Menschen posten, wenn überhaupt, vielleicht hin und wieder ein Familienfoto. Facebook-Instagram-WhatsApp-Etc-Eltern posten jeden Furz.

Der Junge mit dem blöden Namen schläft? Foto machen. Er setzt sich eine Pudelmütze auf? Hach, wie witzig. Foto machen. Das Radieschen-Girl sitzt das erste Mal auf dem Fahrrad? Foto. Posten. Liken. Sharen. Es fällt runter und schreit brüllend die Nachbarschaft zusammen? Geil – Foto reicht hier nicht. Video! Und uploaden. Urlaub am Strand? Na gut, Kinder in eher spartanischer Beach-Fashion will man nicht in der Zeitung sehen, schon gar nicht die eigenen Kinder, aber seit wann ist Facebook eine Zeitung?

Eben! Also rein damit. Ist ja schließlich eine »closed community«. Da kommt nie ein Pädophiler rein. Keine Chance. Auch nicht für sonstige Perverse. Diese Online-Plattformen sind ja ohnehin in Sachen Daten und Privatsphäre totally save. Außerdem werden sich die Kids irgendwann, wenn sie größer sind, unglaublich freuen, dass die Eltern verantwortungsbewusst genug waren, die Aufzucht der Sprösslinge medial angemessen zu verarbeiten, für alle Ewigkeiten im Web konserviert.

SIE ALS ELTERN GEHÖREN DIESEM TYP AN, WENN ...

... Sie sich trotz Anwesenheit bei Musikabenden oder Theateraufführungen oder Sportveranstaltungen, an denen Ihre Kinder teilnehmen, erst am nächsten Tag einen genaueren Eindruck verschaffen können. Beim Event selbst mussten Sie schließlich a) filmen, b) fotografieren und c) das Netz vollposten mit Ihrer Gefühlslage (#MamiProud).

... Sie es leider versäumt haben, den ersten regulären Toilettengang Ihres Sohnes gefilmt und gepostet zu haben, dies aber jedes Jahr zu seinem Geburtstag nachholen.

WAS SIE SO VON SICH GEBEN:

»In Deutsch läuft's nicht so gut bei Anna, aber gucken Sie doch mal hier das Video, Frau Schmid-Katze, da trinkt sie Kakao durch die Nase … Schon niedlich, die Kleinen, oder?«

»Das gehört heutzutage einfach dazu.«

»Wenn Sie in gar keiner Elterncommunity bei Facebook sind, können Sie doch gar nicht mitreden, was momentan so angesagt ist.«

ALS LEHRER KÖNNEN SIE EHESTEN

→ während des Gespräches in aller Ruhe eine Runde Minecraft auf dem Handy spielen. Eine vernünftige Kommunikation wäre ohnehin nicht möglich. Wozu also die Mühe? Vergessen Sie einfach Tugenden wie Respekt und Höflichkeit gegenüber Eltern – die tun's schließlich auch.

KÄWINN, TU GEFÄLLIGST DEINE ELTERN WINKEN, DU ARSCHLOCH DU.

031

PROLETEN

WEIL'S BESSER IST ALS SPIESSIG SEIN, EH

Gönnen wir uns den Spaß und widmen uns einer ganz normalen Familie, wie man sie kennt (aber nicht kennen möchte) und schätzt (sofern mit schätzen gemeint ist, dass man sie nicht mal mit der Kneifzange anpacken würde):

Familie Mettmann, das klassische Paradebeispiel der spießigen, bohnerwachsdurchfluteten Durchschnittlichkeit aus dem 14. Stock einer ganz normalen Blockbehausung irgendwo in einem Einzugsbereich, der von vielen Menschen irrtümlich als Getto bezeichnet wird. Die Mettmänner, laut Mama Mettmann Nachfahren siebten Grades eines alten und sehr edlen, inzwischen aber degenerierten rumänischen Adelsgeschlechts (Inzest! Insolvenz! Inkompetenz!) bestehen aus vier Personen sowie einem verlausten Pudel namens »Reißer«, der am liebsten unten auf dem Kinderspielplatz herumtollt und fast jede Woche wieder mit einem neuen Turnschuh nach oben kommt, es aber partout nicht geschissen kriegt, mal ein ganzes Paar anzukarren.

Von »Reißer« abgesehen haben wir zum einen natürlich den harten, aber fairen Patriarchen der Familie, Papa Mettmann, gelernter Arbeitsloser und Vollblutalkoholiker mit stets legerem 3-Wochen-Bart (gleiches gilt für Unterwäsche), versierter Jogginghosenträger und Bier-aus-Plastikflaschen-Trinker, Fan von Schalke 04, hat sich gerade erst Pay-TV angeschafft.

Dann Mama Mettmann, blond gefärbte Haare, die nie auch nur auf die Idee käme, ohne Lockenwickler und rosa Leggins mit Leopardenmuster das Haus zu verlassen, ihres Zeichens ausgebildete und promovierte Handyhüllenfachverkäuferassistentin, jetzt aber arbeitslos aufgrund von Umstrukturierungsmaßnahmen, oder der Sauferei, weiß man nicht mehr genau. Ist in der Familie Mädchen für alles, vor allem zuständig für Nahrungsbeschaffung und muss daher mehrmals täglich zur ranzigen Pommesklitsche um die Ecke – übrigens beliebter Veranstaltungsort vieler Mettmänner'scher Familienfeiern, außer am Monatsende, da wird's finanziell immer etwas klamm (»die Hartz IV wächst nicht auf die Bäume!«), weswegen wir gerade dann Zeugen werden jenes häufig stattfindenden knapp gehaltenen, seelenbezaubernden und melodischen Wortwechsels, der in seiner sprachlichen Effizienz und semantischen Eloquenz jeden Feuilletonisten schon von Weitem begeistert:

»Eh, Mutter, tu mich mal Fritten Majo« –

Bereits hier zeigt sich dem Zuhörer die Verwendung klarer grammatischer Strukturen ohne unnötige Beigabe irrelevanten Verbmaterials und sonstigen linguistischen Schnickschnacks, eingeleitet mit einem fast zärtlich liebkosenden, in seiner elementaren Schlichtheit und formvollendeten Schönheit kaum zu überbietenden »Eh Mutter«, gefolgt dann, quasi als ablehnende Negation des obigen Wunsches, von *»Maul zu, du alte Hurensohn«*, womit die zuvor angesprochene Person, jene »Mutter«, dem einen Ich-Appell sendenden väterlichen Sprecher (»tu mich Fritten«) mitteilt, dass selbiger bitte schön mit der Fortführung der in solchen Kreisen, in denen die Mettmänner sich bewegen, ungewöhnlich und ungebührlich fordernden Verbalartikulation aufhören solle.

Mama Mett setzt somit den antithetischen Kontrapunkt und unterstreicht mit wenigen, scharf gewürzten Worten voller Reinheit und Präzision, dezidiert ihre eigene Bedürfnispyramide. Mama Mettmann steigert ihre sehnsüchtige Imagination nach Muße sogar noch – und nun erst kommt im Sinne eines retardierenden Moments die ganze ästhetische Wucht der Äußerung wirklich zum Tragen durch die beiläufige, fast schon süffisante Integration von »du alte Hurensohn«, wobei es sich beim hier verwendeten Substantiv um einen abgeleiteten Begriff aus dem Proto-Germanischen handelt, eines nur von alteingesessenen rumänischen Aristokratenfamilien gesprochenen Dialekts des Schwäbischen.

»Du alte Hurensohn« bietet dem Rezipienten, der die fundamentale grammatische Sprachgewalt längst aufgesogen und internalisiert hat, nunmehr die Möglichkeit zur Replik, die er, entsprechend der sokratischen Dialektik, sofort aufnimmt: »Schnauze, digga Wichser, hör auf mit die Scheiße, sonst tritt isch disch, du olle Schlampe.« Herrlich! Der hier leidenschaftliche Emotionsmonolog mag aufgrund seines überlegenen Sprachduktus auf den eher ungebildeten Außenstehenden überkandidelt und arrogant wirken, ist aber ein konsequent-kathartischer Ausbruch linguistischer Kompetenz und Schaffensfreude. Gleichsam wird deutlich, wie hier beinahe mühelos alte Geschlechterrollen auf den Prüfstand gehoben werden – das Ansprechen von Mama Mettmann als »digga Wichser« sowie »olle Schlampe« impliziert nichts anderes als einen Bruch mit den Gepflogenheiten traditioneller familiärer Hierarchien und ist im Umkehrschluss als neo-feministische Renaissance zu deuten. Die Herangehensweise des Patriarchen impliziert nämlich nichts anderes als einen analytischen gesellschaftlichen Gegenentwurf zur traditionell väterlichen Herrschaft, die er scheinbar bereit ist, zugunsten einer neu zu schaffenden gesellschaftlichen Gleichberechtigung, aufzugeben.

Allein die betörend simple Aufforderung »Schnauze, digga Wichser« gibt der angesprochenen Mutter mit ihrer luftig schimmernden Sprachvarietät nicht nur Handlungsempfehlung, sondern auch motivationalen Anreiz (»sonst tritt isch disch«), verdammte Scheiße endlich die Fresse zu halten, um sich nicht einer physischen Kontamination unterwerfen zu müssen. Soll heißen: Fresse zu, sonst Schläge!

Aber nicht nur Sprache gilt im Hause Mettmann besonderes Augenmerk: Erziehung, da sind sich beide Eltern einig, ist krass hart. Doch, auch wenn die Lektüre der griechischen Klassiker sicherlich viel Zeit einnimmt, bleiben den Kindern trotzdem noch Freiräume zur eigenen Entfaltung.

Also, die Kids: Sohn Melwin Mettmann, genannt Justin, gesprochen Schastin, seit drei Jahren Schüler der 8. Klasse der Lukas- Podolski-Gedenkschule (mehrfach von der EU ausgezeichnet! Extrem guter Schulgarten!), und ganz besonders schlecht in Mathe, Physik, Biologie, Chemie, Englisch, Deutsch, Religion und allen anderen Fächern, außer in Sport, Chillen, und Simsen. Liegt aber alles an die Lehrers! Trägt in seiner Freizeit, also immer, am liebsten ein ausgefranstes Muskelshirt, macht Bodybuilding, hält alle Mädchen, wirklich alle, auch Nonnen und Sozialarbeiterinnen, für billige Schlampen und Nutten, inklusive Mama; geht nach dem Aufstehen gegen 14 Uhr am liebsten um den Block und mit den Kameraden Türken klatschen. Rechnet sich gute Chancen aus, in nächster Zeit Drogenkurier zu werden, oder später dann irgendwas mit Management, weiß er aber noch nicht genau. Sieht sich, wie ihm von Papa reingeprügelt wurde, als Beschützer und Lehrmeister seiner größeren Schwester Sarafina-Nevada, genannt Mandy – der Name muss jetzt einfach sein. Diese stets glamouröse mit einer Piercingfabrik verzierte und allenthalben nur im ledernen Minirock herumstolzierende Schnalle, allgemein anerkannte Blockmatratze, die's auch ohne Kohle mit jedem treibt, der »Eh Ficken?« sprachlich einigermaßen einwandfrei artikulieren kann, ist als einzige Person mit Job quasi die Kohlemaschine der Familie. Mandy (der Name stammt entsprechend der ehrwürdigen Familientradition der Mettmänner aus dem Retro-Rumänischen und bedeutet, auch wenn die Übersetzung schwierig ist, so viel wie »die, der wo Amt gehn tut«) macht, obwohl sie den letzten PISA-Test quasi im Alleingang für das gesamte Land verkackt hat, eine Ausbildung zur Hairstylistin, will aber – welch ein Wunder bei diesem Talent! – eigentlich Schauspielerin oder Sängerin werden, irgendwas jedenfalls mit Casting und Superstar oder Scripted Reality und spart schon mal für die dringend notwendige Neujustierung der Oberweite.

Mandy, 17, steht auf Murat, 27, der hinten im Dönerladen von sein Vaters Cousin Rashid dessen Bruder pennt und von 3er-BWM träumt. Murat und Mandy planen voll gemeinsame Zukunft, isch schwör, sobald Murat, im Block als »20 Pence« bekannt, ge- und verachtet gleichzeitig, mit seiner in jeder Hinsicht beschissen klingenden Rap-Combo »20 Pence feat. the Kebabs« endlich von einem Talentscout entdeckt wird und so richtig hamma durchstarten kann mit all den geilen Hasen in geilen Hotels und geilem Whisky, und Nutten nur noch, wenn Mandy abends vom Anschaffen zu müde ist.

An Tagen, wo Papa Mettmann, ein überaus friedvoller Mensch, sagt er von sich selbst, gelangweilt oder besoffen ist oder mal wieder Probleme mit dem Texterstellungsprogramm hat (»das geht dauernd daneben mit die Bewerbungen wegen das Layout, Herr Sachbearbeiter«), im Wesentlichen also durchgehend, oder wenn Schalke verloren hat, oder alles auf einmal, schlägt er niemals den Hund, darauf legt er gegenüber Nachbarn großen Wert, auch nicht mit dem Gürtel! Für alle anderen Leute im Haushalt gibt's in regelmäßigen Abständen was hinter die Löffel, aber nur, wenn Papa Mettmann in Stimmung ist, sich aus der Couch zu erheben. Außerdem rutscht ihm beim Aufstehen regelmäßig der Schlüpper in die Kimme, was Mandy Mettmann, Tochter und wandelnde Litfaßsäule für Schminkprodukte aller Art, »voll asy, eh« findet.

Als jemand, die wo Ausbildung macht, ist sie, verständlicherweise, ein bisschen das schwarze Schaf. Seit Generationen, darauf sind die Mettmanns stolz, hat sich kein Familienmitglied jemals wirklich ernsthaft um Arbeit bemüht bzw. diese länger als einen Tag behalten. Mama Mett hat recht, wenn sie darauf hinweist, dass »Adel verpflichtet«. Auch wenn Mandy die Nase momentan (immerhin hat sie nun schon zwei Wochen Ausbildung durchlebt) ziemlich hoch trägt, sie also mit ihrer Entscheidung, sich für das kapitalgesteuerte Ausbeutersystem zu prostituieren, ganz offenkundig gegen den altehrwürdigen Familienkodex aufbegehrt, typisch Pupatät eben, haben Mama und Papa doch sehr deutlich kommuniziert – und hier zeigt sich nun wieder einmal die hohe Kunst der Erziehung, die übrigens strikt nach Humboldt'schem Bildungsideal abläuft – dass Mandy gegenüber der Schastin nun ganz bestimmt benachteiligt wird, die Rotzblage, die. Haste nix als Ärger mit so ne Göre, dauernd vor Gericht gehen wegen die Handykosten von die Mandy und nu auch noch in Salon arbeiten für ne Hungerlohn wo du nisch mal BWM von b'komms.

Gibt es – dies nun die wirklich relevante Frage – solche Leute wie die Mettmanns wirklich, oder handelt es sich nur ein Klischee? Kurzum: Schwer zu sagen. Die sicherste Antwort ist allerdings: Ja. Proleten gibt es, und anhand von Kleidung und Sprache sind sie leicht erkennbar.

Als Marx um die Jahreswende 1847/48 das »Manifest der Kommunisten Partei« verfasste und darin die Aufforderung »Proletarier aller Länder, vereinigt euch«, hatte er wohl kaum im Sinne, dass sich nun all die Eltern der Sarafinas, Yves-Chanelles, Schakellines, Mandys, Sandys, Pierre-Gilberts, Edward-Cullens, Nova-Siberias, all der Justins und Dustins und Justin-Dustins zusammensetzen und in Gettosprech über Klassenkampf, Weltrevolution und Sozialismus beraten sollen.

Prolet, die umgangssprachliche Verkürzung des Terminus Proletarier, bezeichnet auf abwertende Weise Angehörige einer wie auch immer gearteten Unterschicht. Marx spielte freilich vor allem auf die besitzlose, in ärmlich-stinkenden Hinterhofquartieren eingepferchte und vom Industrialismus ausgebeutete Fabrikarbeiterschaft an, die endlich anfangen sollte, sich ihre Rechte gegenüber Großkapital und Bourgeoisie zu erstreiten. Heutzutage streiten Mettmänner auch, aber eher untereinander, und arbeiten gehen sie eh nicht. So gesehen bildet Mandy Mettmann eine erfreuliche Ausnahme.

Aus »Proletarier« wurde im Laufe der Zeit »Prolet«, aus »Prolet« wurde »Proll«, und »Proll« wiederum verwandelte sich zu »Pöbel«. Mit dem normale Menschen normalerweise nichts zu tun haben wollen. Pöbel allerdings, wissenschaftlich erforscht und leider bestätigt, ist des Kinderkriegens ebenfalls mächtig, was dazu führt, dass eine neue, noch unkultiviertere, noch bildungsfernere, noch faulere und dümmere Generation als die vorherige heranwächst. – So äußert sich zumindest der typische Bildungsbürger, nicht ohne seine Abscheu gegenüber »solchen Leuten« jederzeit zu artikulieren. Es schadet hingegen nichts, sich als »Bessergestellter« hin und wieder zu fragen und zu hinterfragen, wie die Mettmänner geworden sind, was sie eben sind, welche Gründe zum Zusammenbruch des eigentlich Normalen geführt haben und warum sie in Sachen Kindererziehung häufig nichts auf die Kette kriegen. Schaut man sich den Buchmarkt an, sind Bücher über Unterschichtenfamilien sehr in Mode – und, zugegeben, die meisten dieser Bücher sind erschreckend witzig, doch heißt das noch lange nicht, dass wir Kinder aus »solchen Familien« automatisch ablehnen und ihnen Chancen verbauen sollten. Letzteres nämlich tut die Politik schon zur Genüge.

SIE ALS ELTERN GEHÖREN DIESEM TYP AN, WENN …

… Sie beim besten Willen nicht verstehen können, dass »frisch gekocht« nicht dasselbe ist wie das Öffnen einer Packung Curry-King.

… Sie sich mit den Grundlagen der gehobenen und höflichen Umgangssprache partout nicht anfreunden können.

… Sie ihrem Sohn / Ihrer Tochter den Umgang mit den Nachbarskindern deshalb verweigern, weil deren Eltern regelmäßig zur Arbeit statt zum Amt gehen, die Asis!

WAS SIE SO VON SICH GEBEN:

(zu Mandy) »Schantalle, komma bei die Mama, die geht mich dich Aldi und tut dich Eis.«

(zu Justin) »Isch werf dich gleich Tasse an Gehirn, du Arschloch du.«

(zum Deutschlehrer) »Isch werf dich gleich Tasse an Gehirn, du Arschloch du.«

ALS LEHRER KÖNNTEN SIE AM EHESTEN …

→ als Vorbereitung auf Elterngespräche einen Sprachkurs der Fernuniversität Hagen machen: Prollsprech in zehn Schritten.

→ Freude zeigen angesichts der bunten Vielfalt an neumodischen Doppelnamen sowie den sprachlichen Neuerungen in Ihrem Klassenzimmer, welche auch Sie sicherlich bald draufhaben werden. Ein stumpfes »Laura, komm bitte an die Tafel« klingt einfach spießiger als das lebensbejahende »Noelle-Alaska, isch disch jetzt Tafel, du Kackbrei, isch schwör«. So können Sie dem bislang praktizierten lahmen Umgangston einen ganz neuen Farbklecks geben.

→ darauf verzichten, Kinder anhand ihrer Namen zu beurteilen – und ihrer Eltern.

→ Mettmanneltern genauso behandeln wie andere Eltern auch, mit einer gewohnt zynischen Mischung aus Abscheu und Mitleid.

032

BILDUNGSALLERGIKER

WEIL SOWIESO ALLES NUTZLOS IST ...

Neulich, zwei Mütter beim Plausch auf dem Parkplatz vor dem Bioladen:

»Jetzt machen die in der Schule schon wieder Lektüre. Reclam, kennen wir ja noch.«

»Brecht. Der gute Mensch von Sezuan. *Ja, haben wir schon bestellt für Julian ...«*

»Aber wozu braucht man das denn? Ich kann mir kaum vorstellen, dass Jannes damit etwas anfangen kann.«

»Mit dem Buch? So schwer ist das doch gar nicht ...«

»Das ganze Gequatsche darüber. Völlig unnötig.«

Zugegeben, der Autor, der im Deutschunterricht thematisiert werden soll, ist tatsächlich eine ungewöhnliche Wahl, handelt es sich doch bei Bertolt Brecht um einen zu Recht relativ unbekannten Vertreter der deutschen Literatur der ausgehenden Antike, der ausschließlich promovierten und habilitierten Deutschlehrern vertraut ist. Sicherlich, man kann mal spaßeshalber so ein Werk von so einem Brecht lesen, vielleicht auch mal bei Schiller und Lessing und Kleist reinschnuppern, aber dass Schüler wirklich von Buchdeckel vorne bis Buchdeckel hinten das ganze Ding durchblättern sollen, ist doch wohl eine Schnapsidee, erfunden von elitären Bürokratenhengsten irgendwo im Bildungsministerium. Wie schon einst eine

DIESE GANZE SCHULBILDUNG WIRD VÖLLIG ÜBERBEWERTET. TOTALER FIRLEFANZ.
ANGEHENDE FUSSBALLSPIELER WIE LORENZ BRAUCHEN TAKTIK! NICHT TACITUS!

kluge Frau sagte, irgendwo vor einem Bioladen: »*Das ganze Gequatsche darüber. Völlig unnötig.*«

Hier offenbaren sich (in diesem Fall gegenüber Brecht) verschiedene Spielarten der Emotion: Abscheu (*ekelig! Brecht stinkt*), Argwohn (*dem kann man nicht über den Weg trauen!*), Angst (*hoffentlich fragt Jannes mich nicht, was Brecht so sagt … ich habe von dem Kram doch keine Ahnung*) bis hin zu Wut (*was das wieder kostet!*) und pädagogischer Überheblichkeit (*damit kann man im Leben nichts anfangen!*) gepaart mit einer gehörigen Portion Kulturpessimismus (*mit Brecht geht's der Wirtschaft auch nicht besser …*)

Stimmt natürlich! Schlechter aber auch nicht!

Die erschreckend hartnäckige »Wozu brauch ich das?«-Debatte ist so alt wie die Schule selbst. Jeder Erwachsene (Sie auch!) wird sich irgendwann in seiner Schulzeit das eine oder andere Mal gefragt haben, wo denn bitte der praktische Nutzen eines bestimmten Themas liegen soll. Haben Sie im Chemieunterricht nicht mal eine Knallgasprobe gemacht? Zum Nachweis von Wasserstoff? Hat's geknallt? Super – alles richtiggemacht. Und wie häufig haben Sie seitdem Wasserstoff nachzuweisen versucht?

Mussten Sie in Mathe nicht auch mal den Flächeninhalt eines Trapezes berechnen? Hat Spaß gemacht? Nein? Auch egal. Haben Sie deshalb also in Ihrem weiteren Leben auf die Beschäftigung mit Trapezen verzichtet? Oder weil Sie schlicht und einfach nie wieder in die Situation kamen, trapezförmige Gegenstände mathematisch zu durchleuchten?

Soll heißen: Wozu hat man etwas gelernt, was man ohnehin nie gebraucht hat oder jemals brauchen wird?

Geschichte – sind die Leute nicht alle schon tot? Was soll also der ganze Schmarrn? Latein – welcher vernünftige Mensch spricht denn das heute noch? Französisch – wer ernsthaft Französisch lernen will, soll doch bitte nach Frankreich ziehen. Jeden anderen Menschen, der keine Lust darauf hat, andauernd gebratene Froschschenkel zu essen, möge man also mit der Sprache in Frieden lassen. Und ansonsten gibt's Google Translator. Religion – seit wann braucht es ein eigenes Schulfach zum Beibringen von Beten? Ist doch eigentlich recht einfach. Händefalten ist nun wahrlich keine Astrophysik. Und wenn man alt genug ist, tritt man aus der Kirche aus, spart viel Geld, freut sich diebisch, Gott ein Schnippchen geschlagen zu haben, und betet nie wieder. Erdkunde – kluge Menschen haben Navigationsgeräte oder Apps für so was. Deutsch – wer seine Muttersprache nicht beherrscht, soll gefälligst verschwinden. Letzteres würde jeder Abgeordnete von NPD und AfD und gegebenenfalls CSU problemlos unterschreiben, würde aber dazu führen, dass so mancher Abgeordnete von NPD und AfD und CSU ebenfalls verschwinden müsste. Wie, was Schule betrifft, sowieso ganz, ganz vieles – nämlich all der überflüssige Bildungsballast, den man im wahren Leben, der Realität außerhalb des Schulgebäudes, nie benötigen wird. Diesbezüglich sind sich erstaunlich viele Schüler und deren Eltern einig und nutzen die »Braucht man eh nicht im späteren Leben«-Plattitüde gerne auch als Entschuldigung für nicht so gute, schlechte oder kongenial beschissene Prüfungsergebnisse. So mancher Bildungsminister hat natürlich einen Anteil an solchen Denkweisen, wenn er mal wieder davon spricht, dass nun »der Lehrplan entrümpelt werden« müsse. Genau – gehen wir rein in die zugemüllte und gammelige Messiebutze und werfen alles raus, was nichts taugt oder bereits zu schimmeln angefangen hat. Addieren und Subtrahieren können drinbleiben, aber Dividieren? Mal ernsthaft, wer dividiert denn noch in der modernen Welt des 21. Jahrhunderts? Also raus mit dem Scheiß! In Bio stehen zwei Ökosysteme auf dem Plan, Wald und See. Völlig übertrieben! Eines muss genügen, sagen wir Wald. Den See sehen viele Kinder ohnehin im Sommer beim Badeausflug. In der 10. Klasse ein ganzes Semester nur Zweiter Weltkrieg? Der liegt inzwischen ganz schön weit zurück, und außerdem ist die Sache ziemlich deprimierend – ein guter Lehrer muss so ein Thema auch in einer Doppelstunde abhandeln können, sofern man überhaupt so viel Zeit einplanen sollte.

Könnte man bei dieser Gelegenheit nicht ohnehin neue Fächer einführen, um den gewandelten Bedürfnissen von Schülerinnen und Schülern Rechnung zu tragen? Vielleicht »Casting« und »Casting für Fortgeschrittene« und nachmittags eine Arbeitsgemeinschaft zum Thema »Wie werde ich Prinzessin«? Auf jeden Fall besser als all das unnütze Zeugs, das a) niemanden ernsthaft interessiert und b) keinerlei praktischen Nutzen über die Schule hinaus hat.

Nun, fairerweise, der eine oder andere inhaltliche Bestandteil eines Schulfaches mag in der Tat nicht wirklich hundertprozentig zwingend und dringend notwendig sein. Aber – wo bitte soll man mit dem »Entrümpeln« anfangen? Vielleicht bei Lektüren im Deutschunterricht. Die Frage der obigen Mutter impliziert ja, wozu *Der gute Mensch von Sezuan* gut sein soll. Kann Julian damit später seine Miete bezahlen? Hilft ihm das bei seiner angedachten Ausbildung zum Bankkaufmann? Inwieweit unterstützt Brecht ihn bei seiner Steuererklärung? Beim Parkettverlegen ist er wohl auch eher hinderlich, richtig? Wenn nicht sogar komplett überflüssig.

Tatsache ist, folgen wir dieser Logik: Brecht ist überflüssig. Überschüssig. Unnütz. Verzichtbar und entbehrlich – im Endeffekt also reine Zeitverschwendung. Im *Sezuan* geht es, wenn wir von allem theatertheoretischen Gedöns einmal absehen, darum, wie Menschen richtig und gut handeln; Brecht überprüft, ob es in einer geldgeilen und raffgierigen Gesellschaft überhaupt noch gütige Menschen geben kann, und kommt zu dem Ergebnis, dass in unserer Welt Güte und Lebensfähigkeit in einem Konflikt zueinander stehen: Ist ein Mensch zu gut, muss er sich mit menschenunwürdigem Elend abfinden. Im Endeffekt geht es um nichts weniger als die Gefahr der Selbstentfremdung des Menschen. Soll heißen, um im Sinne von Julians Mutter zu argumentieren: Das ganze Stück ist elitäres Gefasel und noch nicht einmal (ist schließlich nur Theater) als richtige Literatur zu bezeichnen.

Es versteht sich außerdem von selbst, dass man (Julian und alle anderen Schüler) damit nun wirklich nichts anfangen kann. Damit lassen sich weder Parkett verlegen noch Miete bezahlen noch Pfannkuchen machen. Und dann der ganze Terror, den die Lehrer damit veranstalten: Charakterisierung. Figurenkonstellation. Interpretation. Analyse der sprachlichen Mittel. Literarische Merkmale. Rezeption. Relevanz für die moderne Gesellschaft. Und, natürlich, null Relevanz für das Hier und Jetzt. Schade eigentlich. Da hätte dieser Brecht mal besser was Vernünftiges zu Papier gebracht.

Wo wir gerade bei vernünftigen Dingen sind, hier ein verkürzter Dialog zwischen einem Schüler und seinem Lehrer:

L: »Toller Sprachstil, den du hier verwendest. Du hast da wirklich was auf dem Kasten. Mal überlegt, in deiner Zukunft auch etwas mit Schreiben oder Sprache zu machen?«

S: »Ich würde unglaublich gern bei einer Zeitung arbeiten, vielleicht Rezensionen schreiben … Dafür will ich aber erst Journalismus studieren und währenddessen bei verschiedenen Zeitungen Praktika machen.

L: »Da freuen sich deine Eltern bestimmt, dass du so konkrete Ziele hast, oder?«

S: »Ich lach mich tot. Journalismus kann ich vergessen, hat Papa gesagt. Und Studium sowieso. Ich soll mal schön was Vernünftiges lernen.«

L: »Zum Beispiel?«

S: »Banklehre. Versicherung. Steuerberater. Irgendwie so was. Oder Sachbearbeiter in irgendeinem Amt.«

Julians Mutter würde sofort zustimmen. Wahrscheinlich würde sie ihn sogar lieber auf einer Müllentsorgungsanlage die in alle Winde zerstreuten Windeln zusammenkehren sehen als bei einem Studium der Literaturwissenschaften. Als Abfallentsorgungstechniker mit Schwerpunkt Müllberg-Installation müffelt man zwar ein bisschen und muss hin und wieder mal duschen gehen, aber damit kann man wenigstens was anfangen: Müll ist konkret, ergo ist Arbeit mit Müll vernünftig. Literatur hingegen ist abstrakter Käse, ergo gehobener, dünkelhafter Hokuspokus und somit ausschließlich einer abgehobenen, arroganten Arschlochklientel vorbehalten, die sich derartigen Mumpitz finanziell leisten kann und auf Partys mit Cocktailgläsern zu sanften Jazzklängen über Ovids Metamorphosen schwadroniert.

Eltern, die so denken, argumentieren vor allem im Sinne von a) finanzieller Sicherheit (»Da haste was, Junge!«), b) Skepsis (»Nee, das mit dem Studieren ist mir nicht geheuer.«) oder notfalls auch familiären Traditionen (»Opa war arbeitslos, Papa war arbeitslos, warum willst du denn jetzt was Besseres sein?«).

Und was nun Literatur betrifft: Mag das Zeug auch keinen praktischen Nutzen haben (worüber man stundenlang streiten könnte, zum Beispiel zu sanften Jazzklängen), so bietet es doch wenigstens die Möglichkeit, sich durch das Eintauchen in eine gänzlich andere Welt (viel besser als Windeln!) für einige Stunden von der Beschissenheit seiner eigenen Existenz abzulenken. Auch dies eine Handlungsempfehlung für Eltern, die mit dem traditionellen Bildungsbegriff Humboldt'scher Prägung nichts anzufangen wissen; was übrigens nicht schlimm ist – sofern sie für Argumente offen sind und nicht im geistigen Babybreistatus verharren.

SIE ALS ELTERN GEHÖREN DIESEM TYP AN, WENN ...

... Sie der Ansicht sind, dass Schule in erster Linie praktische Dinge vermitteln soll, wozu, in Ausnahmefällen, auch Lesen, Schreiben und Rechnen gehören. Vor allem aber Handarbeit und Werken.

... Sie die Schullektüren Ihrer Kinder als Feuerholz verwenden.

... Sie Lehrer bitten, statt der mangelhaften doch bitte schön eine sehr gute Zensur unter die Mathearbeit zu setzen, weil Celina beruflich mal was mit Handys machen will und sie Zahlen dazu ohnehin nicht braucht.

WAS SIE SO VON SICH GEBEN:

»Wenn man den ganzen überflüssigen Mist, den Schule vermittelt, einfach mal aus den Lehrplänen entfernt, bleibt gerade mal eine große Pause übrig, mit Pinkeln.«

»Bildung ist das, was übrig bleibt, wenn man all das, was man in der Schule gelernt hat, vergisst.« (Albert Einstein)

»Also, Herr Borchers, die Sache mit den Relativsätzen … Sie können mir doch wohl kaum erzählen, dass die irgendwie wichtig ist. Lorenz will schließlich Fußballspieler werden …«

»Wir mussten das doch früher auch nicht alles lernen. Und trotzdem haben wir zwei Kriege …«

ALS LEHRER KÖNNEN SIE AM EHESTEN:

→ stundenlang Immanuel Kant rezitieren: Aufklärung ist der Ausgang des Menschen aus seiner selbst verschuldeten Unmündigkeit … Faulheit und Feigheit hindern ihn daran … seinen eigenen Verstand zu benutzen … Etc. Etc.

→ auf die Frage: »Wozu braucht man das denn?« mit einer Gegenfrage reagieren: »Wozu braucht man Luft?«

033

UNPERFEKTE

WEIL SIE EINFACH DIE BESTEN SIND

Diesen sub-perfekten, leicht mysteriösen Elterntyp sollten Sie – sofern Sie Eltern sind – eigentlich am besten kennen. Sie treffen quasi täglich auf ihn; er ist fürchterlich besserwisserisch und leidet in Sachen Erziehungsfragen an latentem Klugschiss, ist aber trotzdem noch offen für konstruktive Kritik.

Er (Pronomen ist durch feminine Form entsprechend zu ersetzen) erzieht seine Kinder zur Selbstständigkeit, hat autoritäre Phasen, lässt aber auch mal genügsam den einen oder anderen vom Nachwuchs fabrizierten Klopfer durchgehen.

Er blättert vielleicht, hin und wieder, jedoch eher selten, in einem pädagogischen Ratgeber und vertraut ansonsten auf den gesunden Menschenverstand, über den einzig und allein der Unperfekte verfügt, lässt sich aber auch zuweilen zu emotionalen Entscheidungen hinreißen.

Er findet Bildung gut und findet es noch besser, wenn auch seine Kinder daran aktiv partizipieren. Wenn Kinder chillen, rumgammeln oder relaxen (was im Wesentlichen alles dieselbe Soße ist), verdreht er ordnungsgemäß die Augen und bewirft sie mit Pantoffeln – und überlässt sie nicht ihrer selbstgefälligen Faulheit. Bei ihm, dem unperfekten Typus, handelt es sich um einen Menschen, für den Disziplin nicht nur ein austauschbares Substantiv oder eine

ICH ZEIG DIR MAL, WIE MAN'S BESSER MACHT ...
1

Anregung ist. Gegen eine vernünftige Spur von Zucht und Ordnung hat er nichts einzuwenden. Trotzdem, erstaunlicherweise, schlägt er Kinder, Ehepartner und Haustiere eher selten, manchmal sogar nie, höchstens die Kinder und Ehepartner von anderen Leuten. Erneut: Niemals Haustiere!

Wenn ein Lehrer ihm mitteilt, dass die Leistungen von Sohn oder Tochter in Fach X (z.B. Sport, Textiles Gestalten, Malen nach Zahlen) zu wünschen übrig lassen, dann lässt er die Worte auf sich wirken, akzeptiert sie, sucht nicht nach Ausflüchten, bietet keine Bestechungsgelder für bessere Zensuren an, lässt den Lehrer am Leben, geht nach Hause, verprügelt seine Kinder – nicht, und sucht gemeinsam mit ihnen nach Möglichkeiten, schulische Dinge besser in den Griff zu bekommen.

Auch, und dies mag sonderbar anmuten, jammert er nicht alle naselang über die Unzulänglichkeiten des Schulsystems im Allgemeinen und der Schule seiner Kinder im Speziellen. Natürlich hat der Laden Defizite, was insbesondere an so manchem Lehrer liegt, doch käme er nicht auf die Idee, dem Lehrer zu erklären, wie dieser seinen Job zu machen habe.

Er dreht nicht am Rad, wenn er »schon wieder« irgendeine Lektüre anschaffen soll. Und bezahlen darf. Weil Eltern schließlich offenbar Geld scheißen können. Er schafft an und bezahlt und jammert nicht, weder über das Geld noch den Inhalt des jeweiligen Buches. Macht ein Lehrer tatsächlich irgendwann mal einen Fehler (was theoretisch unmöglich ist, da Lehrer, insbesondere Oberstudienräte, qua Amt als unfehlbar gelten), kommt er – und dies mag nun wirklich erstaunen – ganz ohne Drohungen und Anwälte und Androhungen von Gerichtsprozessen und tatsächlichen Gerichtsprozessen aus. Er geht, krasse Sache, einfach zu diesem Lehrer hin und sucht den Dialog. Unverkennbar vernachlässigt er seine Kinder, negiert sie geradezu, da er nicht in einem schulischen Gremium mitarbeitet und noch nicht einmal Eltern-Irgendwas-Vorsitzender ist. Womit er trotzdem ganz gut und stressfrei leben kann.

Natürlich, und hier zeigen sich nun die Nachteile seines Erziehungsmodells, geht es auch im Haushalt des Unperfekten nicht ohne Verbote: So sind seine Kinder angehalten, keine Drogen zu sich zu nehmen, Rauchen muss auch nicht sein und Alkohol nur an Tagen ohne Hausaufgaben.

Auch ernährungstechnisch ist er auf dem neuesten Stand: Es versteht sich also, dass er den Kindern keine Dachpappe oder das in Unterschichtenfamilien sehr beliebte »heute bleibt die Küche kalt« oder »tu misch Fritten« auftischt, sondern auf Ausgewogenheit und Gesundheit achtet – wie er dies allerdings schafft, ohne täglich in den Bio- oder Reformladen zu latschen, ist dem außenstehenden Beobachter rätselhaft. Wenn Letzterer dann auch noch erfährt, dass es zuweilen im »unperfekten« Haus hin und wieder trotzdem mal schmierige Pizza oder Pommes oder Burger oder Fischstäbchen gibt, und zwar solche aus Fischen, die nicht immer ökologisch korrekt im idyllischen Dorfweiher einem tofufutternden, ottergesichtigen Greenpeace-Mitglied a.D. aus freiem Willen ins Netz gehüpft sind, jauchzend vor Freude angesichts der Aussicht, endlich paniert zu werden.

Umweltschutz und Tierschutz sind Themen, die ihm auch in seiner Erziehungsarbeit am Herzen liegen. Dennoch ist er kein weltfremder Spinner und ganz bestimmt kein Ökonazi. Gegen Jutebeutel und nachhaltig produzierte Kleidung – auch für den Nachwuchs – hat er trotzdem nichts einzuwenden, was als Beweis dafür dient, dass er gemerkt hat, dass es auch noch andere Labels als C & A, H & M oder K & IK gibt.

Selbstverständlich ist im Hause Unperfekt auch das Fernsehen verboten, denn Fernsehen, daran kann man nicht zweifeln, macht dumm, womit er allerdings im Wesentlichen den hirnzersetzenden Rotz meint, der auf bestimmten bildungsfeindlichen Privatsendern läuft – jene mit verkoksten und verlotterten Sackgesichtern im untersten Delta der Mittelmäßigkeit bevölkerte Serien, die nicht einmal mehr versuchen, Inhalt vorzutäuschen, und immer noch nicht strafrechtlich verfolgt werden. Wollen seine Kinder an einer Castingshow für Supermodels teilnehmen, formuliert er, ohne mit der Wimper zu zucken, ein eindeutiges verbales Stoppschild: »Nein, diese Sendung ist Beschiss, und du wirst sowieso nie Supermodel, Benjamin.«

Er akzeptiert, trotz eines solch beispiellosen autoritären Ausbruches, den Wunsch seiner Kinder nach Unabhängigkeit und toleriert notgedrungen auch rebellisches Verhalten. Dabei überkommt ihn lediglich in wenigen Momenten der absoluten Klarheit der Wunsch, nach einem angemessenen Internat für die Gören zu suchen, die er freilich niemals als solche bezeichnen würde, sondern höchstens als Kackbratzen, womit er in gewisser Weise auf eine ganz spezielle Art Liebe und Zuneigung ausdrücken will.

Ohnehin – er ist tatsächlich liebevoll, zärtlich, ruhig und versucht, sich in seine Kinder einzufühlen, ohne sie zu bedrängen, ihre intimsten Geheimnisse jederzeit preiszugeben. Er versteht die Notwendigkeit, dass Menschen – und dazu zählt er eindeutig auch Kinder und Jugendliche – das Recht auf Geheimniskrämerei haben und sich hin und wieder mit einer mysteriösen Glocke umgeben – umgeben müssen. Reden sie dennoch mit ihm, freut er sich und hilft, so gut er kann, ohne sich ihnen parasitär an den Hals zu werfen. Das ihm anvertraute Material versteigert er nicht an Nachbarn, Freunde und Lehrer, sondern behält es für sich, womit er sich eine Art Vertrauensverhältnis zu seinen Kindern aufbaut.

Er weiß, was seine Kinder mögen und hassen, lieben und zum Kotzen finden, kennt die Namen der besten Freunde und Freundinnen, verhält sich üblicherweise wie ein ernst zu nehmender Erwachsener, auch wenn dies nicht immer die leichteste Übung ist, und, wenn notwendig, wie ein guter Freund, niemals aber wie ein/eine BFF. Somit wissen seine Kinder, was nicht gerade im Sinne einer gleichberechtigten Beziehung ist, kaum etwas über seine eigenen sexuellen Vorlieben und Bedürfnisse, manchmal sogar gar nichts. Die eine oder andere BFF-Mutter würde allein bei diesem

Gedanken zusammenzucken. Geht denn das? Darf denn das? Darf der Erwachsene Geheimnisse vor dem Kind haben? Eine sehr, sehr fragwürdige Einstellung, mit der unser »Unperfekter« ganz passabel durchs Leben kommt.

Er rennt, wenn es seinem Kind emotional einmal schlecht geht, nicht schnurstracks mit ihm zum Bachblütentherapeuten oder Psychoanalytiker, sondern setzt erst einmal Tee auf und versucht, die Sache zu ergründen. Will das Kind, aus den verschiedensten Gründen, weil »ist meine Sache, geht dich nichts an«, die Sache, was auch immer die Sache ist, lieber für sich behalten, dann ist das eben so, und der Unperfekte wartet, wenn auch ungern und durchaus mit Angst und Sorge, einfach mal ab. Man muss schließlich, eine Tatsache, die er erst nach und nach durchschaute, nicht wie ein wild gewordener Waldschrat in jede Wand latschen, sondern kann und muss manchmal auch so viel Geduld haben, bis sich eventuell die Tür öffnet. Sanftmut ist für ihn eine Tugend – und eintreten kann man die verdammte Tür später immer noch.

Er verfügt über ein klares moralisches Wertesystem, liest niemals die Tagebücher seiner Kinder (Grund: Kinder schreiben keine Tagebücher mehr, sondern Blogs) und sieht es als Aufgabe und Verpflichtung, seine Kinder, auch wenn er vielleicht mal danebenliegt, oder häufiger, oder dauernd, dementsprechend zu erziehen: zu gefestigten, frei denkenden, toleranten und gütigen Individuen mit Kompass in der Birne, die stets daran arbeiten, sich emotional, gedanklich, intellektuell weiterzuentwickeln und, mit etwas Glück, dabei sogar in die richtige Richtung laufen. Keineswegs besteht er auf blinden Gehorsam und absolute Gefolgschaft: Kinder, da ist er sich sicher, haben das Recht auf eigene Gedanken und Entscheidungen. Auch wenn die Gedanken seiner Meinung nach nichts taugen und die getroffenen Entscheidungen an Beknacktheit nicht zu überbieten sind. Doch, so denkt er sich, wenn Kinder nicht dauernd aus dem Rahmen fallen sollen, darf man sie auch nicht einrahmen.

Er ist nicht wie viele der anderen Eltern seiner Umgebung ein dauererleuchteter Erziehungsguru mit Weltrettungskomplex, hat also kein Monopol auf pädagogisierende »Ich zeig dir mal, wie man's besser macht«-Sprüche. Treffen ihn andere Eltern auf der Straße, erstarren diese manchmal völlig nachvollziehbar in Ehrfurcht, begegnen sie hier doch einem gottgleichen Elternteil, das trotzdem klarkommt mit seinen Kindern, obwohl er sie nicht ohne Unterlass mit teuren Geschenken überhäuft. Was auch daran liegen könnte, dass er sich diese nicht leisten kann und wieder mal froh ist, dass die monatlichen Fixkosten beglichen sind und doch noch etwas übrig bleibt für ein Eis mit Sahne.

Er ist konsequent. Wenn er sagt, es gibt kein Eis mit Sahne, dann gibt es kein Eis mit Sahne. Auch kein Eis ohne Sahne. Noch nicht einmal einfach Sahne pur. Es sei denn natürlich, die Sahne besteht aus glücklicher Milch von glücklichen Kühen aus strikt ökologischer Agrarwirtschaft glücklicher bayrischer Gebirgstaldörfer. Wenn er sagt, es gibt kein Eis, gibt es auch keine Kaugummis oder Schokoriegel oder Chips oder Bauchnabelpiercings oder Arschbackentattoos. In solchen Dingen versucht er nicht einfach, konsequent zu sein – er ist es. Und klug außerdem, denn er weiß, dass die besten und klarsten Regeln nichts taugen, wenn man sich nicht doch hin und wieder darüber hinwegsetzen kann. Gegenüber Kindern formuliert er dies mit einem einzigen Wort: »ausnahmsweise«. Nur bedeutet »ausnahmsweise« bei ihm tatsächlich genau dies, ausnahmsweise nämlich, dann, wenn wirklich ein gewichtiger Grund vorliegt, die bisher geltende Gesetzeslage für einen einzigen Moment mal locker in die Tonne zu klatschen.

Er findet seine Kinder großartig, was er ihnen auch sagt, anderen Eltern ebenfalls, jedoch leidet er nicht an einem Minderwertigkeitskomplex. So übersteht er ein Gespräch mit anderen Eltern selbst dann, wenn er nicht mehrfach erläutert, dass seine eigenen Kinder die klügsten Wesen des Universums sind. Was ohnehin eine Lüge wäre, denn als klügste Wesen des Universums gelten nach wie vor

Delfine, Wale und Fischstäbchen. Auch wenn seine Kinder also nicht die klügsten, schlausten, cleversten und schönsten Geschöpfe des Erdballs sind, unterhält er sich mit ihnen auf Augenhöhe, notfalls sogar über den Feind jedes Teenagers, Politik. Dabei respektiert er das kindliche Recht auf Meinungsfreiheit – der Rohrstock kommt erst zum Zuge, wenn die Meinungen der Kids am absoluten Rande des guten Geschmacks liegen. »Vernünftiges Sozialverhalten« ist in »unperfekten« Elternhäusern nicht Ausdruck von Arschkriecherei und Braunnasigkeit, sondern von Respekt und Rücksicht gegenüber Mitmenschen, auch gegenüber denen, die nachweislich Armleuchter sind.

Der »Unperfekte« glaubt an seine Kinder und traut ihnen etwas zu. So mancher Vater mag anfänglich zweifeln, wenn sein 15-jähriger Sohn sich erstmalig an den Herd traut und Nudeln mit Ketchup versucht, aber entsprechend dem Prinzip »ein Kind muss lernen, auf eigenen Füßen zu stehen« lässt er den Meister der Gourmetkunst gewähren, trotz aller drohenden Gefahren, sowohl für Küche wie für Kind. Er bewahrt die Ruhe, schüchtert den künftigen Sternekoch nicht ein mit »Das ist noch zu schwer für dich«-Botschaften oder »lass das mal lieber die Mama machen«, sondern verharrt lächelnd im Hintergrund, hat er doch klugerweise vorher noch seinen Versicherungsonkel kontaktiert, um nicht im Armenhaus für gestrauchelte Eltern zu landen.

Unperfekte Eltern, wie nun hinlänglich hier definiert, gibt es ohne Ende, wie Sand am Meer, wie Quallen am Strand, wie Fliegen an der Klatsche. Sie arbeiten hart, haben aber ihren Humor behalten, bezeichnen ihre Kinder manchmal als komplette Kotzbrocken, schreien sie zuweilen an, nur um sie dann wieder zu umarmen – sofern sie Deo benutzt haben. Sie halten ihre Kinder für stark und lebenstauglich, und *machen* ihre Kinder stark und lebenstauglich – gönnen sich Fehler ohne Ende, zweifeln in schöner Regelmäßigkeit an Gott und der Welt und der Schule und sich selbst, liegen dennoch in vielen ihrer Handlungen richtig, wenn nicht sogar in allen. Sie sind in ihrer ganzen unnachahmlichen Unperfektheit – und dieser Pathos muss nun einfach sein – die perfektesten Eltern, die Kinder sich wünschen können. Lehrer übrigens auch.

Und wenn Sie jetzt einmal in den Spiegel gucken, werden Sie mit etwas Glück genauso einem unperfekten Typus direkt in die Augen sehen.

FEHLT WAS?

Sicherlich. Es fehlt immer etwas. Würde nichts fehlen, wäre dieses Buch perfekt. Und Perfektion ist bekanntlich langweilig.

Was ist zum Beispiel mit Phantom-Eltern? Jenen Supertypen, die sich um ihre Kinder einen feuchten Furz kümmern und Elternabende höchstens für Legenden halten? – Fehlt!

Wie sieht's aus mit Psycho-Eltern? Leuten, die ihre Kinder regelrecht krank machen mit ihren eigenen zumeist eingebildeten Psychosen. – Auch nicht da.

Wo ist das Kapitel über Lehrer-Eltern? Eltern, die Lehrer sind und sich darauf jede Menge einbilden und jeden Satz beginnen mit »Also, ich bin ja auch vom Fach, und meiner Meinung nach …« – Nicht auffindbar.

Bräuchte es demnach nicht eigentlich noch tausend verschiedener zusätzlicher Kapitel? Zum Beispiel über Alleinerziehende, Homosexuelle, alleinerziehende Homosexuelle, arbeitslose alleinerziehende Homosexuelle, religiös Fehlgeleitete, Zeugen Jehovas, Scientologen, alleinerziehende religiös Fehlgeleitete, alleinerziehende Intelligenzamöben, homophobe Intelligenzamöben, Globalisierungskritiker, TTIP-Liebhaber, Patchwork-Globalisierungskritiker, alleinerziehende Patchworker, Patchworker mit Professorentitel, und ohne, Kibbuz-Eltern, irre Eltern, sagenhaft irre Eltern, Eltern, die noch bei ihren eigenen Eltern wohnen, alleinerziehende Großeltern, Emo-Eltern, Punk-Eltern, Arschloch-Eltern, heterosexuelle Arschloch-Eltern, Agnostiker, Atheisten, Anwälte, weitere Berufsgruppen, Ödipus-Komplex-Eltern, Brückenpenner-Eltern, ausländische Eltern, inländische Eltern, ausländische Eltern im Inland, Eltern mit Migrationshintergrund, und Vordergrund, ausländische Eltern mit dunkler Hautfarbe, ausländische Eltern mit dunkler Hautfarbe und homophoben Neigungen, alleinerziehende Immigranten-Eltern, Wirtschaftsflüchtlingseltern, Steuerflüchtlingseltern, inhaftierte Eltern, inhaftierte Eltern aus bildungsfernen Schichten, Schlägertypen, Wahnsinnstypen, tickende Typen, Islamisten, Nihilisten, Kommunisten, Karriereristen, Polizisten, psychopathische Eltern, pädophile Eltern und sonstige eingeschränkte perverse Pissnelken?

All diese Kapitel fehlen in der Tat, was traurig und schade ist und ein ernstes Versäumnis sowohl von Autor, Lektorat, Verlag, Politik, EU und Weltsicherheitsrat.

Wirklich bedauerlich, aber damit hätten Sie als Käufer oder Käuferin rechnen müssen, genau wie damit, dass Ihnen, ob Sie nun Elternteil oder Lehrer oder beides sind, der Autor noch eine letzte, moralische Keule knallbunter Holzhammerweisheit mit auf den Weg gibt, bevor Sie dieses Buch endgültig schließen dürfen und sogleich allen anderen Ihnen bekannten Eltern mitteilen, sie sollen es sich verdammte Axt selber kaufen. Also, zu guter Letzt:

ZWEI DINGE SOLLTEN KINDER VON IHREN ELTERN BEKOMMEN:

→ *Wurzeln und Flügel.* (Johann Wolfgang von Goethe, sollte Ihnen hoffentlich bekannt sein.)
→ Und hin und wieder mal ein Buch! (Stephan Borchers, ebenfalls)

STEPHAN BORCHERS, geb. 1977, ist seit über zehn Jahren Lehrer für Englisch und Geschichte an einem Gymnasium in der ostfriesischen Provinz. Was Schüler angeht, hat er bereits alles gesehen. Was Eltern angeht ebenfalls. Trotzdem liebt er seine Arbeit – Grund genug, ein weiteres Buch darüber zu schreiben: Ein Sammelsurium erstaunlicher Elterntypen, speziell für Eltern und Lehrer.

Stephan Borchers
33 ELTERN, MIT DENEN LEHRER
UND SCHÜLER RECHNEN MÜSSEN
Und welcher Typ sind Sie?
Mit Illustrationen von Jana Moskito

ISBN 978-3-86265-632-5

KATALOG
Wir senden Ihnen gern kostenlos unseren Katalog.
Schwarzkopf & Schwarzkopf Verlag GmbH
Kastanienallee 32, 10435 Berlin
Telefon: 030 – 44 33 63 00
Fax: 030 – 44 33 63 044

INTERNET | E-MAIL
www.schwarzkopf-schwarzkopf.de
www.facebook.com/schwarzkopfverlag
info@schwarzkopf-schwarzkopf.de